2022年度湖南省社会科学成果评审委员会课题，编号：XSP22YBC427

大学英语专业文化教学的
优化思路研究

符 俊 韩奉录 张 琴◎著

武汉理工大学出版社
·武 汉·

内 容 提 要

本书是一部关于跨文化交际与大学英语专业教学的研究性著作。本书立足于跨文化交际的时代背景，主要对高校英语专业教学理论与实践进行系统研究。理论上，本书基于跨文化交际的内涵，全面阐述了跨文化交际与高校英语专业教学的现状、指导原则、功能作用、教学任务等核心理论内容。实践上，本书从高校英语专业教学模式的革新、教学内容的丰富、教师教学能力的提升、教学评价的完善、中华优秀传统文化的融入以及信息技术的运用多个维度进行具体展开。本书旨在通过系统的教学理论研究和实践探索，为培养具有国际视野和跨文化交际能力的高素质人才提供有力支撑，从而推动我国在国际交流与合作领域取得更大的发展成就。

图书在版编目(CIP)数据

大学英语专业文化教学的优化思路研究 / 符俊，韩奉录，张琴著. -- 武汉：武汉理工大学出版社，2024.8. -- ISBN 978-7-5629-7201-3

Ⅰ.H319.3

中国国家版本馆CIP数据核字第20245P4S20号

责任编辑：尹珊珊
责任校对：严 曾　　**排　版**：任盼盼
出版发行：武汉理工大学出版社
社　　址：武汉市洪山区珞狮路122号
邮　　编：430070
网　　址：http://www.wutp.com.cn
经　　销：各地新华书店
印　　刷：北京亚吉飞数码科技有限公司
开　　本：710×1000　1/16
印　　张：14
字　　数：251千字
版　　次：2025年3月第1版
印　　次：2025年3月第1次印刷
定　　价：95.00元

凡购本书，如有缺页、倒页、脱页等印装质量问题，请向出版社发行部调换。
本社购书热线电话：027-87391631　87664138　87523148

·版权所有，盗版必究·

前言

　　随着人类步入信息化时代，交通工具和通信技术的迅猛发展，人们的时空观念发生了深刻的变化。人们生活在一个瞬息万变的世界中，与不同文化背景的人进行交往已成为常态，这就使地球变得越来越小，仿佛成了一个"地球村"。在这样的情境下，英语作为一种国际交流语言，其重要性日益凸显，它不仅是沟通的桥梁，更是文化交流的纽带。语言与文化紧密相连，学习一种语言也意味着学习其背后的文化，而每个国家都有其独特的价值观念、宗教信仰和风俗习惯，这些文化元素深深地烙印在每个人的言行举止中。因此，对于外语学习者来说，单纯的语言学习已经不能满足现代社会的需求，他们必须深入了解和适应不同的文化环境。

　　在全球化的今天，跨文化交际能力已经成为衡量一个人和一个国家国际竞争力的关键指标之一。基于这样的认识，现代大学英语专业教学的重点已经逐渐从早期的语言技能教育为主转向更加注重思想和文化交流，这种转变要求教师在教学中尊重不同文化，有目的、有计划地实施跨文化教育。因此，教师需要不断更新自己的知识体系，以便更好地引导学生，同时也需要重新审视现有的教材和教学大纲，保证这些大纲能够体现新的教学理念，从而更好地适应全球化的趋势，培养具有国际视野和跨文化交际能力的人才。

　　传统的教学模式往往侧重语言知识的传授，忽视文化理解和交际能力的培养，教师需要将跨文化交际理论融入大学英语专业教学的各个环节，以优化教学效果，提升学生的跨文化交际能力。随着改革开放的深入和我国综合国力的增强，国际交往日益增多，要求所培养的人才不仅要具备扎实的语言基础，还要具备对异国文化的深刻理解力，这样才能在国际舞台上更好地展示自己的才能，为国家的发展作出贡献。因此，大学英语专业教学中学生跨文化交际能力的培养已经成为不可回避的课题，教师必须正视这一挑战，积极应对，努力培养具有国际视野和跨文化交际能力的人才，为此作者撰写了本书。

全书共分为八章。第一章对文化、语言、交际以及跨文化交际的内涵进行了界定和阐释，为后续章节的深入讨论奠定了理论基础。第二章详细探讨了文化因素如何影响大学英语专业教学，包括教学现状、原则、作用、任务以及融入策略。第三章至第六章聚焦于教学模式、教学内容、教师能力和教学评价的优化，提出了一系列创新的教学方法和评价体系。第七章着重讨论了如何在大学英语专业教学中融入中华优秀传统文化以及如何改善"中华文化失语"现象，这对于提升学生的文化自信和跨文化交际能力具有重要意义。第八章着眼于信息化技术在大学英语专业文化教学中的应用，探讨了 AI/AR/VR 等现代技术如何助力教学，以及如何通过学习者画像和知识图谱的构建来提升教学效果。

本书不仅适用于大学英语教师和教育工作者，也适合于对跨文化交际感兴趣的学者和研究者。希望通过本书的探讨，能够为大学英语专业教学的改革与发展提供有益的参考和启示。同时，也期待读者的反馈和建议，以便我们不断改进和完善。

在本书的撰写过程中，作者得到了许多同行专家的宝贵意见和支持，在此表示衷心的感谢。同时，期待与广大读者共同探讨跨文化交际在大学英语教学中的实践与创新。

作　者

2024 年 4 月

目录 / contents

第一章 导 论 | 1
    第一节 语言 文化 交际 | 2
    第二节 跨文化交际 | 9

第二章 大学英语专业文化教学理论概述 | 16
    第一节 大学英语专业文化教学的现状与原则 | 17
    第二节 大学英语专业文化教学的作用与任务 | 25
    第三节 大学英语专业文化教学的实施策略 | 32

第三章 大学英语专业文化教学模式的优化 | 38
    第一节 大学英语课程思政教学的融入 | 39
    第二节 大学英语多模态互动教学的应用 | 55
    第三节 大学英语生态课堂的构建 | 60
    第四节 大学英语网络教学的实施 | 64

第四章 大学英语专业文化教学内容的优化 | 73
    第一节 大学英语专业词汇与语法教学 | 74
    第二节 大学英语专业听说教学 | 83
    第三节 大学英语专业读写译教学 | 92

第五章 大学英语专业教师文化教学能力的优化 | 113
    第一节 大学英语教师的角色与素质 | 114
    第二节 大学英语教师跨文化交际能力提升的困境 | 122
    第三节 大学英语教师文化意识培养的路径 | 127

第六章　大学英语专业文化教学评价的优化｜134

  第一节　大学英语专业文化教学中的测试与评价｜134
  第二节　大学英语专业文化教学评价的多元路径｜139
  第三节　大学英语专业文化教学中动态评价体系的建构｜144

第七章　大学英语专业文化教学中中华优秀传统文化的优化｜154

  第一节　中华优秀传统文化融入大学英语专业文化教学的意义｜155
  第二节　大学英语专业文化教学中的"中华文化失语"现象｜168
  第三节　大学英语专业文化中"中华文化失语"的改善策略｜171

第八章　大学英语专业文化教学的信息化技术应用｜184

  第一节　AI 技术在大学英语专业文化教学中的应用｜185
  第二节　AR/VR 技术在大学英语专业文化教学中的应用｜188
  第三节　大学英语专业文化教学中学习者画像勾勒｜192
  第四节　大学英语专业文化教学中学生知识图谱构建｜196

参考文献｜204

第一章
导　论

　　不同文化背景的人之间开展交流、合作、互动的过程就是跨文化交际。在当前文化全球化背景下,跨文化交际活动非常普遍,无论是商业合作、国际交往还是日常生活,都需要人们具备一定的跨文化交际能力。在跨文化交际过程中,交际成功或失败受到很多因素的影响,如交际双方是否能够理解和尊重不同文化背景之间的差异,包括语言、信仰、价值观、礼仪、习俗等。因此,人们需要不断学习与了解不同的文化,提高自己的文化敏感性。本章针对跨文化交际理论展开分析。

第一节　语言、文化、交际

一、语言

语言是什么？这一直是语言研究学界探索的核心议题。这个问题的探讨具有深远的意义，对于人们理解语言的本质，以及它在人类社会中的作用起着决定性的影响。

在国内外学术界，语言的概念并没有一个统一的定义。学者们各抒己见，提出了许多具有独到见解的观点。不论他们有何分歧，他们都承认，语言是人们交流、沟通的主要工具，是人们表达思想、情感的方式。语言不仅是人类所独有的，也是人与动物区分开来的重要标志。语言不仅是人类社会的产物，更是人类文明发展的重要驱动力。对语言的定义与理解直接影响了人们对其功能、特点、研究范围、研究目标以及研究方法的理解和掌握。对"语言是什么"这一问题的深入探讨对语言研究学界来说至关重要。

缪勒（Muller，1861）曾指出，动物与人类之间最大的差异与障碍在于语言方面，人类具备说话的能力，而动物则未能发展出语言表达的能力。这一观点强调了语言在区分人类与其他动物方面的核心作用。①

施莱赫尔（Schleicher，1863）强调，语言是一种遵循特定规律自然形成的天然有机体，并非受人类意志所控制。他进一步指出，语言会随着时间的推移而衰老或消亡。②

惠特尼（Whitney，1875）教授强调，语言作为人类独有的文化要素，具有不可或缺的重要性。它不仅是获得知识的能力，更是人类进行交际的直接动因。这一特性使语言在所有表达手段中独树一帜，其决定性作

---

① Muller, Friedrich Max. Lectures on the Science of Language[A]. *The Origin of Language*[C]. Roy Harris. Bristol: Thoemmes Press, 1861: 14.
② Schleicher, A. *Die Darwinische Theorie und die Sprachwissenschaft*[M]. London: Hotten, 1863: 20-21.

用在于交际。①

刘易斯(Lewis,1936)教授从另一个角度阐述,认为语言不仅仅是一种沟通方式,更是人们生活中不可或缺的重要行为方式。②

本尼福斯特(Benveniste,1966)教授深入剖析了语言的系统性质。他指出,语言作为一个系统,其意义与功能是由结构所赋予的。语言按照编码规则有系统地组织起来,交际可以无限制地进行。③

尽管不同的学者对语言的表述方式存在差异,在某些层面上也有所出入,但有一点是毋庸置疑的:语言作为人类所特有的属性,是人与动物区分开来的根本标志。

语言是文化的载体,是透视文化的一面镜子,是了解文化的一把密钥。语言中承载着大量文化信息,语言中有历史、有地理、有宗教、有习俗,而这一切是构成文化的重要内容。因此,了解外国文化的一个首要途径是学习该国的语言。孔子言:"性相近,习相远。"因此,要了解一个人,需要了解他的文化。了解文化是了解一个人、一个地区、一个国家最有效的途径。

语言与文化相互依存,密不可分。人类学家罗伯特·埃杰顿(Robert Edgerton,1976)认为,语言与肢体动作、价值观、规范等都是一种象征符号,人们通过赋予这些符号特定的意义来进行交际,而文化的核心要素就是对这些象征符号的应用。④

二、文化

(一)文化的定义

文化作为一个深厚的学术概念,根据其核心内涵从双重角度加以阐释。一方面,可以从其动词属性来阐述,该视角下的文化强调一个过程,

---

① Whitney, W. D. Nature and Origin of Language[A]. *The Origin of Language*[C]. Bristol: Thoemmes Press, 1875: 291.
② Lewis, M. M. Infant Speech: a Study of the Beginnings of Lanuage[M]. London: Kegan Paul, 1936: 5.
③ Benveniste, Emile. Problems in General Linguistics[M]. Coral Gables: Ubiversity of Miami Press, 1966: 21.
④ 秦希贞.中美跨文化交际误解分析与体演文化教学法[M].北京:外语教学与研究出版社,2017: 132.

其核心是对"化"的实践。其中,"文"被视为"化"的基石和手段,意味着通过"文"这一工具,实践者可以引导对象向期望的方向转变,在这种理解下,文化不仅仅是一个名词,更是一个动态的过程,一个使对象发生变化的工具。《周易》是中国最古老的一部卜筮之书,《贲卦》是《周易》中的一卦,最早使用"文化"一词,原文提到:"刚柔交错,天文也。文明以止,人文也。观乎天文,以察时变;关乎人文,以化成天下"。①《贲卦》的卦辞用"刚柔交错"来描述天文现象,即天地间的阴阳二气交互作用;用"文明以止"来描述人文现象,即人类社会的文明和秩序。由此可见,文化在此文中的解读是通过教化来培养人。随着时间的推进,"文"与"化"这两字结合得更加紧密。例如,西汉时期的刘向在其作品《说苑》中阐明:"圣人之治天下,先文德而后武力。凡武之兴,为不服也,文化不改,然后加诛。"②从古代这些经典文献不难看出,古人认为应该以文化人、以文育人,这也反映了当时社会对于治理天下的理想和追求。在西方的语言体系中,文化用 culture 表示,此词转译为汉语后,主要涵盖了"文明、文化修养、栽培"等词义。因此,culture 这一词在英文中不仅包含教化与文化涵养的意思,还融入了对文化个体的认识。马修·阿诺德(Matthew Arnold,2008)是 19 世纪英国的重要文化评论家、诗人、教育家,他强烈主张文科教育的价值,认为文学和艺术是培养人们道德和社会责任的关键,这一观点在他的《文化与无政府状态:政治与社会批评》一书中表达得淋漓尽致,阿诺德对于"文化"的定义是历史上最经典的定义之一,他认为文化是"追求人们的整体完美"和"对知识的研究,用于完善人们的自然、消除人们生活中的粗鄙无知",此论述揭示了文化作为动词时的深远意义。③

另一方面,从文化的名词属性进行考量,其核心着重于"文",《辞海》(2020 年版)对文化的名词性解读提供了广义与狭义两种解释维度。在宏观的层面上,文化被解读为人类创造的物质和精神两方面财富的集合,而在微观的维度中,更多地代表人类所产生的精神遗产,并为个体提供行为指引。④

在对广义文化的理解上,早在 20 世纪初,社会学家已经对其进行了深入地探讨,指出文化不仅是一个民族的社会传统遗产,也是该民族物质

---

① 姬昌.周易[M].东篱子译注.北京:北京时代华文书局,2014:91-93.
② 刘向.说苑[M].萧祥剑注译.北京:团结出版社,2021:518-548.
③ 马修·阿诺德.文化与无政府状态:政治与社会批评[M].北京:生活·读书·新知三联书店,2008:36.
④ 上海辞书出版社.辞海[M].上海:上海辞书出版社,2020:1303.

与精神财富的结合体现。具体而言,涵盖了一个民族创造的物质文明,如手工艺品、交易商品以及在其历史演变中累积的精神遗产,如固有的行为模式、认知体系、价值观念、艺术创作与宗教信仰。除此之外,文化行为如教育,也为文化的构成提供了重要内容。文化可被理解为人类生活的多种表现形式及其创新的物质与精神产物,这种定义旨在从宏观的视角描述文化,强调其包含物质与精神两大方面,而且是在实践中形成的,与社会演进相辅相成。

在对狭义文化的探讨中,学术界主要从以下两个维度进行阐述。

一是将文化定位为与物质对立的精神层面进行表述,强调文化涵盖人类创造的精神产品,包括有形的和无形的两种。美国学者爱德华·伯内特·泰勒(Edward Burnett Tylor)是19世纪的文化人类学家,通常被誉为现代文化人类学的创始人,是文化进化论的早期倡导者,他的主要作品是1871年出版的 *Primitive Culture*,在这本书中,他介绍了"文化"的定义,这一定义对后来的学者产生了深远的影响,他认为文化或文明乃是包括知识、信仰、艺术、道德、法律、习俗和任何人作为一名社会成员而获得的能力和习惯在内的复杂整体。[①]

二是从行为层面阐释文化,文化作为一种独特的表达形式,由多种行为模式构建而成。正如1952年,艾尔弗雷德·克罗伯(A.L.Kroeber,1952)和克莱德·克拉柯亨(Clyde Kluckhohn,1952)在其《文化:概念和定义的批判性回顾》一书中经过深入分析西方流行的160种文化定义后指出:"文化由外显的和内隐的行为模式构成。"[②] 英国现代人类学家马林诺夫斯基(Bronisław Malinowski,1987)视之为:"文化是包括一套工具及一套风俗——人体的或心灵的习惯。"[③] 同时,我国学者梁漱溟精辟地指出,文化即某一民族的生活方式,"不过是那一民族生活的样法罢了"。[④]

文化定义的多元化说明文化确实是一个庞大且不易把握的概念,这些解读和界定都解释了文化的一个或几个层面。

[①] 泰勒.原始文化[M].蔡江浓编译.杭州:浙江人民出版社,1988:1.
[②] Kroeber A L, Kluckohn C .Culture: A Critical Review of Concepts and Definitions[M].NY: Kraus Reprint Co.,1952: 47.
[③] 马林诺夫斯基.文化论[M].费孝通,译.北京:中国民间文艺出版社,1987:1.
[④] 梁漱溟.中国文化的命运[M].北京:中信出版社,2016:108.

(二)文化的分类

由于文化的多样性和复杂性,很难给文化下一个明确清晰的定义,对文化的分类也是众说纷纭、不尽相同。人们从一个侧面来看文化的分类,文化可以理解为满足人类需求的一种特殊方式。所有人都有一定的基本需求,比如每个人都需要吃饭和交朋友等。

心理学家亚伯拉罕·马斯洛(Abraham Maslow,1908—1970)认为,人都有五种基本需求。

第一,生理需求。这是人们赖以生存的基本需求,包括食物、水、空气、休息、衣服、住所以及一切维持生命所必需的东西,这些需求是第一位的。人们必须满足这些需求,否则人们就会死掉。

第二,安全需求。首先,人们得活下去,然后才保证安全。安全需求有两种,身体安全的需求和心理安全的需求。

第三,归属感需求。一旦人们活着并且安全了,就会尝试去满足自身的社交需求。与他人在一起并被他人接受的需求,以及属于一个或多个群体的需求。例如,对陪伴的需要和对爱和情感的需要是普遍的。

第四,尊重需求。这是对认可、尊重和声誉的需求,努力实现、完成和掌握人和事务,往往是为了获得他人对自己的尊重和关注。

第五,自我实现的需求。人的最高需要是实现自我,充分发挥自己的潜力,成为自己可能成为的人。很少有人能完全满足这种需求,部分原因是人们太忙于满足较低层次的需求。

根据马斯洛的理论,人们按上述顺序满足这些需求。如果把这些需求从低到高比作金字塔的话,人们在攀登金字塔时总是先翻过第一层才能爬上第二层,通过第二层才能到达第三层,以此类推。尽管人类的基本需求是相同的,但世界各地的人们满足这些需求的方式各不相同。每种文化都为其人群提供了许多满足人类特定需求的选择。

还有人将文化形象地类比为冰山,认为每种不同的文化就像一个独立的巨大冰山,可以分为两部分:水平面以上的文化和水平面以下的文化。水平面以上的文化仅占整体文化的小部分,约十分之一,但它更可见,有形且易于随时间变化,因此更容易被人们注意到。水平面以下的文化是无形的,并且难以随时间变化。它占了整个文化的大部分,约十分之九,但要吸引人们的注意力并不容易。水平面以上的文化部分主要是实物及人们的显现行为,如食物、衣着、节日、面部表情等诸如此类,以及人们的说话习惯和生活方式,包含文学作品、音乐、舞蹈等艺术的外在表现形式。水平面以下的文化包含信念、价值观、思维模式、规范与态度等,是构成人的行为的主体。尽管看不到水平面以下的部分,但它完全支撑了水平面以上的部分,并影响着整个人类的各个方面。

三、交际

交际,作为人类社会中不可或缺的一环,指的是个体之间通过语言、行为等方式进行的相互往来和信息交流。历史上,众多学者对交际的本质和形式进行了深入研究,形成了不同的理论观点。其中,两大主流派别分别为"说服派"和"共享派"。说服派认为,交际是信息传递者通过一定手段影响接收者行为的过程,侧重于信息传递的效果和影响力。共享派则强调交际作为信息共享的过程,即将原本仅限于少数人掌握的信息转化为更多人所共有的知识,注重信息的传递和扩散。

在多种语言体系中,交际均拥有相应的词汇和解释。在中文中,"交际"一词历史悠久,最早可见于《孟子·万章下》一文中的"敢问交际,何心也?"朱熹对此进行了注解,解释为"际,接也。交际,谓人以礼仪币帛相交接也。"这表明,古人对于交际的理解更多地侧重于人与人之间的礼节往来和物质交流。在现代汉语中,"交际"一词通常被解释为人们之间的相互接触和往来。

在英文中,"交际"对应的词语是communication,其词根commonis意为"共同"。在《朗文当代英语辞典》中,communication被定义为"人们交流信息或表达彼此思想感情的过程",这一定义与中文中的"交际"含义相近,均强调了信息交流和情感表达的重要性。

(一)发送者、接收者、编码和解码

在交际过程中,有四个核心要素至关重要:发送者、接收者、编码与解码。发送者,即传递信息的主体,可以是个人、组织或国家。以美国总统在国会发表国情咨文为例,此时的发送者便是作为个体的总统;美国对某国宣战时,发送者则转化为代表整个国家的美国政府。值得注意的是,发送者传递信息并不总是有意识、有目的的,如政治领导人的言谈举止,可能在无意中传递出重要的信息,进而对社会产生影响。

施拉姆的交际模式图(图 1-1)[①]以形象化的方式精准地阐述了在交际过程中发送者与接收者如何进行信息的编码与解码。

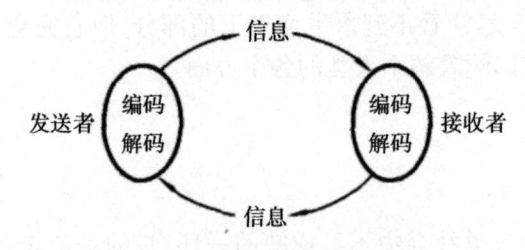

图 1-1 施拉姆的交际模式

(二)渠道和噪音

渠道即信息源与信息接收者之间的连接媒介,为交际过程不可或缺的一环。其形态可区分为直接与间接两种。直接渠道,即信息发送者与接收者面对面的交流,此方式可确保信息的即时性与准确性,如各国领导人的互访,旨在通过此种方式获取更直接、全面的信息。直接渠道受限于时空条件,信息传播范围相对较小。相对而言,间接渠道能有效突破时空限制,使信息得以广泛传播,如观看纪录片了解历史事件,或通过电话与远方朋友交流。但间接渠道在信息传递过程中可能会因各种原因导致信息失真或遗漏。在跨文化交流中由于文化差异较大,更应重视信息量丰富、反馈迅速的直接渠道。

噪音泛指信息传递过程中受到的各类干扰。从狭义角度而言,噪音主要指物理噪音;从广义角度而言,噪音涵盖了心理、生理、语言、社会以及文化等多方面的干扰因素。在跨文化交际中,文化差异往往成为导致交流不畅的主要噪音来源。为有效减少此类噪音,增进跨文化交流的效果,需加深对他国文化的了解,提高跨文化沟通能力。

(三)反馈和单向交际

反馈指的是信息在发送后返回至发送者的过程,它是评估交际效果的关键指标。发送者依赖反馈来调整自身行为。在面对面交流中,由于

---

① 陈俊森,樊葳葳,钟华.跨文化交际与外语教育[M].武汉:华中科技大学出版社,2006:7.

反馈及时且准确,通常能取得最佳效果。例如,当一位中国人在美国问路时,尽管看到对方有亚裔面孔,尝试用中文询问,却得到否定的回答。发送者及时调整策略,改用英文,最终得到答案。反馈分为正反馈和负反馈。正反馈指信息符合发送者预期,强化其行为;负反馈则指出不符之处,促使其修正。二者在交际中均扮演着重要角色,确保交流高效。并非所有信息都能得到及时反馈。当接收者未对信息作出任何回应时,这种交际称为单向交际。其特点在于信息单向流动,发送者无法获知接收者的反应。尽管信息传递迅速且量大,但因缺乏反馈,效果并不理想。例如,在填鸭式教学中,尽管师生均付出努力,但因缺乏互动反馈,教学效果往往不尽如人意。

第二节　跨文化交际

一、跨文化交际的定义

在全球化的浪潮下,各国间的交流变得日益密切,使跨文化交际成为现代社会中不可或缺的一环。由于文化背景、价值观念、信仰习俗等方面的差异,跨文化交际面临着诸多挑战。

跨文化交际,无论是称为 Intercultural Communication 还是 Cross-Cultural Communication,都是指在不同文化背景下的人与人之间的交流和互动。这一概念起源于人类早期的部落交流,但作为一门学科,它的发展相对较晚,大约始于 20 世纪初,由 Boas 和 Sapir 等学者从多个学科角度进行探讨。

20 世纪 50 年代末,Edward T. Hall 在其著作 *The Silent Language* 中首次明确使用了 Intercultural Communication 这一术语,这通常被视为该学科正式成立的标志。此后,跨文化交际学逐渐发展成为一个全球性的学术和应用领域。

随着全球化的不断深入,跨文化交际学的应用范围广泛。如今,跨文化交际学已成为一个综合性学科,受到国际学术界的高度重视。

二、跨文化交际研究

人类一般性的交际过程与跨文化交际过程有相似之处,也有差异。跨文化交际是指不同文化背景的人们(信息发出者和信息接收者)之间的交际。简言之,具有不同文化背景的人从事交际的过程就是跨文化交际。

跨文化交际学起源于美国。由于美国是移民国家,移民来自欧洲、非洲、亚洲、拉丁美洲等地,由于其不同的文化传统及风俗习惯,在交往中不可避免产生问题。除此以外,每年美国有大批学者、政府官员等去往世界各国,同时世界各国有大量留学生前往美国求学。[①]这些构成了跨文化交际学产生于美国的重要基础。

1959年,爱德华·霍尔(Edward Hall)出版的《无声的语言》被公认为跨文化交际学领域的第一本著作。在20世纪60年代,跨文化交际领域内的著作如雨后春笋般涌现,跨文化交际课程也出现在美国的一些大学课堂。20世纪70年代是跨文化交际学的快速发展时期。1972年,首次跨文化交际学国际会议在日本举行,吸引了来自传播学、社会学、语言学、人类学等领域的2000多位专家、学者以及商政界人士参加。1974年,最具影响力的跨文化教育训练与研究学会在跨文化交际学领域成立。

此外,在这个时期,美国还出版了一批影响力巨大的跨文化研究专著,如《跨文化交际学选读》(Larry Samovar & Richard Partor)、《跨文化交际学入门》(John Condon & Fathi Yousef)等。到20世纪70年代末期,美国有200多所大学在本科课程中开设了跨文化交际学,60多所大学在研究生课程中开设了跨文化交际学。与此同时,跨文化交际方面的培训和咨询也逐渐发展起来。[②]

中华民族形成的历史就是一部丰富的跨文化交际发展史。我国历史上跨文化交际的例子不胜枚举。我国最早的跨文化交际活动起源于公元2世纪的古丝绸之路。古丝绸之路让中国与中亚、西亚、非洲、欧洲的人民进行了贸易与文化交流。唐代高僧鉴真东渡、郑和七下西洋以及数百年的西学东渐均成为中国跨文化交际发展史最有代表性的里程碑式的事件。进入20世纪,随着交通工具和通信技术的发展,不同国家之间的交

---

① 胡文仲.超越文化的屏障:胡文仲比较文化论集[M].北京:外语教学与研究出版社,2008:17.
② 胡文仲.超越文化的屏障:胡文仲比较文化论集[M].北京:外语教学与研究出版社,2008:20-21.

往更加频繁。特别是20世纪90年代互联网的发展更把全世界的人们通过计算机网络联系起来。中国自改革开放以来经过多年的高速发展,成为世界第二大经济体,在经济、科技、政治等各个领域取得令世界瞩目的成就,在世界舞台的影响力日益凸显。当今中国面临着世界未有之大变局。中国抓住时机,提出了"一带一路"倡议和人类命运共同体,倡导在对外交往中加强国际传播能力,"讲好中国故事,传播好中国文化",这成为中国跨文化交际发展史上又一里程碑式的时刻。

三、跨文化交际研究的时代必要性

在全球化和数字化时代,跨文化交际研究的必要性愈发突显。这一需求不仅源于经济全球化对跨文化商务交流的需求,也源于多元文化社会内部对和谐共存的追求。以下几点展示了跨文化交际研究在当代社会中的重要性。

(一)促进全球合作与和平

随着全球化的深入发展,各国之间的政治、经济、文化交流日益频繁。有效的跨文化交际有助于不同国家和地区之间建立起更加稳定和谐的关系,促进国际合作,共同应对全球性挑战,如气候变化、贫困、疾病等。此外,理解和尊重不同文化,能够减少国际冲突,促进世界和平。

(二)加强多元文化社会的内部凝聚力

现代社会的文化多样性日益增加。移民、留学生、跨国企业员工等不同文化背景的人员在全球范围内流动,形成了多元文化的社会结构。在这样的社会环境中,跨文化交际能力的提升有助于不同文化群体之间的相互理解和尊重,减少文化冲突,增强社会的内部凝聚力。因此,全球化浪潮的影响远不止于经济领域,它对文化教育领域的影响也同样显著。

(三)促进国际商务与经济发展

在经济全球化的背景下,跨国公司和国际贸易日益增多。这要求商务人士不仅要掌握专业知识,还需要具备跨文化交际能力,以便在不同文化背景下进行有效沟通和谈判,建立稳定的合作关系,促进商业成功。了解和适应不同文化的商业习惯和谈判风格,对于进入新市场、拓展国际业务至关重要。孙有中指出:"加强培养具有跨文化能力的国际化人才已成为世界高等教育界的共识"。①

（四）适应数字时代的跨文化交流

数字技术的发展极大地促进了人们的信息交流和文化传播,也为跨文化交际提供了新的平台和方式。在社交媒体、国际在线教育、远程工作等领域,不同文化背景的人们需要通过数字媒介进行交流和合作。这要求人们不仅要掌握数字技术,还需要了解如何在虚拟环境中进行有效的跨文化交际,以克服可能的文化障碍,实现有效沟通。

四、跨文化交际的常见模式

（一）基于"SPOC+微课"的"三位一体"跨文化能力培养模式

该模式由韩琰、曾立、李明清、刘书雷于2017年提出。韩琰等学者认为IT时代信息技术与经济、社会、军事等领域深度融合对传统知识学习和能力培养模式提出巨大挑战,因此,迫切需要探索一个结合先进科技手段和培养理念的新模式,以促进跨文化交际能力的发展。②该研究团队将后IT时代下的知识学习与跨文化交际能力培养的新特点概括为以下三大要点:

（1）坚持学习资源的开放共享为特点,"开源"理念和以协作为特点的"分布"模式。

（2）具有个性化、交互性及拓展性的MOOC、SPOC等新型学习模式为随时随地进行个性化学习、普及学习以及终身学习提供了坚实的保障。

（3）教师从知识传授角色转变为学习活动的组织者、指导者和合作者,在学习过程中更注重学习主动性和自觉性。

---

① 孙有中.外语教育与跨文化能力培养[J].中国外语,2016(3):16-22.
② 张婧.我国跨文化交际能力培养研究(2000—2022)的热点主题和前沿演进——基于Cite Space的可视化分析研究[J].语文学刊,2023,43(06):85-96.

（二）"双向"跨文化能力培养模式

该模式于 2015 年由杨秋宁、肖龙海提出。"双向"跨文化能力培养模式基于模仿理论和实践性知识理论而提出。"双向"具有两重含义：一是过分强调向学习者传递知识，而忽视激发学习者原有知识的"双向"转化，即从内向外与从外向内；二是单一注重西方文化的引入，而忽略本土文化的输出，导致文化"输入"与"输出"出现了不平衡。

杨秋宁、肖龙海（2015）认为，跨文化教学在外语教学中不仅局限于语言及其文化的交流，它还涉及文化的传承、交流、融合及创新过程。①

（三）多元文化选修课的教学模式

2009 年，我国学者刘育东、周迎提出了多元文化选修课教学模式。该模式是基于莫兰的能力结构理论以及后现代课程理论提出的。刘育东、周迎（2009）认为，我国高等教育正朝着国际化、多元化、合作化和个性化方向发展，培养人们对多元文化世界的适应力是多元文化教育在全球化时代的新使命。②他们提倡，大学英语教学应当构建一套全面的多元文化课程体系，涵盖核心课程、专业课程和选修课程。多元文化选修课的教学模式根据学习者的智力发展特性设计，采取了一种结合学习者认知结构与生活经验的多样化教学方法，同时促进语言能力与跨文化交际能力的双重提升。该模式坚持五种教学原则，分别是个性发展原则、平等合作原则、重视语言水平原则、多元化与情境化评价原则、避免文化缺失原则。

（四）跨文化知行合一理论模型

高永晨在 2014 年提出了该模式，采用知行合一的方法论，通过知识系统和行为系统——两个相互关联和互动的系统，来评估中国大学生的跨文化交际能力。高永晨认为知识系统由知识（表层文化 + 深层文化）、意识（文化敏感性 + 自觉性）和思辨能力（逻辑性 + 推理性）三个要素组

---

① 杨秋宁，肖龙海. 历史文化人类学在跨文化教育中的应用 [J]. 人民论坛，2015（23）：189-191.
② 刘育东，周迎. 全球化下我国大学英语多元文化教学新思路 [J]. 河北大学学报（哲学社会科学版），2009（6）：135-140.

成,这些要素相互关联并互动;行为系统由态度、技能与策略等多元能力构成,正确的跨文化交际态度是自觉尊重文化多样性、开明学习他文化行为,以及宽容他人价值观、信仰和伦理体系的前提。[①] 技能体现为掌握及运用符合交际准则的行为方式、语言技能、非语言技能等方面的跨文化交际技术。跨文化交际策略的适当运用可以促成有效沟通。该模式提供了确保跨文化交际能力测评信度和效度的理论基础,并促进该测评在中国的发展。

（五）中国学生跨文化能力发展一体化模型

该模型由张红玲、姚春雨在2020年提出。本模型以中国的大、中、小学生群体为对象,旨在以学校跨文化教育为导向,探索跨文化能力的发展。该模型以跨文化能力发展"四三二一"理论框架为建构。其中的"四三二一"分别是指四个视角、三个维度、两个语境和一个平台。[②] "四三二一"分别指交际行为、人际关系、文化冲突和身份认同四个视角,其中身份认同是核心。这四个视角对培养中国学生成为全球公民和国家支柱的跨文化交际需求至关重要;对于认知理解、情感态度、行为技能三个层面,其中认知理解为基础,情感态度为重点,行为技能为目标;生活和工作两个语境,生活语境强调友谊和情感交流,工作语境着重于合作完成任务。这两种语境对跨文化交际活动具有理论和实际意义;外语教育在跨文化能力培养中扮演重要角色,需要学校、社会和家庭共同参与。学校作为主体角色应全面规划跨文化教育,将跨文化能力培养融入外语教育。

（六）中国大学生跨文化能力六维度模型

基于Byram的跨文化能力(ICC)评价模型理论,吴卫平开发了一份信度和效度均良好的中国大学生ICC评价量表。此量表涵盖六个主要维度:本国文化知识、外国文化知识、态度、跨文化交流技能、跨文化认知

---

① 高永晨.中国大学生跨文化交际能力测评体系的理论框架构建[J].外语届,2014(04):80-88.
② 张红玲,姚春雨.建构中国学生跨文化能力发展一体化模型[J].外语界,2020(4):35-53.

技能和意识。① 吴卫平等(2013)本土化的中国大学生 ICC 评价量表涵盖六个因子,分别评价和解释了中国大学生跨文化能力各方面的作用。

"本国文化知识"包含国内历史、地理、社会政治、社交礼仪、宗教文化、生活方式及价值观等方面的知识。②

"外国文化知识"包括外国历史、地理、社会政治、社交礼仪、宗教文化、生活方式、价值观、文化禁忌及跨文化交流策略和技巧。

"态度"维度涵盖学习外语和了解外国文化的意愿,与不同文化背景的外国人交流和学习的开放性,以及对外国人不同价值观、饮食习惯和文化禁忌的宽容度。

"跨文化交流技能"涵盖了解释和理解、关联和观察、分析评价及互动等多方面的技能。

"跨文化认知技能"包括运用多种方法学习外语和文化的能力,面对跨文化冲突时的反思和解决能力,以及通过接触外国人获取跨文化知识的能力。

"意识"维度包含认识到跨文化交流中的相似性和差异性,理解文化风格和语言运用的差异及其社会工作影响,意识到自我与他文化身份的差异。

吴卫平本土化的中国大学生 ICC 评价量表可以帮助大学生预测自己的跨文化能力,帮助他们对自身跨文化能力进行评估,此外,还可以为国内各高校培养国际化人才并开展跨文化教学提供参考。

---

① 吴卫平,樊葳葳,彭仁忠.中国大学生跨文化能力维度及评价量表分析[J].外语教学与研究,2013(4):581-592.
② 同上。

第二章
大学英语专业文化教学理论概述

在跨文化交际理论的影响下,大学英语专业教学正经历着一场深刻的变革。跨文化交际理论强调语言与文化的相互依存关系,认为语言不仅是交流的工具,更是文化的载体。因此,在大学英语专业教学中,必须注重培养学生的跨文化交际能力,使他们能够在不同文化背景下进行有效地沟通。

第一节　大学英语专业文化教学的现状与原则

随着全球化的深入发展,跨文化交际能力的培养已成为高等教育的重要任务之一。大学英语专业作为培养具有国际视野和跨文化交际能力人才的重要基地,将跨文化交际理论融入教学显得尤为关键。本节探讨跨文化交际理论在大学英语专业教学中的现状及其融入教学的原则。

一、大学英语专业文化教学的现状

(一)大学英语专业文化教学的研究现状

我国对跨文化外语教育的研究始于20世纪80年代,经过多年的发展,无论是研究的范围还是研究的深度都得到较大发展,取得了巨大的成就。张红玲(2022)认为我国跨文化外语教育现状存在"四多四少"问题。

(1)在研究路径方面存在抽象的理论思辨多,具体实践实证少。张红玲认为缺乏实证研究是我国跨文化交际及跨文化外语教育研究的一个明显的弱点。胡文仲(2005)和王晓宇、潘亚玲(2019)的研究数据表明,非实证研究论文占87.35%,而实证研究类论文仅占12.65%。[①]

(2)在理论建构上,介绍性、引进性研究多,创造性、创新性研究少。孔德亮、栾述文(2012)的研究表明,我国的相关研究缺乏真正符合中国外语教育特点的本土化研究。[②]付小秋、顾力行(2015)认为我国现有跨文化能力模型结构单一的原因在于理论来源渠道狭窄,实证实践基础薄弱。[③]尽管近年来,我国学者如高一虹、张红玲等学者也提出了一些适合

---

① 张红玲.跨文化外语教育新发展研究[M].北京:清华大学出版社,2022:52.
② 孔德亮,栾述文.大学英语跨文化教学的模式构建——研究现状与理论思考[J].外语界,2012(2):19-28.
③ 付小秋,顾力行.外语教学与跨文化交际能力培养:模型建构二十年[J].中国外语教育,2015,10(3):13-21.

中国语境的研究范式,但这些研究理论还需要大量实证研究的检验。[1]

（3）"研究性质上,基础研究多,应用研究和实用研究少"。[2]目前,我国跨文化研究以基础研究为主,虽然出现了一些具有本土特色的理论,但并没有足够的应用研究和实用研究进行对这些理论进行验证、修正,并未形成良性的互动转化。

（4）在学科背景方面,孤立单一性研究多,复合交叉性研究少。由于跨文化交际这一学科本身就是诞生于人类学、心理学等多学科融合发展的基础之上的,因此它的研究也需要多学科交叉融合。王晓宇、潘亚玲（2019）认为,将外语教学与其他以实证研究为主要研究范式的教育学、心理学等学科交叉融合,尝试开展跨学科研究,推动跨文化外语教育研究纵深发展[3]。张红玲（2022）认为可以将话语分析等融入微观层面的教学研究。

（5）"在研究对象上,关于学生的研究多,关于教师的研究少；高等教育阶段研究多,基础教育阶段研究少"[4]。我国的研究应该更加关注教师这个对跨文化教育有着决定性作用的主体,同时要更加关注跨文化能力培养的阶段性、延续性和终身性[5],更加关注高等教育以外的其他学段的跨文化能力培养以及各个学段的跨文化教学的衔接[6]。

（二）针对当前应用现状存在的问题及其原因分析

在大学英语专业教学中,尽管跨文化交际理论的应用已经取得了一定的成果,但仍然存在一些问题,阻碍了其在教学实践中的有效运用。下面将针对当前应用现状存在的问题进行详细分析,并探讨其原因。

（1）教师能力不足是当前大学英语专业教学中应用跨文化交际理论面临的主要问题之一。由于跨文化交际理论的涉及范围广泛且内容复杂,需要教师具备一定的专业知识和技能。目前,教师培训体系存在不完善的情况,导致教师在跨文化交际教学方面的能力有限。因此,教师在教学

---

[1] 张红玲.跨文化外语教育新发展研究[M].北京：清华大学出版社,2022：52.
[2] 同上.
[3] 王晓宇,潘亚玲.我国跨文化外语教学研究发展现状及启示——基于文献计量学分析（2000—2018）[J].外语界,2019（4）：76-84.
[4] 张红玲.跨文化外语教育新发展研究[M].北京：清华大学出版社,2022：52.
[5] 张红玲,姚春雨.建构中国学生跨文化能力发展一体化模型[J].外语界,2020（4）：35-53.
[6] 胡文仲.跨文化交际能力在外语教学中如何定位[J].外语界,2013（6）：2-8.

中往往无法很好地应用跨文化交际理论,影响了教学效果的提升。

（2）教材缺乏有效设计也是当前应用现状存在的问题之一。跨文化交际理论的应用需要有相应的教材支撑,而现有的教材往往缺乏对跨文化交际理论的系统性介绍和具体实践指导。教师在教学中难以找到合适的教材资源,无法将跨文化交际理论有效地融入教学中。教材的更新速度也较慢,无法及时反映出新的理论发展和实践成果。

（3）学生对跨文化交际的意识和需求不足。由于学生在大学英语专业教学过程中主要关注语言知识的学习,对于跨文化交际的重要性和实际应用意义认识不足。因此,学生往往缺乏主动性,对于跨文化交际理论的学习和应用存在一定的抵触情绪,导致教学效果降低。

（4）缺乏有效的评估体系。跨文化交际理论的应用需要科学评估学生的跨文化交际能力,而目前的评估方法往往侧重于语言知识的考核,无法全面有效地评价学生的跨文化交际能力。教师在教学中缺乏有效地反馈和指导,无法及时调整教学策略,影响了教学效果的提升。

二、大学英语专业文化教学的原则

根据《教育词典》,教学原则是根据教育教学目的,反映教学规律而制定的指导教学工作的基本要求。

Newton等人(2010年)在早期研究成果的基础上总结出了"跨文化交际语言教学"（ICLT）的六大原则,强调了以下方面：将语言与文化融为一体；激发学习者参与到真实的社会互动中；促进学习者对探索性和反思性的文化及语言文化视角的发展；对语言和文化之间的差异进行清晰比较并建立联系；针对不同背景的学习者和学习环境提供恰当的认知与反馈；重视跨文化交流能力,而不是单纯比照以母语者为标准的能力。[1]

里迪克特(Liddicoat,2013)在外语教学文化导向和跨文化导向的基础上提出了设计和实施跨文化外语教学活动的五项原则：积极建构、相互关联、社交互动、反思、责任。[2]

韩礼德(Holliday,2018)在分析跨文化教育的课程设计时提出了五项关键原则：利用个体经验和无处不在的微文化作为资源；通过跨文化视角来消弭自我中心和差异化的看法；创设"第三空间",让学生能跨界

---

[1] 孙有中.跨文化外语教学研究[M].北京:外语教学与研究出版社,2021:50.
[2] 张红玲.跨文化外语教育新发展研究[M].北京:清华大学出版社,2022:147.

探索丰富而新颖的个人身份；去除基于民族、种族及社会阶层的刻板印象；将障碍转化为顺畅的路径。①

我国跨文化研究学者孙有中（2016）提出了跨文化教学的五项基本原则，即思辨（Critiquing）、反省（Reflecting）、探究（Exploring）、共情（Empathizing）和体验（Doing）。②

我国跨文化研究学者张红玲（2022）结合当下跨文化外语教育的实际现状，总结了五个关键原则，即语言与文化融合教学；文化知识的学习是基础，情感态度培养是重点，行为技能培养是目标；运用多元智能理论，采用说教和体验相结合的教学方法；教学材料体现文化多样性；尊重学生的文化身份，发展融合式身份认同。③

基于上述国内外学者的研究成果，作者认为跨文化交际理论融入大学英语专业教学应遵循以下原则。

（一）语言与文化有机融合

Byram（1997）的跨文化交际能力模型对外语教学提出了语言与文化融合的要求，在很大程度上解决了外语教育忽视跨文化教学、文化教学忽视外语能力的问题。④

语言学习和文化学习的融合是跨文化外语教育最鲜明的特征。张红玲指出："英语语言的学习是文化学习的手段，文化学习和跨文化交际是英语学习的目的。"⑤

我国的教育改革已进入核心素养时代。核心素养又称为"关键能力和竞争力"，是当今国家、社会、用人单位对培养什么样的人的方向性要求。各学科的课程都要结合学科内容和特色，各级各类院校从实际情况和学生特点出发，落实对学生素养的培养。

对英语学科而言，其育人价值仅靠语言知识和技能是难以实现的。在讲解英语语言知识的过程中，教师应融入与这些知识有关的中外文化知识，让学生明白语言和文化是相通的，使学生通过语言学习理解其背后所承载的文化内涵和价值观念，赋予语言学习以丰富的教育意义、文化意义和人生意义。

---

① 孙有中.跨文化外语教学研究[M].北京：外语教学与研究出版社，2021：50.
② 孙有中.跨文化外语教学研究[M].北京：外语教学与研究出版社，2021：50.
③ 张红玲.跨文化外语教育新发展研究[M].北京：清华大学出版社，2022：145.
④ 孙有中.跨文化外语教学研究[M].北京：外语教学与研究出版社，2021：133.
⑤ 张红玲.跨文化外语教学[M].上海：上海外语教育出版社，2007：233.

学生正是通过英语课程学习中外文化知识,对原有知识进行重构或丰富,学会运用所学语言、思想、观点和方法,尝试解决真实生活中的新问题,并在这一过程中认识自我、认识他人、认识社会、认识世界,进而形成正确的价值观、必备品格和跨文化沟通能力等。

张红玲(2022)认为跨文化能力教学的素材与活动设计均应以学习者所掌握的外语作为媒介。[①] 采用外语作为媒介、文化作为内容、跨文化能力作为目标的教学方法能够为学习者创造使用外语的机会,帮助他们实现学以致用,做到边学边用及边用边学,从而提升其语言能力。外语教学与跨文化能力培养的紧密结合不仅是语言与文化学习的必然选择,同时能够提升外语教育的效率并丰富其内涵。这种做法旨在实现外语作为交际工具、知识工具及培养品德的多重价值,应当成为跨文化外语教学的首要原则。

(二)以学生为中心

数字网络技术改变了人们交流和学习的方式。泛在学习(U-Learning)是指任何人在任何时间、地点,利用各种设备获取所需学习资源,享受无处不在的学习服务的学习过程,具有永久性、可获取性、即时性、交互性等特点。

高等教育中的跨文化英语教学远超过简单的理论阐述或探讨语言与文化相关课程。此过程鼓励学生深入体验和理解不同的文化现象,内化文化理论,并将其对文化的理解融入跨文化交流的实践中。以学生为本的教育理念强调在学习过程中充分考虑学生的知识获取、情感体验与智力发展,同时关注学生的生活背景如何影响他们的学习过程,培养学生自我意识、批判性思维及学习策略。这一理念与人本主义心理学中的"自我实现论"相契合,后者认为教育应关注个体差异,尊重并将学习者作为学习活动的主体,重视其意愿、情感、需求与价值观,并相信每位学习者均有自我导向的潜力,能够实现个人的最大潜能。

(三)讲授和体验有机结合

在传统的讲授教学模式下,常规课程往往不够新颖和吸引人,这会使学生感到课程内容单调而无趣,从而产生倦怠和消极情绪。此外,传统模

---

① 张红玲. 跨文化外语教育新发展研究[M]. 北京:清华大学出版社,2022:151.

式强调学生记忆大量信息，忽视了对知识的深入理解和实际应用。

传统的外语教学方法过度侧重于语法特征，如词汇、句型和语法等，导致学生对此产生了反感情绪。大量的练习虽然旨在强化他们的语言基础和扩大词汇量，但实际上增加了跨文化语言学习的压力。

美国教育家约翰·杜威（2001）提出了几个核心教育观念："教育即生活""学校即社会"以及"在做中学"。[1]他强调人们与周围环境之间的互动作用。在杜威看来，教育过程应以学生的实际经历和活动为基础，通过实践活动让学生获得知识，探求真理，并提升他们的语言交际能力。

因此，在课堂中教师可以采用体验式跨文化学习方法，如观看电影、参与角色扮演活动或分析跨文化情境案例，学生能够间接地感受不同文化之间的交融。此后，通过展开讨论或组织头脑风暴，他们将对所观察到的现象进行更深层次的思考，对相关理论进行归纳和总结，最终把理论知识应用于实际情境中，以此进行实践性的检验。有效的体验式跨文化教学应在常规课堂之外进行，如安排学生参与国外夏令营、短期国际学习项目或海外志愿活动等。

此外，随着多媒体、互联网和人工智能技术的飞速进步，线上教学平台如慕课和微课的发展，加上不断增长的社会文化多样性和跨文化沟通的机会，使学习者有机会通过多种感官来学习语言和文化知识，获得语言交际和跨文化交际的亲身体验。

李早霞认为，大学英语的文化体验式教学法融合了将文化视作知识体系及过程的教与学，其核心目标是促进学生通过亲身体验掌握英语语境中的深层含义。包括理解一个单词、句子或文本所揭示的英语社会的生活方式、思维习惯和文化价值。[2]

大学英语文化体验式教学强调体验和感受相结合。这种方式不仅关注学生的情感体验，还包括他们参与的实际操作。在进行各种体验活动时，学生将同时获得情感上的触动和实践的锻炼，进一步加深对英语语言文化的理解。通过反复地体验学习过程，学生逐渐建立起自己的知识架构和经验积累，从而达到文化教学的终极目标。

---

[1] 约翰·杜威.民主主义与教育[M].王承绪,译.北京：人民教育出版社,2001：35.
[2] 李早霞.大学英语文化体验教学研究[D].西安：陕西师范大学,2012：23.

（四）多元文化包容并蓄

多元文化融合已经成为当今世界的一种趋势,随着时代的进步,这一融合现象将进一步加深。在当代大学跨文化英语教学中,多元文化交融的内涵要求教师和学生共同关注并尊重多元文化。

多元文化与英语教学紧密相连。随着全球化的推进,各国文化之间的交流变得更为频繁,因此,培养学生的跨文化交际能力的重要性日益凸显。英语作为全球通用语言,把多元文化融入英语教学中,能够帮助学生更深入地理解并尊重各种文化的差异,以此培养他们的跨文化意识和交际技巧。

张红玲（2022）指出："跨文化外语教育的目标是培养能够与世界各国、各民族的群体成员用目的语进行交流沟通、相处合作的能力,因此学生在学习过程中接触到的文化主题和内容应该超越传统的目的语文化。"[1] 教师应该鼓励和引导学生尊重和欣赏不同文化的多样性,培养包容性的态度,有效地促进学生对目的语传统文化、生活方式、风土人情的了解,培养学生对其他社会体系中不同的民族、不同的群体的风俗以及文化的尊重。教师要提供具有多种文化背景的教材和资源,通过融入各国艺术、文学作品、音乐、舞蹈、食物、宗教信仰、社会习俗等,采用音频、视频、动画等多媒体形式,帮助学生深入理解并欣赏多样文化,培育其文化包容力与跨文化交际能力。

（五）文化知识、情感态度、行为技能相互支撑

跨文化交际能力可以从认知、情感和行为维度进行分解并测量。[2] 张红玲（2020）认为,基于中国学生跨文化能力发展一体化模型,认知理解、情感态度和行为技能构成跨文化能力的三个层面,它们在跨文化外语教学中相互融通、相互支撑。[3]

Byram（1997）强调,成功的跨文化交际首要条件是持有正确的态

---

[1] 张红玲.跨文化外语教育新发展研究[M].北京:清华大学出版社,2022:152.
[2] Deardorff, D. K. Identification and assessment of intercultural competence as a student outcome of internationalization[J]. Journal of Studies in Intercultural Education,2006,10（3）:241-266.
[3] 张红玲,姚春雨.建构中国学生跨文化能力发展一体化模型[J].外语界,2020（4）:35-53.

度,交流的双方必须去除文化偏见,以一种好奇、开放、尊重和包容的态度去接纳不同的文化,采取文化相对主义的观点来实现平等的沟通。[1]

张红玲(2022)提出,基于对多元文化差异深入理解和广泛接触的基础,培育情感态度旨在加深学习者对本土文化的认同感,同时培养他们对全球各种文化的开放性、包容性、尊重、理解与赏识,以此构建一种全球化的视角。

在戴晓东(2022)对中国教师跨文化能力的研究中提到,从中国教师的视角出发,跨文化能力的基础在于个体的态度,涵盖四个核心元素:尊重、开放、审慎和共情。这里所说的尊重是指重视并尊敬其他文化,将对方视为值得尊敬的伙伴。开放意味着对差异持积极态度,愿意探索未知,接受异见。审慎是谨慎对待他人的行为和言论,避免轻率评判。共情则是指能够理解并感受他人的情感和经历。[2]

在面对异国文化中那些奇异、新颖或难以理解的现象时,教师必须引导学生形成共情能力,学会尊重和包容不同的文化,并欣赏这些差异。教师和学生都应保持对个人偏见和既有观念的警惕,认识到文化的多样性是拓宽自身视野、丰富个人经验和创新文化的宝贵机会。

在进行跨文化交流时,参与者应认识到自己的文化视角和经历具有局限性,并接受文化差异的普遍性和常态性。接纳与欣赏文化的多样性,使人们能够更深入地理解与尊重异文化中的观点与行为,而不是单纯强加自己的文化观念于他人。有效的跨文化交流不仅仅是信息的简单传递,它依赖于通过交流和反馈来掌握文化间的差异。参与跨文化交流的人们应建立共享的目标,并在此基础上努力达成一致。

据王颖(2021)的观点,大学生如何看待本国与外国的文化,这种态度显著影响着他们跨文化交流技能的培养。因此,应当引导他们以开放、宽容、公平和理智的视角来分析不同文化的差异与共性,避免文化中心主义的倾向,并促进全球文化意识和文化包容性的形成。[3]

跨文化教学应该训练学生运用认知技能解决跨文化交际中的实际问题。在大学英语跨文化教学中,教育者不应仅仅侧重于讲解知识,而应更多地激发学生主动思考的能力。

---

[1] Byram, M. Teaching and Assessing Intercultural Communicative Competence[M]. Clevedon: Multilingual Matters, 1997: 176.
[2] 戴晓东. 中国教师视角的跨文化能力模型研究构建[J]. 外语界, 2022(5): 20-28.
[3] 王颖. 大学生外语跨文化交际能力培养的理论模型与实践运用[J]. 吉林工程技术师范学院学报, 2021(37): 89-91.

第二节 大学英语专业文化教学的作用与任务

一、大学英语专业文化教学的作用

（一）实现大学英语课程目标的重要保障

根据教育部《大学英语教学指南（2020版）》，大学英语是高等教育人文教育的一部分，具有工具性和人文性。[①] 在人文性方面，大学英语课程的重要任务之一是进行跨文化教育。语言不仅承载着文化，也构成了文化的一部分。在掌握英语这一沟通工具的过程中，学生需要获取先进的科学技术和专业知识，深入了解外国的社会文化，加深对异文化的认识，提高跨文化沟通的技能。

学生的语言实际应用能力、跨文化意识和交际能力以及综合文化素养是大学英语教学目标的重要组成部分。学生在其学习、日常生活、社会互动以及将来的职业生涯中，能够高效利用外语，以满足国家的需求、社会的期待、教育机构的目标及个人的成长需求。[②]

习近平总书记在2021年给北京外国语大学老教授代表回信中明确，新时代外语教育目标是"努力培养更多有家国情怀，有全球视野，有专业本领的复合型人才"。跨文化能力是外语教育培养新时代"三有"复合型外语人才的一个重要议题。[③] 因此，跨文化交际理论与大学英语教学的融合是实现大学英语课程目标的重要保障。

---

① 大学外语教学指导委员会.大学英语教学指南（2020版）[M].北京：高等教育出版社，2020：4.
② 毕继万.跨文化意识与外语教学[J].天津师范大学学报，1991（5）：72-76.
③ 林大津，何雅文.破解外语教育"跨文化能力"迷思[N].中国教育报，2022-04-28（7）.

(二)提升大学英语教学质量

《国家中长期教育改革和发展规划纲要(2010—2020年)》指出:"提高质量是高等教育发展的核心任务。"[①] 这就要求我们应为大学生提供优质的外语教育。

语言是一个符号意义系统,是反映和传播文化的主要途径,同时也是文化的重要组成部分。为了使语言的使用更贴近当地的习惯,并确保外国人能理解中国学习者的英语输出,英语教学过程中必须重视跨文化交际技能的培养。英语教育作为探索不同国家间交流模式的学科,应融入跨文化视角,鼓励学生深入探究本土及外国的文化价值,从而提高外语沟通的流畅性,实现国与国之间的相互尊重,使语言表达更为准确。

外语的教学并不只是对外国语言体系的教学,还有对另一种文化的接触与学习,如果能够做到站在适当的跨文化交际视角,用开放的眼光和专业的态度面对两种语言之间的转换,那么这样的外语教学一定是高质量且有着文化交际含义的。将跨文化交流的理念融入英语教学中,确保了英语教学的理念不仅与全球经济一体化的趋势保持一致,而且也与中国持续扩大的对外开放策略相吻合,进一步保证了英语教育顺应时代发展的潮流。

(三)培养国际化人才

在新时代背景下,随着全球化的发展,科学技术的进步和信息流通的便利化,文化更新和转型的速度也在不断加快。不同民族、国家和地区的文化之间的相互交织、渗透以及竞争共存,导致多元化成为新时代的文化常态,加强跨文化教育已成为中国社会经济发展的迫切需求。

戴炜栋、王雪梅(2015)[②] 就跨文化人才培养指出,"文化走出去"和"一带一路"倡议表明,开放性合作及交流整合是国家战略的核心要素。文化作为一种重要的软实力,其推广不仅促进了各国之间的相互理解和信任,还增强了我们的全球影响力。在贸易、金融、科技和教育等多个合

---

① 顾明远,石中英.国家中长期教育改革和发展规划纲要(2010—2020年)解读[M].北京:北京师范大学出版社,2010:5.
② 戴炜栋,王雪梅."文化走出去"背景下的我国外国语言文学学科发展战略[J].解放军外国语学院学报,2015(4):1-11.

作领域内,都亟需精通外语、具有国际化视角的高端人才,比如专注于高级学术交流和文化推广的语言学者,以及那些具备国际视野、了解国际规则、能参与国际事务和竞争的多语言跨文化人才。外语教育在培育这些人才方面扮演着至关重要的角色。

在当前新的形势、使命及要求之下,国际化人才成为我国"走出去"策略的核心力量。面对提升国际传播效应的挑战,这些人才在跨文化交流过程中常遇到理解偏差、沟通误区和交流障碍等一系列问题,迫切需要加强他们在跨文化沟通中的语言转换能力、语用思维、逻辑推理及创新表达能力,以及文化的包容性和自信心。

教育领导力研究领域的西方学者 King 和 Magolda(2005)指出:在当前这个全球化时代背景下,教育面临的一个重要使命是培育能够跨文化交流的公民。当他们遇到涉及多元文化视角的问题时,应具备作出明智和得体决策的能力。[①]

(四)解决"中华文化失语"现象的有效路径

2000 年,南京大学教授从丛针对外语教育领域提出"中华文化失语"这一概念。他观察到,尽管许多中国年轻学者的英语能力出众,但是在与外国人交流时却难以用英语充分传达本土文化之精髓,缺乏那种源自悠久文明的学者应有的深层文化底蕴与独特文化气质。[②]在英语教育领域,"中国文化失语症"是一个普遍现象。教育者倾向于强调提高学生的目标语言技能和传递文学、文化知识,却往往忽略了培育他们用外语表达中国文化的能力。

"中华文化失语"是一个涉及文化传承与交流的问题。这是一个在全球化背景下,关于如何保持文化多样性、如何在全球化的语境中保护和传承本土文化的重要课题。在如今这个西方文化日益影响深远的时代,对外语专业的学生加强本国传统文化的教育迫在眉睫。在这个问题上,跨文化交际理论和大学英语教学的融合可以发挥重要的作用。

跨文化交际涉及多种因素,如宗教信仰、价值观念、社交礼仪、社会习惯等,需要在不同文化之间进行相互理解和适应,以达到有效地交流和合作。

---

① 戴炜栋,王雪梅."文化走出去"背景下的我国外国语言文学学科发展战略[J].解放军外国语学院学报,2015(4):1-11.
② 从丛.中国文化失语:我国英语教学的缺陷[N].光明日报,2000-10-19(2).

上海外国语大学教授梅德明认为,具体到外语教育,其关键在于"要促进学科核心素养的发展,要体现国家意志和主流核心价值观"。[1]因此,跨文化交际理论和大学英语教学的融合在培养和实践社会主义核心价值观方面具有重要的战略意义。

(五)助力构建人类命运共同体

21世纪正经历百年未有之大变局。当今世界各国的贸易往来更加频繁,文化交流不断加深,世界正在变成一个"地球村"。经济全球化是不可逆转的时代潮流。

在全球化的大背景下,文化间的互动与对话变得尤为重要——无论是在国内,还是在国际层面上,不论是个人之间还是国家与国家之间的交流。掌握有效的文化间交流技巧,学习如何在不同文化之间进行沟通,已经成为交流成功与否的关键。

任洪生指出,跨文化交流是将人类命运共同体理念传达给世界的重要方法和途径。[2]只有通过跨文化交流,国际社会对人类命运共同体形成基本一致的文化认同,才能形成一个开放有序的和谐世界。跨文化交流需要从国家间、民族间以及区域层面的制度性机制建设开始。

跨文化交流对于培养全球公民价值观至关重要。贾玉新指出"跨文化交际和对话为人类命运共同体的实现提供了可能和保障"。[3]

面对不断多元化的社会环境,人们必须学会尊重并欣赏其他文化的特色与传统。这要求我们从基础做起,包括学习其他国家或地区的语言、文化和历史,探索他们生活中的普遍问题,并寻找与本文化的相似之处和差异之处。

大学外语教育不仅应致力于促进学生外语知识的学习与应用技能的掌握,也应重视在此过程中培育学生的情感、态度与价值观,这些都是构建人类命运共同体所必需的。其中,培养学生的全球胜任力显得尤为重要。梅德明指出,在外语教育中融入全球胜任力的培养和发展,这是时代

---

[1] 梅德明.新时代外语教育应助力构建"人类命运共同体"[N].2018-02-09(6).
[2] 任洪生.跨文化交流与人类命运共同体建设:现实、挑战与应对[J].学术前沿,2022:74-83.
[3] 贾玉新.跨文化交际的新视界——为人类命运共同体和全球公民做准备[J].跨文化研究论丛,2019,1(2):3-10.

赋予外语教育工作者的重要使命。①

在当前复杂严峻的国际形势下,大学英语教育中的跨文化能力培养必将推动跨文化教育和人才培养相结合,为倡导和践行人类命运共同体意识作出贡献。

二、大学英语专业文化教学的任务

(一)加强教师的跨文化培训

培训是促进教师更新教学理念、提升教学实践与科研能力以及教师发展的重要途径与方式。由于我国外语学习者和外语教师人数众多、学校类型差异及地区差异较大,教育主管单位及外语学科专家和跨文化研究专家需建构合理的教师跨文化培训项目。因此,各大学外语教学部门应该加强顶层设计,制订系统的教师跨文化教学能力提升的目标及培训计划,分阶段采用理论自学、专家讲座、专题研讨、教学示范以及线上与线下相结合、"走出去"与"请进来"相结合等多样化培训方式,对教师进行跨文化教育理论及具体教学实施方法的指导。"走出去"即分批派教师去参加校外的各类跨文化培训,"请进来"即邀请其他大学或机构的专家进校为教师提供相关跨文化培训。

张红玲在《跨文化外语教学》中指出,对外语教师进行跨文化培训要帮助教师"理解跨文化交际能力的概念和意义,了解导致跨文化交际困难和失败的因素"。②

跨文化培训可以使大学英语教师系统全面地掌握跨文化交际理论,帮助大学英语教师提升其文化敏感性与跨文化交际意识,了解语言教学与文化教学的关系,更好地平衡语言的工具性与人文性,明确文化教学的意义。同时,能够拓展自己已有的文化知识内容,帮助教师正确对待不同民族文化之间存在的差异性。

---

① 梅德明.新时代外语教育应助力构建"人类命运共同体"[N].文汇报,2018-02-29(6).
② 张红玲.跨文化外语教学[M].上海:上海外语教育出版社,2007:14.

(二)改进大学英语跨文化交际教材

目前,现有教材在跨文化交际内容和教学设计方面存在不足。因此,需要开发符合跨文化交际理论要求的教材,注重培养学生的跨文化意识和交际能力。利用新媒体技术,提供多样化的教学资源,丰富教学内容,激发学生的学习兴趣。

教材内容的编排以英语国家和本国重点文化作为单元内容主线,每个单元以社会风俗、历史文化、人文价值观念等为主题。在选取相应材料内容和难度时,兼顾学生的语言水平和知识水平,使学生在语言学习的同时全面系统地了解中西文化。

大学英语跨文化教材内容的设计要考虑以下几点。

(1)循序渐进式:内容深度应该循序渐进,由浅入深、具体到抽象,确保学生能够逐步理解和吸收知识。

(2)循环重复:课程内容应在不同教学阶段以不同形式反复出现,范围逐渐扩大,随着内容深度的增加而拓展。

在教材内容设计中,应加入中西对比等相关模块内容。学生通过中西文化知识的学习,形成中西文化差异意识,并通过差异对比增加跨文化交际意识和跨文化交际能力,从而成为具有时代所需的全球公民。

(三)探索创新型、立体化的跨文化教学方案

跨文化教学可以采用立体化的教学方案。该立体化方案包括第一、二、三课堂有效融合,形成以第一课堂教学为主体,以第二课堂、第三课堂为两翼的混合式教学方式。

1. 拓展第一课堂教学内容,创新教学方式

第一课堂是进行跨文化教学的主要方式,除了传统的基于教材章节内容开展的教学活动外,还可以融入关键事件、文学作品等形式的教学,让教学方式更加多元化。

(1)将关键事件融入跨文化教学

关键事件属于跨文化意识模式,它以现实中一个典型的跨文化事件为例,将其融入跨文化课堂教学。关键事件教学法具有耗时短、见效快的特点。教师可以结合实际需要,以现实中跨文化交际的真实案例作为关

键事件,并将其作为教学素材进行设计与改编,提升课堂教学的有效性。教师可以将关键事件放在课堂导入或总结部分,也可以单独设计为一堂课的内容。

(2)将文学作品融入跨文化教学

文学作品被应用于跨文化交际教学中,是探索多元化跨文化教学方式的又一次有益的尝试。文学作品选材可以多样化,除了戏剧、小说、诗歌等传统体裁的作品外,也可以选择传记、科幻小说等作品。

国内外众多学者从不同的视角研究了以文学作品为载体提升外语学习者跨文化能力的途径。读者视角的重视能带来文本诠释的多样性,从而让外语教学中的文学阅读成为一个开放、多元的跨文化阅读活动。

2. 巧妙利用第二课堂,增加学生对真实跨文化场景的接触

校园第二课堂活动是学校育人体系中非常重要的组成部分。跨文化相关的校园活动具有开放性、自主性、灵活性、实践性、创造性等特点,可以承载更为丰富多彩的跨文化学习内容。英国跨文化研究学者 Byram(1997)指出,学习者可以在非课堂教学环境下积累跨文化知识、培养自身对文化差异的开放态度,掌握在跨文化交际活动中所需的行为技能。[1]

结合沈兴涛(2021)提出的四个跨文化第二课堂活动的原则,作者提出以下第二课堂活动的原则:

(1)在活动内容方面,校园第二课堂跨文化活动内容可以基于课堂教学内容进行拓展和延伸,从而实现第一课堂与第二课堂的有效融合,使二者形成有效合力,促使学生跨文化能力的提升。

(2)在活动方式方面,第二课堂活动可以采用更加灵活、有趣的方式。在第二课堂的活动中,观看跨文化主题的电影和进行话剧表演是最常用也是最有效的方式。

(3)在活动的目标方面,活动设计需要与跨文化交际能力培养目标相结合,不能偏离跨文化交际培养的要求,以跨文化交际能力理论框架为根本,确保活动设计的科学性和有效性。

3. 精心设计第三课堂——海外留学,确保学生跨文化交际能力的提升

随着教育国际化的迅猛发展,海外留学受到越来越多地关注。教育国际化和教育对外开放倡议的推进促使国内外大学努力创造学生留学的

---

[1] Byram, M. Teaching and Assessing Intercultural Communicative Competence[M]. Clevedon: Multilingual Matters, 1997: 167.

机会,拓宽留学途径。

国内大学鼓励学生通过"交换生"等项目出国留学,海外留学的经历可以拓宽学生国际视野、提升跨文化能力并提高学术水平。

(四)建立跨学科合作机制

跨文化交际涉及多个学科领域,需要各学科间的协同合作,应将其他学科的知识融入英语教学,帮助学生建立全面的文化认知体系。戴炜栋、王雪梅(2015)认为为了打造国际化教学科研团队,可与国际知名大学和研究机构合作成立教学科研共同体,建立国际学术网络联动机制,推动跨学科、跨院校、跨地区、跨国家学术研讨的常态化,促进教师专业发展。[1] 因此,大学应建立跨学科教研团队,促进不同学科间的合作与交流。同时,鼓励教师与学生参与跨学科研究项目,提升研究水平和创新能力。

第三节 大学英语专业文化教学的实施策略

大学英语教育在培养学生跨文化能力方面扮演着关键角色。教育者需优化教学内容,创新教学模式,提高教师专业素养,从而为学生提供更多积极参与学习的机遇。以下介绍跨文化交际理论融入大学英语教学的策略。

一、关于跨文化交际理念的融入

自21世纪伊始,我们见证了全球政治格局多元化、经济一体化、文化日益丰富多样,以及社会信息技术的深入演进。在这一进程中,中国与全球的联系正经历着重大的转型。秉承"和平合作、开放宽容、互学互鉴与互利共赢"的丝绸之路理念,"一带一路"倡议在观念和实施层面促进了向更公正和包容的全球化方向迈进。全球公民教育、跨文化教育以及核

---

[1] 戴炜栋,王雪梅."文化走出去"背景下的我国外国语言文学学科发展战略[J].解放军外国语学院学报,2015,38(4):1-11.

心素养教育具有划时代的意义,而且与英语教育紧密相关。

在跨文化交际中,英语作为世界通用语言,被视为首选的语言工具,实用性强大。来自不同国家、不同环境、不同文化背景的人士都需要借助英语进行交流和沟通。然而,彼此间对英语文化的理解差异以及英语语言应用能力差异等因素,将直接影响跨文化交际的效果与质量。因此,强化英语表达技巧的学习,逐步融入他国文化和语境,深入理解英语表达背后的内在含义显得尤为必要。在不同程度上有效减少由文化干扰引起的沟通障碍,实质性地提升跨文化交际的流畅性。

人既是文化的产物,也是文化的承载者。跨文化交流人才的培养在一定程度上决定着跨文化交流的整体水平、深度和广度。在新时期的高等教育发展阶段,大学英语教师需转变传统教育观念,不应仅仅局限于单向传授语言和文化知识。若交际者的英语学习和认知仅限于听、说、读、写,则显然无法满足跨文化交际的实际需求。因此,学生需在日常学习、工作或生活中有意识地强化自己的跨文化意识,并逐步深化对他国文化的理解,将其深植于心,以确保充分理解相关文化背景,从而自信应对各种话题讨论。

大学英语教师应该树立现代跨文化交际教学理念,深刻领会培育学生跨文化交际能力的必要性。作为英语实际教学活动的设计者、主导者和亲身体验者,大学英语教师在跨文化交际教育上的认识深度将对学生理解这一能力的重要性产生直接影响。

二、关于教学材料

在融合跨文化交际要素到大学英语课程时,挑选教学资源需谨慎进行。根据跨文化英语教育的基本原理、目标、主题、范畴及其理论架构,有计划地精选和筛选教材是必要的。拓宽教材的选择与使用范围至关重要,重点应聚焦于跨文化交流的维度,搜集既具有扩展性又包含跨文化交际特质的辅助教学材料。

在跨文化英语教材内容编排中,适当融入本土文化元素,内容上要有系统性和层次性,确保本土文化与英语文化的比例保持均衡。避免片面追求单一文化的知识传授,应致力于多元文化的整合和提升。通过课程和学习材料提供有关各种英语国家和文化的背景知识,使学生了解和尊重不同文化的习俗、礼仪和传统,以更好地理解并适应跨文化环境。

除了利用现有的人物、事件和节日文化等元素,也应当考虑纳入语用知识。在编撰英语专业教材时,有关部门可以适当引入反映文化差异的文化作品和案例,从而使教师能够系统地传授语用知识和文化元素,深化学生对西方社会的理解,提升跨文化交流的敏感性与语用知识的水平。

引入通识教育内容能有效地补充大学现行英语教材的缺陷,使学生领略经典作品的魅力,同时促进课堂内师生间的互动,拓宽他们的视野,对于大学英语教材内容的改革具有重要的意义。

信息技术的多样性给大学英语课堂带来了丰富的教学资源,这使教师能够设计更有吸引力的学习内容,显著增强学生对语言和文化的理解。教师可以通过信息网络、自媒体、报纸、外文杂志、短视频、电影作品等途径拓宽授课教学资源,让学生对相关文化有不同角度的认识和理解。

三、关于教学模式

教育者应保持敏感度,选择使用适合自己教学环境的教学元素,如故事教学、案例研究、项目式学习等。

(一)对比分析

对比分析方法被广泛应用于比较分析各种文化背景下的交际行为、规则、思考方式和价值观。该方法的核心在于辨识不同文化间的差异与共性,以便深刻理解这些差异导致的误解和冲突。它还涉及追溯文化的根源,探究如何有效消除文化负面迁移的不良影响,目的是促进双方的理解与适应。基于共同的理解,双方能够更有效地开展跨文化交际。

(二)体验式文化教学模式

在大学英语教学过程中,教师应尽可能促进不同文化、不同区域的学生之间开展文化交流活动,指导学生应用语言进行跨文化交际。一方面,这种方法能够促进学生的社交技能发展;另一方面,它也有助于提高学生的表达能力及对语言所反映的文化特性的深刻洞察。

莫兰和里迪克特借鉴体验式学习理论(The Experiential Learning Circle)(kolb,1984),提出体验式文化教学模式。莫兰认为,文化体验就是与另一种生活方式的相遇,可以是与相关文化群体直接接触所获得的一手经历,也可以是通过语言课堂学习材料的间接接触,既包含接触的内容,也包含接触的过程。

可以在课堂内进行体验式跨文化教学,如让学生模拟不同文化背景下的人物角色、观赏涉及多文化的影片或阅读研究多元文化案例。这样做能够让学生间接感受到跨文化交流的复杂性。接下来,学生可以通过讨论或集思广益的方式进行深入思考,进而对相关理论进行系统整理和概念化,将通过分析得到的观点在实际情境中进行检验。

丰富的语言实践活动能使学生摆脱传统书本知识的束缚,使他们深刻体验到语言的活力与实用性。在课堂教学外,教师应积极发挥第二课堂的实践作用。通过策划各种活动,包括文化展示、戏剧演出、音乐会等,为学生创造丰富的语言应用场景,让学生亲身感受不同文化的魅力和多样性。以戏剧演出为例,从剧本选择到表达方式,以及角色内心阐释,参与者必须仔细思考如何有效展现对不同文化的理解。这类活动使学生能更好地结合语言能力和文化认知,在跨文化沟通中更自信地呈现自身的跨文化交际技能。

(三)民族志跨文化教学

教育民族志主要涵盖两个层面:一方面,它指的是教育人类学领域中的民族志研究,这一分支与"教育人种学"紧密相连;另一方面,教育民族志也指一套研究方法,即通过系统的数据收集手段,特别是参与式观察和深入访谈来进行研究。

跨文化外语教育的民族志方法旨在增进学生的跨文化理解与技能。学生通过直接与研究对象进行会话交流或撰写个人的民族志研究报告,得以拓宽文化视角,加深对异质文化的认识与体验,从而增强跨文化沟通的能力。此外,深入的文化学习经验使学生能够探索并掌握学习文化的有效方法及跨文化沟通的基本原则,这对他们将来在文化学习和跨文化互动方面发挥着至关重要的指导作用。

张红玲(2018)及其团队总结了民族志跨文化外语教育模式的核心优势:它拓宽了外语教学的边界,从传统的课堂学习延伸至课外,积极地挖掘并应用社会资源,目的是提供给学生"在实践中学习"的环境,此举显著提升了学生的语言应用能力。这种教学方法的高适应性和灵活性允许教师依据学生需求和可用文化资源定制多样化的教学计划。

（四）产出型语言文化融合式教学模式

产出型语言文化融合式教学模式作为一种创新的教育模式，其核心目的是增强学生的跨文化交流技能。该方法构建在 Byram 的跨文化能力框架上，融合了发现、比较、分析的教学策略，覆盖了目标制定、任务设计、执行任务及评估与反馈四个主要阶段。首先，教师设定跨文化交流和语言学习的目标。其次，基于课堂的主题，安排综合语言技能和跨文化交际能力训练的小型任务。在任务执行阶段，学生被鼓励探索不同文化，并将之与自己的文化进行对比和分析，采取多种方式，如课堂讨论、角色扮演、故事接龙等。最后，通过即时地形成性反馈和评价来确保教学成果的有效性。

四、关于师资

孙有中（2021）指出："帮助教师树立对文化和文化学习的信念，并改革他们的课堂文化教学实践至关重要。面向教师职业发展的职前、职中培训项目将在未来的跨文化教育模式发展中担当重要角色。英语教师越来越需要增加符号学、话语分析和阐释方法等方面的内容。"[1] 对英语教师而言，他们需要的是更强的历史和政治意识、更强的反思性，以帮助学生理解跨文化交际背后的动力以及被称为"象征性能力"的历史和象征性组成部分，以提升跨文化能力。[2]

目前，我国英语教育领域中的许多教学理念和实践模式均源自西方。在这一领域内，社会政治因素发挥着至关重要的作用。因此，加强教师在政治思想教育方面的培训变得尤为重要，包括培养爱国主义、集体主义、敬业精神、对教育的忠诚以及认真负责的职业态度等多个层面。

教师应具备良好的教学反思能力，通过自我观察、批判性思维、反思与实践的结合等方式不断改进自己的教学方法和策略。英语教师应该积极开展课程行动研究（Curriculum Action Research），经常反思教学，不断改进教学，逐步提高开展跨文化交际能力教学的本领。

---

[1] 孙有中. 跨文化外语教学研究[M]. 北京：外语教学与研究出版社，2021：56.
[2] 同上.

五、关于评价机制

在传统英语教育评估体系中,终结性评价的方法主导着评估过程,这种方法过分重视学生的考试分数和等级,将其作为评价学生全面能力的核心标准。这种做法往往让学生在评价过程中经常体验到负面情绪。因此,对现有的评估模式进行改进变得尤为重要,目的是让评估更好地服务于教学的监控、诊断及激励功能。

大学英语课程的评估体系应当覆盖多层面且采取多角度的评价方法,确保评估过程的科学性,同时将质量监控及综合评价与阶段性评价相结合。该体系需要具有发展性质,通过持续的实验和探索,以育人为核心,着眼于提高学生的英语专业素质并发掘其内在潜力,旨在映射并促进学生跨文化交际能力的提升。同时,评估体系应具备反馈性,能够及时指出教育过程中遇到的问题并迅速解决。

可以选择过程性考核评价方法,这种方法的评价指标更为全面,特别强调对学生跨文化交流能力的考核。对学生在跨文化交流过程中展现的文化基础、语用能力、交际策略及交际熟练度进行综合评估,考核方式不应局限于笔试。在跨文化交流能力的评估中,应适当增加面试形式的口试。评估既可采取个人形式,也可采取小组形式进行。总之,应建立多维度的教学评价机制。

第三章

大学英语专业文化教学模式的优化

在新的时代发展背景下,大学英语专业教学引入了很多新的教学模式,有助于培养英语专业学生的综合素养。只有与时俱进,才能与时代发展同步,才能做到不与社会发展脱节。本章重点探讨大学英语专业文化教学模式的优化,涉及大学英语课程思政教学、多模态互动教学、生态课堂的构建、网络教学的实施等方面。

第一节　大学英语课程思政教学的融入

一、大学英语专业课程思政教育的必要性

思政教育是大学教育工作的重中之重。大力发展英语专业的课程思政教育不仅仅是大学落实立德树人根本任务、培养专业人才的内在要求，也是促进中外交流、顺应时代发展的需要。

首先，课程思政教育是大学建设的重点之一，习近平总书记曾多次强调思政教育的重要性及其改革创新。在学校思想政治理论课教师座谈会等多次会议上，习近平总书记明确指出，思政课是落实立德树人根本任务的关键课程，思政课的作用不可替代，必须把思政教育工作贯穿到教育教学全过程。2020年10月，教育部发布《大学英语教学指南》，提出大学英语教学应主动融入学校课程思政教学体系，使之在高等学校落实立德树人根本任务中发挥重要作用。课程思政融入外语专业课堂处于初期摸索阶段，仍存在思政案例过于老旧、课程难以提高学生学习兴趣及课程参与度偏低、大部分学生对课程思政的重视不足等一系列急需解决的问题。因此，创新课程思政模式是互联网时代的一大教育工作重点。

其次，《普通高等学校本科专业类教学质量国家标准》（中华人民共和国教育部高等学校指导委员会，2018）明确要求外语类专业学生应具有正确的世界观、人生观和价值观、良好的道德品质，家国情怀和国际视野，除此之外，还应该掌握外国语言知识、外国文学知识、区域与国别知识，熟悉中国语言文化知识，具备外语运用能力、跨文化交流能力以及一定的"信息技术应用能力"。运用专业知识对思政材料创新加工，可以拓展中国外语专业学生思政学习途径，加强对中国和西方文化的认识，提升学生的思政素养，更好地传播中国声音和中国文化，也可以将学生学习到的理论和技能与实践相结合，在学习思政知识的过程中进一步强化自己的专业知识。

二、文化视角下大学英语课程思政教学现状

英语专业类课程和大学英语课程在课程内容、教学方式和评价方式等方面也进行了课程改革。特别是随着"三进"工作的开展，全国所有大学都加入了外语课程思政的改革和建设实践中。2019年年底，中宣部组织的《习近平谈治国理政》多语种版本进大学、进教材、进课堂（以下简称"三进"）开始试点工作。2021年，确定全国25所试点大学。2022年6月，《习近平谈治国理政》多语种版本"三进"工作在全国大学推开。各大学开始进行英语课程思政的探索。

目前，我国的英语课程思政仍存在以下问题。

（一）理论层面存在认知偏差

教师在平时的教学过程中对课程思政不够重视，还有部分教师对课程思政融入的理解存在偏差，认为课程思政融入英语教学就是在英语课程内容中直接加入思政内容，如使用《习近平谈治国理政》英文版和《政府工作报告》英文版，或使用《理解当代中国》系列教材等。

（二）教学层面的挑战

在教学过程中，通常会面临一些挑战，如课程价值观目标的缺失、课程思政的实施方式过于简单以及教学保障体系的不健全等。

1.课程价值观目标缺位

《高等学校课程思政建设指导纲要（2020）》（以下简称《纲要》）强调了文学等各专业课程应结合专业知识的教育来促进学生对社会主义核心价值观的深刻理解与弘扬，以及对中华民族传统优秀文化、革命文化及社会主义先进文化的认识和推广。

武黄岗（2023）提出，教学活动中教师倾向于重视知识传授和技能训练，却往往忽视了对学生价值观的塑造。[①] 他指出这一现象的根本原因在于两个方面：首先，英语课程的顶层设计不够完整和明确；其次，虽然

[①] 武黄岗.大学英语课程思政建设：现实依据、主要问题与优化路径[J].林区教学，2023（11）：29-31.

《大学英语教学指南(2020版)》为英语教学制定了总体价值观目标,但在具体的级别目标和能力项中对价值取向的描述显得模糊不清。

2. 课程教学内容缺乏系统性

《纲要》强调,应全面实施包括中国特色社会主义与中国梦、社会主义核心价值观、法制教育、劳动教育、心理健康以及中华文化传统教育在内的课程思政内容。武黄岗在2023年的研究中提出,当前我国大学英语课程缺乏针对政治认同、爱国主义,以及道德培养等方面的分层次课程设计。

3. 课程教学形式过于单一

目前,我国英语课程思政主要通过课程讲授、课堂讨论等形式进行,教授形式比较单一。今后应采取更加多样化、有趣味性、互动性强的方式进行,比如案例分析、第二课堂活动等,从而避免课程思政与英语教学的生硬融入。

4. 教学保障机制不完善

根据《纲要》的规定,各高等教育机构应当坚持一致性与多样性并重的方针,在分类指导下形成一个科学且多元化的思政课程评价体系。然而,在具体落实思政课程建设时,许多院校尚未建立针对英语课程思政的质量评价机制,对于评估英语思政教学效果的标准和评价方法也缺乏明确的定义。这一现象使专门针对英语思政教学的激励措施缺失,影响了教师在思政教学及其建设工作中的积极性和主动性。

三、文化视角下大学英语课程思政的实施路径

(一)进行顶层设计

对大学英语课程育人目标进行精细划分,涵盖通识英语、专业英语以及跨文化沟通三大核心部分。在这些课程安排上,需清晰界定价值观导向的总体目标,同时针对知识、技能、价值观三方面的目标进行具体化处理,尤其需要深度解析价值观的具体目标。只有当课程目标被设定得既清晰又精确,教师方能在授课过程中有效融合思政教育元素。

对于课程思政内容的有序构建,武黄岗提出在设计包含三个关键部分的课程时,必须明确区分不同层次、合理设置内容梯度。他强调,普通英语课程中应融合政治认同、民族情感及民族精神等方面;专业英语课程则应纳入学术规范、职业道德和专业精神;跨文化交流课程则重在利用以中华优秀传统文化作为主导的思政教育资源,借助文化对比的方法激发学生批判性地探讨中外文化间的异同。

(二)加强教师立体化培训

由于学科及专业背景,大学英语教师具有丰富的英语语言知识和英语国家文化知识,但对于跨文化交际理论知识、思政知识的了解呈现出碎片化特征,不够深入与系统,无法有效地将课程思政融入英语课堂。因此,教师培训需经过多方调研与论证研讨,确定培训内容和培训方式。跨文化交际理论的培训内容可以包括社会文化理论、积极心理学理论、二语习得的多语转向、动态系统理论、整体论等。课程思政相关知识可以包括与课程思政建设相关的文件及文件解读等内容,如《大学思想政治工作质量提升工程实施纲要》《高等学校课程思政建设指导纲要》以及习近平关于教育的重要论述、二十大报告等。培训可以利用线上、线下相结合的方式进行,也可以通过专家讲座、专著阅读、观看纪录片、专题研讨会、实地考察等多种形式进行。

(三)加强第一课堂与第二课堂联动

在第一课堂中,除了传统的讲授法之外,还可以融入以主题为依托,采用任务驱动和成果导向等多样化的教学策略,以此加强英语课程中思政教育的效果。如《新视野大学英语读写课程》第一册第四单元主题是时代英雄,教师可以依托这个主题来设计活动,采用任务驱动法,以当代中国的英雄为主题布置任务,将学生分组准备并进行课堂展示,让学生了解当代和平时代的中国英雄的故事以及他们为国奉献的精神,培养学生的家国情怀;教师还可以采用产出导向法,让学生以当代中国英雄为题制作英文宣传海报,向外国人展示中国人的英雄观,增强学生的文化自信,树立起"讲好中国故事,传播好中国声音"的责任意识。

学生的学习活动不仅发生在第一课堂中,第二课堂活动也是学校教育体系中不可或缺的一个有机组成部分,在育人目标的实现过程中发挥着非常重要的作用。此外，第二课堂与第一课堂相比，具有开放性、自主性、灵活性、实践性等特点，是进行跨文化学习非常好的平台。学校第二课堂活动以英语课程思政主题为核心进行。外研社"理解当代中国"英语演讲大赛、写作大赛、翻译大赛是非常好地促进课程思政教学的赛事。秉承"以赛促学""以赛促教"的理念，通过鼓励学生参加此类比赛，促进英语课程思政的学习效果和课程目标达成。

（四）完善考评激励机制

在高等教育机构中，教学考核评估被视为激励英语教师融入思想政治教育元素的关键驱动力之一。大学设定了以思政教学为核心的英语教师和课程评价标准。武黄岗强调，需要转变原有的评价模式，这一模式过于偏重于研究而忽略了教学。[①]他提出，应当打破仅以科研为标准的评价体系，改为以英语教学的质量为主，将执行"立德树人"的基本任务视为大学英语教学评价的核心。对于英语课程考核评价，除了传统的听、说、读、写、译的知识和技能考核外，应增加英语课程思政内容的过程性考核，把课程思政相关的第二课堂活动纳入课程评价。

钱甬宁提出，在考核学生的思政英语学习效果时，通过采用多样化的评估内容，可以有效提高思政英语教育的质量。评价方式应包括书面考试、口头面试以及参与活动等多种形式；同时，评价的目标也应是多元的，教育者和学校应当把评价焦点放在学生在不同文化背景下展现的文化与民族自信上。[②]

四、文化视角下大学英语课程思政案例分析

以《剑桥国际英语教程 4》的 12 个单元为例设计单元课程思政教学内容，根据英语专业学生应具备的专业能力进行选材，形成本课程思政案例库。

[①] 武黄岗.大学英语课程思政建设：现实依据、主要问题与优化路径[J].林区教学,2023(11):29-31.
[②] 钱甬宁.跨文化交际导向下的大学英语课程思政教学改革[J].陕西教育(高教),2024(1):70-72.

(一)案例材料来源

本案例库根据《剑桥国际英语教程4》每一单元核心主题,收集相关双语材料。中文部分来源有国家各项会谈中的习近平等领导人讲话、中国古今谚语以及名人名言等。英文译本均源于官方译本,具有权威性。根据英语专业面向国际的需要,在选取材料时也注重一些国际性话题。

(二)案例材料契合度

1. 案例材料主旨

《剑桥国际英语教程4》12个单元原主题为 Family and friend, Mistakes and mysteries, Exploring new Cities, Early birds and night owls, Communication, when's the real story, The Information Age, Putting the Mind to Work, Generally Speaking, The art of complaining, Values, Moving around。在分析每一单元课程内容后,作者将本单元内容与相关的时代主题相联系,选择出合适的课程思政主题。以 Family and Friend 一课为例,本单元主要讲述了每个人的不同特质以及不同国家的家庭模式和规模。联系实际,习近平主席强调:"我们要重视家庭文明建设,努力使千千万万个家庭成为国家发展、民族进步、社会和谐的重要基点,成为人们梦想启航的地方。"党的十八大以来,党中央高度重视家庭文明建设,因此本单元思政主题可与当下所倡导的家庭建设相联系,在授课过程中,学生了解了不同国家的家庭模式后,也应反思中国的家庭建设和家庭观念,因而本单元课程思政主题即为"Socialist Outlook of Family"。以此方式所确定的其他思政主题分别为 Golden sayings, East or west, Home is best, Wisdom of time, The most admirable people in China's new era, Literature with Chinese characteristics, National cyber development strategy, The great spirit of struggle, World culture, Guidance of public opinion, Core socialist values, Construction a beautiful China。这些主题涉及"家国观""社会主义核心价值观"和"奋斗精神"等时代主题,是当代中国青年应具有的核心价值观。

此外,英语专业学生是跨文化交际的桥梁。跨文化交际存在于多个层面,语言语用层面大都"价值中立",但在其他层面都有强烈的意识形态隐藏其中，如认识不到这一点，跨文化交际课程就可能变成西方理论的学习研讨课。要树立正确的意识形态离不开对本国文化的学习。《剑桥国际英语教程4》包含了对英语专业学生听、说、读、写、译的训练，帮助学生了解国外文化，但这些课程内容的学习仍停留在中外文化语用层面，在跨文化交流教学的其他涉及价值观或意识形态层面仍然具有缺陷，因为本册书并未引导英语专业的学生去了解相关的中国文化，特别是当下的中国文化和中国的社会价值观，因而在对学生意识形态方面的引导上有所欠缺。本课程思政案例库对这一方面的教学内容进行补充，案例库中既包含了优秀的中国传统文化，同时也紧扣时事，涵盖相关时代主题，帮助学生了解当下中国文化，使他们树立正确的意识形态，在跨文化交际活动中真正讲好中国故事。

2. 案例材料语言

《普通高等学校本科专业类教学质量国家标准》（2018）培养目标指出"外语类专业旨在培养具有良好的综合素质、扎实的外语基本功和专业知识与能力……"，知识要求上"外语类专业学生应掌握外国语言知识、外国文学知识、国别与区域知识，熟悉中国语言文化知识……"。由此可知，英语专业教学过程中教师应注重学生对英语基本语言知识的学习，同时也应帮助学生了解中国语言文化知识。

英语语言知识的学习应包括听、说、读、写、译的训练。本课程思政案例库为双语案例库，包含很多经典名人名言的权威翻译以及国家政策的政治性术语翻译，这些内容均在国内大学英语四、六级考试、英语专业四、八级考试、CATTI考试等外语类考试中有所涉及，因此本案例库也有助于培养英语专业学生在写、译方面的能力。此外，本案例库顺应互联网时代的发展，将12个单元的课程思政内容制作为双语短视频，发布于抖音、b站等开放性视频网站，教师可利用这些视频让学生进行配音、讨论、写作等。同时，本案例库中涉及众多中国文化知识，包括中国经典名人名言以及时政术语，使学生能够了解很多中国语言文化知识及其英语表达，满足学生对中国语言文化的学习。

3. 案例材料文化方向

英语专业学生肩负着向世界传播中国文化的重任，是跨文化交际不可或缺的一部分。但当前很多英语专业学生在跨文化交际的过程中无法准确流利地介绍有关中国的文化，这正是"中国文化失语"的表现，而这一现象显然不利于中国文化的对外传播。分析其原因，刘丽华、戴慧琳指出在英语专业学生的培养中一味地强调学习英语国家文化知识,没有将英语的学习提升到传播中国文化知识的高度,甚至忽视了中国优良的传统文化,这不利于英语专业学生跨文化交际能力的培养。因而,在课堂中加大中国文化的输入是克服"中国文化失语"问题的关键。

在教学过程中,教师输入的中国文化应包括中华优秀传统文化和中国当代文化。本案例库中 Golden Sayings, Wisdom of time, The great spirit of struggle 涉及中国传统文化的内容,其他单元 Socialist outlook of family, East or west, Home is best, The most admirable people in China's new era, Literature with Chinese characteristics, National cyber development strategy, World culture, Guidance of public opinion, Core socialist values, Construction a beautiful china 则讲述了以中国特色社会主义文化为代表的中国当代文化。本案例库覆盖的中国文化范围全面,确定了中国教育的中国文化身份。对内有助于提升学生的文化自信,对外有助于学生讲好中国故事。

(三)案例材料的具体实施

以《剑桥国际英语教程4》Unit 1 *Friends and Family* 为例设计单元教学和步骤。

1. 课前分析

(1)教学对象

本教程适用于英语专业大二学生,他们已具备一定的英语专业写作、阅读和翻译能力。同时,他们的价值观仍具有可塑性,对于朋友和家庭的认知并不成熟。本单元思政任务为帮助学生树立正确的家国观,并使学生能够正确传播中国的家国文化。

(2)教学内容

本单元课本内容包括了"What kind of person are you?"和"Every family is different."两部分。分别是认识自己的性格品质和成长变化以及了解不同国家的家庭模式,并以一篇主题为加利福尼亚州的一个大家庭为例引导学生思考自身的家庭规模。这些内容侧重于向学生讲述西方国家的家庭文化,缺少有关中国家庭文化的内容,因而教师应有意识地向学生传授中国的家国文化,促进英语专业学生了解中西文化差异,树立正确的家庭观念。

（3）教学目标

在分析教学对象和教学内容的基础上，确定本单元两个课程思政教学目标。第一，认识不同国家的家庭文化差异，在跨文化交际中学会包容理解。第二，了解新时代下的中国社会主义家庭观，思考良好家风建设的重要性和途径，同时在跨文化交际中能够正确表达社会主义家庭观的基本内容。

2. 课程思政的实施

本单元课程思政的实施分为导入、互动、考核三个环节。每一环节教师都应将思政素材与英语语言能力的培训相结合，在训练学生听、说、读、写、译技能的同时帮助学生树立正确的价值观。

（1）导入环节

将本单元课程思政材料作为课堂warm up环节。课堂开始15分钟内，教师播放本单元课程思政双语视频，通过习近平主席在2015年春节团拜会上对社会主义家庭观的阐述，让学生初步认识社会主义家庭观的基本内涵，并学会"社会主义家庭观""家庭建设"等术语的表达。

观看完视频后，让学生用英语进行小组讨论，讲述自己的家庭特点和家庭观念，并总结将其发布到"雨课堂""学习通"等教学平台。通过这一方式，学生可以迅速地进入课堂学习状态，并锻炼自己的口语交流和翻译能力，同时能够学习中国文化中的家庭文化，启发学生对家庭观和家风建设的思考。

（2）互动环节

互动环节立足于课堂内容开展。在讲解"What's your family like?"（讲述了不同的家庭生活特点）和"Full house"（讲述了加利福尼亚州的一个大家庭）两篇课文时，教师可引导学生一起探讨如中西家庭观念、生活方式的差异以及所反映出的价值观念。通过这些讨论，学生提高了口语能力，树立了文化自信，对不同国家的文化持更加开放包容的态度，为跨文化交际奠定良好的基础。

（3）考核环节

教师每周可通过30分钟左右的课后作业巩固学习效果，作业内容应注重将思政材料与英语语言训练相结合。如作业一，学生可根据本单元双语视频及课堂内容进行写作。主题可为比较中西家庭文化的差异，探讨新时代如何贯彻社会主义家庭观等。英语写作的考核方式既能提升学生的写作水平，同时能够强化学生的思想认同，复习思政案例库中的语料知识。如作业二，搜集一个有关中国家风建设的故事，并能够用英语流利完整叙述,学生两两结对互相用英语叙述搜集到的故事,并录音上传至学习平台。这一考核方式可培养学生概述、口语的能力,同时使课程思政的内容延伸到课外,让学生了解更多的中国文化知识。

```
        教学对象        教学内容
              |        |
              +---+----+
                  |
            课程思政教学目标
                  |
            课程思政具体实施
                  |
         +--------+--------+
         |        |        |
        导入 →  互动  →   考核
```

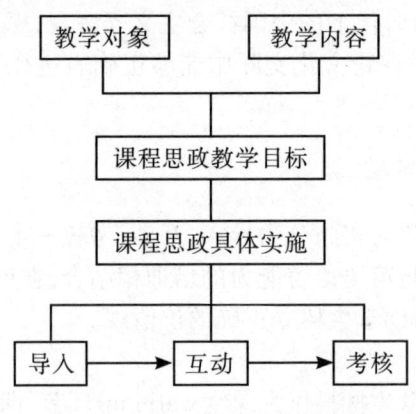

图 3-1　每一单元的教学步骤

发展英语课程思政是贯彻落实习近平总书记关于思政教育的重要论述的内在要求,如何驱动英语专业学生传播中国文化,为从事外交事务、宣传大国形象作出贡献,是英语思政教育工作至关重要的任务。作者以构建案例库为主要途径,从专业课程中攫取主题,结合国家社会热点话题,采用"互联网+课程思政"的模式,将课程思政内容制作为双语短视频,让学生进行配音、讨论、写作等活动。根据调查问卷,对比传统的思政课和专业课分开的教学方式,英语专业学生更倾向于在此类新颖的双语案例库模式中,潜移默化、双向参与地学习课程思政理论。该模式效果显著,在注重培养学生专业素养的同时激发学生作为接收者和学习者的主体活力,改变传统的单向教学,使课程思政生动起来。基于有效经验,今后大学英语专业应进一步完善思政元素案例库建设,增加具有相同性质的实践性专业活动,并增强与思想政治理论课的联系,帮助学生树立良好的价值导向,明确自身价值和社会定位,成为国家需要的高素质的英语人才。

五、文化视角下大学英语专业教师课程思政教学能力评价体系构建

2020年,教育部印发实施《高等学校课程思政建设指导纲要》,明确立德树人成效是检验大学一切工作的根本标准,教师是全面推进课程思政建设的关键。作为中西文化碰撞的前沿阵地,英语课程思政建设成为大学英语教学的首要目标。英语教师必须进一步根据学科特点提高育人能力,确保课程思政建设落地落实、见功见效。作者试图通过分析大学英语专业教师课程思政教学的现状,提出构建科学合理的教师思政教学能力评价体系,形成教师课程思政教学能力提升的长效机制,确保英语课程思政教学的实效性。

（一）英语教师课程思政教学研究现状

在全球化时代背景下,我国高等英语教育的发展逐步呈现从扩张规模的外延式到提升质量的内涵式转变,教学质量是英语教学改革的核心问题,教师教学质量成为影响和保障教学质量的重要因素。潘懋元（2007）指出,将大学教师的总体发展方向定位为教学质量的提高和评价,有利于提升我国大学的办学水平。大学教师教学能力是培养具有创新意识和实践能力高素质大学生的重要前提。米娟（2014）认为,大学教师的教学能力应该包括教学设计能力、教学实施能力、教学研究能力、教学评价能力以及专业拓展能力,构建科学的大学教师考核评价制度改革是推进大学教师教学能力提升的内在动力。2020年,国务院印发《深化新时代教育评价改革总体方案》,强调建立健全多维度的大学教师教学能力考核评价体系和监督检查机制,在各类评价工作和深化大学教育教学改革中落实。在外语教育领域,大学英语专业教师教学能力提升及评价已成为教学研究的关注点。根据中国知网数据库2010—2022年收录的文章,约有177篇是有关英语教师教学能力提升和评价方面的研究,篇数也呈现逐年递增的趋势。

2016年,全国大学思想政治工作会议召开以来,探索"课程思政"教学规律,增强英语专业知识传授与价值引领有机融合的大学英语课程思政教学改革持续升温,英语课程思政研究在规模和数量上迅猛发展。课程思政教学改革对英语教师的教学能力提出了新的要求,教学研究工作者也开始对英语教学能力的内容和评价进行广泛的讨论。目前,大量研究集中在课程内容和实施的讨论,如文秋芳（2021）聚焦教师课程思政教学的内涵与实施；文旭（2021）讨论教师如何在语言学课程实施课程思政,实现立德树人根本任务。探讨英语教师课程思政教学能力和评价的文章并不多见,主要有张或凤、孟晓萍（2021）对大学英语教师课程思政教学能力的研究,许葵花、张雅萍、王建华（2022）对大学英语课程思政模式建构及评价的研究以及黄蓉（2022）对大学英语课程思政教学评价体系的构建策略研究。很少有针对英语专业教师课程思政教学能力考核评价的研究。

(二)英语教师课程思政教学评价体系构建的必要性

1. 思政教学意识缺位

尽管广大教师响应思政教学改革号召,但仍有部分专业教师对英语课程开展思政建设重要性认识不足,教学上主要关注英语语言知识学习与语言技能提升的训练。

2. 思政教学内容不足

课程思政教学要落细落实,实施教学的能力是关键。英语学科的特殊性决定了大学生在英语课程学习中频繁接触到英语语言与英语国家文化。英语知识传授与思想价值引领的有机融合是大学英语课程思政教学的主要内容,教师的价值引领作用尤为重要。通过课堂观察发现,英语专业教师尚未具备深度挖掘课程思政元素的能力。教学内容依旧是基于单一课本教材,以传授课本英语专业知识为重心。可见,教师在教学设计、教学内容上对思想政治内容与专业知识的结合还没有引起足够的重视,缺乏对社会主义核心价值观、四个自信内容研究的深度和广度拓展以及对英语专业教学内容的西方文化的批判性审视和遴选。

3. 思政教学方法单一

在多模态教学模式广泛普及的趋势下,由于缺乏对学生学习需求的调查,教师思政教学方法出现与现代化技术脱节现象。思政教学仍然采用传统课堂一言堂灌输讲座方式,思政内容呈现方式陈旧、任务设置欠缺科学连贯性、课堂思政元素主题探讨和小组活动缺乏创新和想象,无法充分利用现代化技术辅助提高思政教学成效。教学内容与考评脱节,导致学生学习参与度不高,课堂教学形式单一同时挫伤学生的积极性,无法达成思政教学育人的培养目标。

4. 思政教学评价体系缺失

目前,指导英语教师群体课程思政教学的评价体系构建仍处于空白状态,没有结合课程思政教育背景更新可遵循的评价目标和评价内容。

首先,评价目标只关注对教师知识传授能力的评价,对立德树人目标的评价有所忽视。其次,评价内容也局限于对教师师德和英语语言知识教学能力的评价,对教师课程思政教学的设计、理论和实践能力等方面的评价没有新的规定。课程思政教学能力达成观测指标的缺失,导致专业教师在教学理论实践中缺乏实现立德树人教学目标的有效指引,课程思政教学研究能力和评价学生课程思政学习成效的能力难以拓展。在课程思政系统中,课程、思政、课堂、教师、评价是关系课程思政建设质量的五个核心要素。因此,完善的考评体系是确保教师课程思政教学质量长效机制的制度保障。

(三)英语教师思政教学能力评价体系的设计原则

1. 与时俱进原则

与时俱进原则是指在构建教师教学能力评价体系时要将时代精神和大学教师发展现状紧密结合。近年来,随着高等教育高质量发展格局的不断完善,国家对大学教师师德师风、专业素质和教学能力水平的提升提出新的要求。因此,构建评估体系必须紧跟时代节奏,在评价理念、评价指标、评价方法与手段等都应该有适时的更新与调整;充分尊重现实,使评价体系体现新时代的要求。

2. 科学客观原则

教师教学能力评价体系的科学客观原则,是指教师评价系统是建立在科学的理论的指导下,遵循科学的程序,利用科学的手段与方法进行研究与分析,从而构建出科学的教师教学考核评价内容、标准以及方式,实事求是、客观地反映教师教学工作的性质和特点。考核评价体系是一个复杂的动态系统,会在信息时代呈现出新的发展特点和变化,因此考核评价体系的构建必须遵循科学客观原则。

3. 多元性原则

多元性原则是指教师教学能力评价体系的设计要考察多层次和多维度要素,关注不同要素之间的内在逻辑联系与差异。采用统一的考核评价标准、方式、评价量表对大学教师教学能力评价缺乏客观性和合理性。应该合理地采用多元评价主体,根据不同学校的教师群体进行量体裁衣,根据具体情况可作出相应的调整。依据多元智能理论的观点,不应过分对某一方面进行评价,忽略其他方面的评价,要做到多层次、多元性地对教师教学能力全面进行综合评价。

4. 可操作性原则

可操作性原则是指教师教学能力评价体系的内容和实施设计要从实际出发,充分考虑其可操作性。大学教师教学考核评价体系的最终目的是促进大学教师教学能力的提升,因此,考核评价体系的各个方面都必须遵循可操作性原则,方便理解、实施和改进。

(四)英语教师思政教学能力评价体系的构建策略

为了达到考核教师挖掘课程思政教学素养和能力的要求,必须细化课程思政教学能力的指标,激励教师在课程思政教学方面结合本专业特色发挥自身优势,形成促进大学课程思政教学水平不断提高的内在因子,促进大学英语教学改革与发展、加大推进课程思政建设的步伐。

1. 更新评价理念

结合教育部要求大学实施全面课程思政的时代背景,学校及学院需要更新对英语教师的教育评价理念与方法,改革对教师教学评价的监督与考核条例,制定检测教学效果的评价体系。

一方面,学校将教师课程思政素养纳入师德考核范畴。通过健全培训考核和激励机制,出台管理文件,将教师参与思政培训、各类课程思政教学活动以及申报课程思政建设情况纳入考评体系,强化课程思政意识和课程思政教学素养能力。

另一方面,英语教师教学能力评价内容应该补充教师对英语课程教学育人价值的认知能力、对思政元素的挖掘能力和英语学科课程思政实践的教学能力。考评的目标是检测教师课程思政教学能力的达成度,深化任课教师对课程思政教学能力的认识和认同,充分发挥考评的反拨作用,引领教师自觉地提升其课程思政教学能力,形成以评促改的良好氛围。

2. 制定评级指标体系

依据科学客观和可操作性原则,制定教师课程思政教学能力评价层次结构的分级评级指标体系。

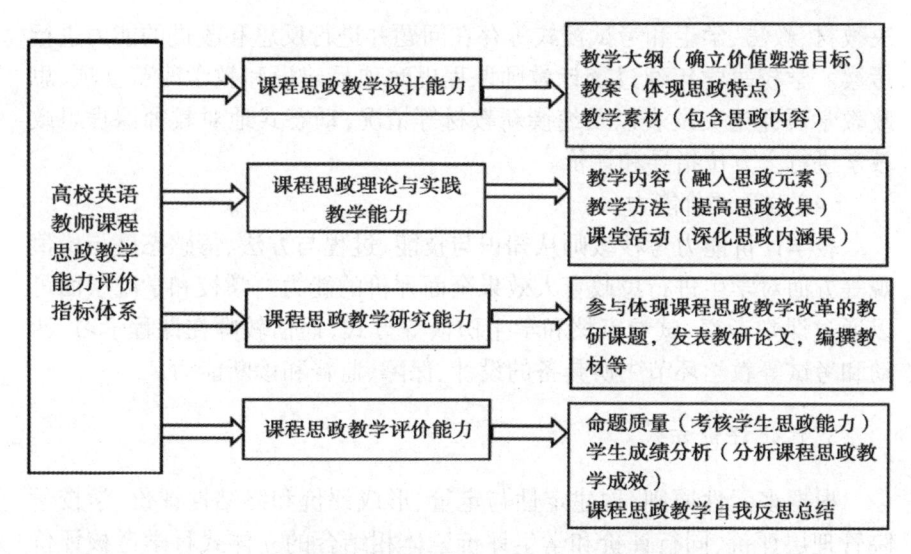

第三章 大学英语专业文化教学模式的优化

```
高校英语          课程思政教学设计能力    →  教学大纲（确立价值塑造目标）
教师课程                                  教案（体现思政特点）
思政教学                                  教学素材（包含思政内容）
能力评价
指标体系          课程思政理论与实践      →  教学内容（融入思政元素）
                 教学能力                 教学方法（提高思政效果）
                                          课堂活动（深化思政内涵果）

                 课程思政教学研究能力    →  参与体现课程思政教学改革的教
                                          研课题，发表教研论文，编撰教
                                          材等

                 课程思政教学评价能力    →  命题质量（考核学生思政能力）
                                          学生成绩分析（分析课程思政教
                                          学成效）
                                          课程思政教学自我反思总结
```

图 3-1 高校英语教师课程思政教学能力评价指标体系

如图3-1所示，评级指标体系包含英语教师课程思政教学设计、理论和教学实践、教学研究和教学评价能力。体系中的三级指标对各项内容都有具体的说明和要求。评级采用百分制标准，权重分别为教学设计占20%、理论和教学实践占40%、教学研究占20%和教学评价占20%，全面监督课程思政教学的质量和效果。

（1）课程思政教学设计能力

设计能力指标重点观测英语教师在教学大纲、教案、课件设计以及教学素材遴选等方面对课程思政教学性质的认知，考察英语教师对英语课程的育人本质，深刻认同各门课程协同育人的教育理念，寓价值观引导于英语知识传授和能力培养中，帮助学生塑造正确的世界观、人生观、价值观。学校和学院层面可以通过组织教学指导委员对教师的教学设计理念和材料进行审核和评估，考核结果用于帮助教师加深对课程思政内涵和外延的认识。

（2）教学理论和实践能力

教学理论和实践能力考核通过现场观察评价、监视监听评价、录像评价、量表评价等方式展开。对英语教师深度挖掘与课程教学内容中的相关思政元素，重构英语教学课堂知识，组织有效的思政融入教学方式，设定思政元素融入语言知识与技能教学的教学活动能力展开综合评估。

（3）教学研究能力

教学研究能力针对英语教师探索英语课程思政教学规律，发现和解决教材、教法、学生和考试模式等存在问题并进行反思和改进的能力进行考察。学校每学年通过统计教师课程思政项目建设和教学改革立项、思政教学研究论文发表以及编撰新教材等情况，动态式地对教师课程思政教学进行全方位指导和评价。

（4）教学评价能力

教学评价能力考核教师从知识与技能、过程与方法、情感态度与价值观等方面对学生进行思政育人效果全面评价的能力。学校和学院层面可以通过课堂考察、试卷审核和学生访谈等方式，评估教师在课程学习、活动和考试等教学环节中所具备的设计、保障、监督和诊断能力。

3. 优化评价方式

根据多元性原则，构建定性与定量、形成评价和终结性评价、学校学院管理层评价、同行评价和学生评价三体相结合的立体式科学考核评价机制。首先，对英语教师课程思政教学设计、理论实践能力、研究与成果、教学效果四个方面的二级指标进行丰富和细化，选取具有代表性的、可量化的指标评价，通过科学的定量指标实现定性与定量相结合的评价。其次，采用形成性和终结性评价的方式，重构能力层次结构分级评价指标体系的标准与内容，重点关注教师课程思政教学过程中的表现及发展，逐步增加形成性评价的比重。最后，优化评价模式与方法。改革传统以管理人员为评价主体的模式，建议增加教师和学生之间互评的模式，尊重教师个体，实事求是、多角度、多层次地开展评价工作并给予帮助和指导，鼓励英语教师在课程思政背景下不断提高英语专业水平和课程思政教学能力，最终促进教师的全面发展。

教师课程思政教学能力提升是实现立德树人的人才培养目标的关键，而完善的课程思政考评体系是实现课程思政目标的有效保证。根据目前大学英语专业教师课程思政教学的现状以及英语课程思政的内容特点，参照其他学科的课程思政评估体系，作者构建了以课程思政教学设计能力、课程思政理论与实践教学能力、课程思政教学研究能力以及课程思政教学评价能力为观测点的大学英语专业教师课程思政教学能力评估体系，以期为全面提升课程思政教育的实效性提供参考。

第二节 大学英语多模态互动教学的应用

一、多模态教学的内涵

多模态教学的理论基础可追溯至20世纪90年代的多模态话语分析。当教育交流不再仅局限于言语的优势时,课堂教学变成一个由众多模态共同构成的过程。这些多样的模态构成了独立的符号系统,在适当的上下文中它们各自传达着特定的含义,促进了沟通的实现。在大多数情况下,这些模态不能孤立使用来达成交流的目标,而是需要与其他模态相互作用,共同完成沟通的目的,语言亦是如此。①

"多模态"不同于传统教学方式,后者通常依赖于教师讲解课本上的书面语言。相对地,多模态互动教学模式综合利用了多媒体和网络技术,实现了视觉、听觉和口语能力的综合培养。在这种模式下,教学活动不再局限于书本,而是将教师的讲授和学生个人或小组间的讨论、交流融为一体,促进了教与学的双向互动及学生之间的相互学习。② 多模态教学"注重培养学生英语实践能力、跨文化交际能力、英语文化素养"。③

二、文化视角下英语教学中多模态交互教学的依据

(一)社会符号学依据

从社会学的角度出发,信息的传递并不仅限于口头和书面的形式,还包括图像、声音和视频等多种手段。这些手段与传统的语言文字并行,用

---

① 张德禄,李玉香.多模态课堂话语的模态配合研究[J].外语与外语教学,2012(01):40-43.
② 谢南竹.大学英语多模态互动教学模式应用初探[J].考试周刊,2017(39):75-76.
③ 杨柳.大数据背景下大学英语多模态交互教学模式探析[J].黑龙江工业学院学报(综合版),2019,19(11):123-126.

于日常生活中的信息传达和意义表达。多模态这一概念,涉及这些元素共同构建的一种抽象系统。鉴于人类具备多种感官,信息的展现自然覆盖了广泛的模态,以适应不同感官的需求。从该角度看,交流的过程本质上是多模态的。特别是在跨文化交流这一特定场景中,这一多模态性质也得到了体现。①

(二)认知心理学依据

多模态教学模式是根据人的感官系统设计的,它遵循人脑通常的认识和学习过程。通过认知心理学视角,此种交互式教学法通过刺激人的感官记忆并促进其内化过程,从而协助学习者将信息从短期记忆转变成长期记忆。②与仅依靠文字和语言的方式不同,在互动环境中,大脑能够更加有效地吸收与理解信息,这种状态激发了学习者大脑的活力与热情,促进了信息的高效吸收与处理。正因为多模态教学法的这一显著优点,许多大学已经开始在英语课堂上融入多媒体、投影技术、计算机以及数字工具等现代教学资源,旨在通过提供多层次、多感官的学习体验来增强教学效果,并进一步提高英语教学的质量。③

三、文化视角下英语多模态交互教学的策略

尽管多模态话语分析的理论在外语教学研究方面得到了普遍应用,但对于跨文化交际能力的多模态培养方面的研究仍然处于初级阶段。俞秀红和王平(2022)从多模态视角出发,探讨了提升大学生英语课堂跨文化交流能力的策略。④

---

① 王婷.大学英语教学中如何利用多模态交互教学模式培养大学生的跨文化交际能力[J].西部素质教育,2019,5(10):87-89.
② 汤瑷宁.试论英语语言文化教学过程中的英汉文化差异[J].重庆文理学院学报(社会科学版),2014(1):91-94.
③ 王婷.大学英语教学中如何利用多模态交互教学模式培养大学生的跨文化交际能力[J].西部素质教育,2019,5(10):87-89.
④ 俞秀红,王平.多模态视角下大学英语教学中跨文化交际能力培养[J].吉林省教育学院学报,2022(494):104-107.

第三章 大学英语专业文化教学模式的优化

（一）通过创建多模态跨文化交际环境发挥学生自主性

大学英语教育需彻底革新其教学理念，充分利用现代教育技术以提升教学效果。在语言教学中，教学环境和交流方式对学习成效有显著影响。因此，建立一个包含多模态元素的学习平台，以及创造一个积极的英语应用环境，对于增强学生的跨文化交际技能是非常关键的。信息技术和互联网技术的应用能显著优化传统的教育模式和跨文化交流的背景。同时，利用多媒体工具、移动应用、智能交互式学习平台和虚拟现实设备等教学辅助工具，可以向学生提供丰富多样的学习资源。这种多元化的教学氛围和使用口语交流的软件，能够从内激发学生的学习热情和学习动力。

随着科技的不断进步，人机交互方式也在不断演化和创新。在整合声音、图像和手势等多种交流手段时，多模态应用为学习者呈现了一个更加丰富及自然的学习环境。通过采用多模态交互技术，学习者能够享受到从感知、认知、操作到情感等多个层面的全方位的英语学习体验环境，展现了多模态应用的实效性。

（二）搭建多模态语料库，丰富学生跨文化知识

传统大学英语教学将教育者置于核心地位，侧重于教材，围绕教师、黑板和教材形成固定组合，学生接触的文化知识缺乏深度和广度。随着信息技术的日益普及，各种智能设备已逐渐成为教学领域的核心设备，教学模式亦由教师主导向学生自主学习转变，形成了教师、信息技术与教材的新型互动关系。构建以音视觉材料为核心的跨文化交际素材库，向学生提供多样的学习资源，注入活力，便于他们更有效地掌握不同地区的文化和风土人情。

大学生经常涉足于跨文化的互动中，并展现出跨文化交流的意识。尽管如此，部分学生在跨文化沟通技能上存在不足，这要求教师在教学过程中有效利用信息技术的优势和特性，寻求更加多样化的教学资源。在当前时代背景下，利用网络技术来搜寻国际上的慕课、微课、视频、图像等资料已变得非常便捷，教育者能够即时刷新其跨文化交流的资源库，以帮助学生更准确地理解全球文化的多样性。与仅仅依赖于传统的知识点讲解和学习方式相比，融合更多音视频内容能够更好地激发学生的学习兴

趣，并让他们亲身体验跨文化交际的丰富知识。

当前大学英语的课时数较为有限，这限制了学生获取知识的广度。教师应充分利用多模态语料库，丰富学生的跨文化交际学习内容。同时，还应鼓励学生在零散时间主动查找资料，从而使学习活动不再局限于课堂内，而是扩展到课外，进一步促进学生在跨文化交流方面的能力提升。

四、文化视角下英语多模态交互教学的创新路径

以创新英语教学为切入点，高校应充分利用大数据时代的各类信息技术，加速建设 AR 平台、升级 AI 功能，构建智能教室等多种途径，以提升大学英语多模态交互教学的覆盖率和质量，为培养我国创新型英语实用人才奠定坚实基础。①

（一）AR 影像模拟教学平台

在大数据背景下，AR 影像技术具有独特优势，已被广泛应用于各行各业，在英语教学中的应用也越来越普遍。以学生为中心，通过激发学生的感官，实现可视化教学，促使学生的感官与教学内容深度融合。收集学生的英语能力、认知水平和个人特征数据，结合具体英语教学内容，利用计算机推演算法为学生打造个性化适配场景。让学生佩戴 AR 设备，体验 3D 或 4D 投影中的增强现实效果。通过生动场景，实现虚拟人物情景交互，激发学生对英语学习的兴趣。同时，可以为学生设计合适的英语对话场景，帮助他们感知不同语境下的英语用法，从而加深对英语的理解，提升学生的交际意识和能力。②

（二）建设双创翻转教学体系

针对多模态交互教学中师生位置转换的不足性，在传统翻转教学体系中引入双创理念，以"大众创业、万众创新"为指导思想，采用实践任务型教学方法，提升学生的创新能力，培养具备职业素养和实践能力的英语

---

① 杨柳. 大数据背景下大学英语多模态交互教学模式探析[J]. 黑龙江工业学院学报（综合版），2019，19（11）：123-126.
② 常颖. 大数据背景下大学英语多模态交互教学模式探析[J]. 科技风，2020（14）：47.

人才。①例如,京津冀语言服务联盟(廊坊)依托"廊坊师范学院语言服务研究平台",旨在整合语言服务供需方,通过多方位、多模式合作,在为企事业单位提供专业语言服务的同时,为高校实习实训教学提供系统解决方案,进而为产学研项目提供相互融通的平台。

在教师的安排下,学生围绕具体的翻译或跨文化交流项目,自主开展数据驱动的课堂练习。在这一过程中,学生不仅通过教师的引导进行自我评估,还在数据技术运用上大幅提高了自己的能力,克服了传统教育模式中教师与学生角色互换效果不明显的难题。采用以任务为中心的翻转课堂策略,极大地促进了学生的自主创新能力。

(三)多媒体智能产学研教室

曾勇和张景成(2014)针对中国不同省份高等教育机构中多媒体设施分配不均的情况,提出了一种方案,即通过实施"产学研"模式来取代旧有的单向教学法,旨在解决政府资助项目不能全面覆盖的问题,方案中特别提到了建立智能多媒体产学研教室的计划。通过将师生交互研习成果转化为市场效益,获取设备升级资金,实现产业、教学和研究的自循环。②在多模态教学中,为提升产学研效果和促进学生学习兴趣,特别是在AR技术、AI技术等电子产品中,对CPU运算能力的要求较高。运用数据技术对英语教学进行深化整合,通过将"英语+数据技术""英语+信息技术",以及"英语+信息管理"等多学科融入教学过程中,不仅有助于提高产学研的质量,促进多媒体教学设备和资源的更新,还可以专门针对英语文化中较为生僻的词汇和术语进行教学,从而全面提升学生在英语专业领域术语掌握的能力,推动高等教育中英语产学研项目的研究水平向更高层次迈进。③

---

① 胡晓宇.多模态互动式大学英语课堂教学[J].黑龙江教育学院学报,2017,36(02):124-126.
② 曾勇,张景成.大学英语多媒体多模态自主学习模式的设计与实践[J].红河学院学报,2014,12(01):102-106.
③ 杨柳.大数据背景下大学英语多模态交互教学模式探析[J].黑龙江工业学院学报(综合版),2019,19(11):123-126.

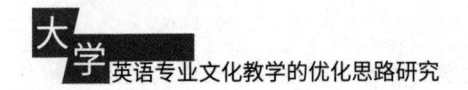

第三节　大学英语生态课堂的构建

一、生态教学

（一）大学英语生态课堂的本质

随着生态学逐渐发展成为一个相对完整的理论系统,它为不同领域问题的解决提供了全新的视角。

1. 大学英语课堂的生态系统属性

生物学与非生物学的完美融合,构成了一种复杂的生态系统。这个生态系统的三大基本要素：第一,结构包括生物群落与自然界,二者之间存在着复杂的交互关系；第二,包括物质的转化、能量流通和信息的传递三大功能；第三,包括独立的调控、组织机制。

从本质上讲,教育行为就像一种能够激发学习的机制,让学习变得更加高效、互助。只要充分利用教育资源,就能够让学习变得更加高效,更加充满乐趣。在课堂环境下,教师与学生都扮演着三种角色：创造者、受益者与分解者。

2. 大学英语生态课堂的构成要素

生态系统(Ecosystem)是指在一定的范畴(范围内)存在的生物和环境互相影响、能够转换能量、物体反复吸收以及消息更迭的整体,它的基础方面是生命体系里每一个因素互相之间的联系、影响、作用方面的协调。在自然环境中,但凡在一定范围内生存的生命体及非生命体都会互相影响,形成一些技能上的固定性,即使是在非常短的时间内,该体系就能叫作生态体系。

生态课堂是从生态学的角度、观点及手段来观看、思索、辨析的课程。课程是通过生命体和它所在的生活场景一起构成的体系。在这个体系中不但有生命体互相之间的亲密关系以及互相依赖,还有生命体和场景,也可以说是和场景里的别的生命体互相之间的关联及影响,他们在生存过程中通过协作构成了生命共同体。生态课堂按照生态体系的组成元素来说大致涵盖了课堂生态对象、教育消息以及课上生态场景等。

生态课堂对象包括教师和学生。自然界的生态体系由三种元素组成:生产者、消费者、分解者。涉及课上生态体系,由文化的"给予—吸收"层面来观察,课上的教师以及学生的关系是生产者和消费者的关系,教师属于完善信息及踊跃组织的领路人,学生被视为吸收文化即消费者,可是学生不是在等着"汲取"文化,而是会利用文化以及现有的阅历进行混合及适应,自动踊跃地展开创建。教师和学生在上课时经过互相影响产生了教师和学生的联系,以上联系一直处在某种变化之中,遵守生态学的"守恒—非守恒—守恒"循环往复的流程。

教育消息就是授课的具体知识。教育消息是课上授课的枢纽,也能算作课上生态体系里的"食物链"。它是能够让生态体系持续地充满朝气和希望的枢纽,其限制了在该生态体系里的每一个元素相互间的等级联系。在课上的生态体系里面,教师和学生的关系就受限于"食物链",在教师和学生周围以及学生和学生周围或是教师、学生和场景周围都是通过信息的完善以及传播来促使课上生态体系保持守恒。但凡缺失了信息的传播,缺少了通过信息传播创建的联系,那么该课程就会变成无根之木。在整条食物链里,教师和学生的位置是公平一致的,一定不会出现优劣之分,该食物链把他们紧紧地连接起来。

(二)大学英语生态课堂的基本特征

研究者以生态系统的特点为基础来剖析生态课堂的特点,站在单一视角以及关联视角进行剖析,比如生态课堂具备了开放规律、互利共赢、多重性以及可持续性等优势;站在关联视角分析生态课堂属于整体关联和动态平衡的和谐共生、多样性的共存、协调共生的一致性、开放性和交错性的一致、有限性和无限性的一致、区别性和规范性的一致。

生态课堂属于一种新型的课堂形式,对于自身基础特点的阐述也有所区别,生态课堂的特点在总结时出现很多相似之处,在课堂中表现为开放性、多重性、全局性、共存性以及可持续性。生态系统最关键的特点之一就是开放性,其中生态课堂也具备了这个特点。课堂的开放性指的是课堂在持续地自我完善时需要经常和外界环境开展物质、资讯以及技能的互换,以便于满足自身的革新和优化,在课堂内部也存在着不同因素之间的互相影响、互相调和,以争取达到课堂整体最佳状态。

二、文化视角下大学英语生态课堂构建策略

（一）以"适应性"为基础，避免"花盆效应"

1. 突破空间"局限性"束缚，注重教学环境构建的"适应性"要求

大学英语课堂教学的"花盆效应"是因为空间的限制，对英语的内涵渗透起到了束缚的作用。生态理念有所不同，它是从艺术与文化的角度出发，尽可能地挖掘出了其自身所拥有的文化与艺术价值。落实生态理念应当实施交际英语这一重要手段，应将大学英语教学与实际应用相结合，提高英语课堂教学的应用价值，与"国际化"的发展接轨，达到一种紧密的状态，更好地展现大学英语生态课堂教学所具有的"适应性"。

2. 从自然语言环境出发，构建"生态和谐化"教学常态

要想达到"实用性"这一目标，并促使学生的语言体系规范化，就要对学生进行外在的刺激与引导，在遵循相对应的自然发展规律的前提下构建一个语言体系。对于培养学生的语言能力"长久性"来说，"花盆效应"没有任何积极作用，也体现不出其教学理念的根本宗旨。"生态和谐化"这一特征应该在语言环境及氛围的构建过程中有所显现，并逐步将其进化为一种稳定的教学常态，实现外在因素的有效转变，更好地增强学生的语言能力。

（二）贯彻教育教学生态理念，探究大学英语生态课堂教学的功能性

1. 有效评估大学生态英语教学对其环境因素的适应程度

大学的英语课堂教学活动不是无限度、无节制进行的，也不是只培养能力这一片面的模式，生态理念是将教学环境和教学模式结合在一起的应用。为了使之更加适应生态课堂的理念，应在课堂教学中加入交际英语，培养学生的英语交际能力，这样可以积极地帮助学生学习语言并且形成完整的语言体系。

2. 肯定大学英语生态课堂设置的"科学性"

在大学英语生态课堂教学中，存在一个最适度原则，它指的是介于最大阈值与最小阈值之间的最佳效果区间。通过运用这一原则，结合多样化的教学方法，可以有效提升学生对语言广泛性的艺术感知，以及对课堂现实性教学的深入理解。最适度原则的恰当运用，不仅能够为课堂带来积极的影响，还能促进对教学内容的深入探究，灵活转换课堂氛围，并在必要时推动生态课堂教学的进展，实现大学英语生态课堂教学的科学性。这正是生态课堂教学设置的主要体现之一。在逐步实现科学性课堂这一目标的过程中，必须不断对大学英语生态课堂教学模式进行创新和发展。教学理念对生态教学产生了积极的推动作用，而生态教学的发展也为教学理念的演进提供了坚实的保障，从而推动大学英语课堂不断融合生态理念，实现持续而有力的发展。

3. "顺应性"理论在生态教学中的现实意义

为全面提升大学生英语交际能力，以适应语言文化之艺术性特色，高校实施了英语生态课堂的教学策略。该策略深入探究语言的实际应用功能，并强调了大学英语教学中语言文化的核心地位。通过"春雨润无声"的教学方法，大学生的语言交际能力得到了潜移默化的培养。同时，"顺应性"教学理论的运用，本质上阐释了大学英语教学中对交际能力培养的重视。这一理论有助于人们更全面地理解艺术性语言文化的实际效用，并使其在大学英语教学实践中得到更明确的体现，成为大学英语教学不可或缺的前提条件。

（三）以课堂教学协调发展为目标，体现可持续发展的生态教学理念

1. 落实多元生态化课堂教学观念

从课堂教学的思维视角来看，拓展"科学性"的生态理念对于构建生态课堂至关重要，它促进了生态课堂理念的持续发展与创新。全面审视学生的语言学习需求是实现生态课堂目标的关键基础。在当前英语交际国际化的趋势下，大学教育应重点提升学生的实际交际技能，强化语言应用的"实用性"。这有助于使生态理念的思维更加紧密和充实，进而推动课堂教学的和谐发展和质量提升，满足社会对大学生发展的需求。对于

大学英语教学的生态理念,这种影响是积极的,因此,生态教学理念得以持续发展,为推动大学英语教学的进步奠定了坚实的基础。

2. 打造生态教学"系统化"

重点发展构思聚焦于大学英语教学方法和内容的多元化,旨在不断提升大学生的心理逻辑能力和学习自觉性,同时深化他们对语言艺术及文化背景的理解。创建大学英语生态课堂的教学观念,要求我们对教育体系进行更为深入的完善。从宏观角度看,主要策略是不断扩展教学内容和形式;而从微观角度看,则应加强语言艺术与文化的融合过程,使生态教学成为推动大学英语课堂协调发展的核心理念。这一观念展现出的系统性特征十分显著,与传统的应试教育观念形成鲜明对比。它提出了一套适应新时代教育环境的有效方法,确保语言艺术和文化能够跨越国界,提升大学英语课堂的教育价值。

3. 以体系构建为大学英语生态教学核心

传统的大学英语课堂往往集中于教学内容的传授,但在深入探究语言的本质方面仍显不足,导致课堂氛围和场景难以达到理想效果。生态教学理念则以提升课堂主体的自主选择性和研究性为核心,致力于创新课堂交流内容和提高其应用价值,从而深化学生对英语语言知识的理解,并广泛传播语言文化所蕴含的艺术魅力。这一理念构成了新阶段大学英语课堂教学系统构建的基础宗旨,揭示了生态教学观念对英语教学更深层次的影响,为课程系统的发展趋势提供了高效的逻辑基础,并在最大程度上展现了其战略内涵。

第四节 大学英语网络教学的实施

一、微课教学

(一)微课

微课(Micro-lecture)是指运用信息技术按照认知规律,呈现碎片化学习内容、过程及扩展素材的结构化数字资源。微课具有时间短、内容精练、知识点突出等特点,能够满足学习者随时随地学习的需求,因此在教育领域中得到了广泛应用。同时,微课还可以通过互联网平台进行传播和分享,使更多的人能够获取优质的教育资源。

(二)文化视角下大学英语微课教学的构建策略

1. 确立微课教育目标

在大学英语的跨文化教学过程中,文化知识和语用知识应当得到同等重视。深刻理解目标语言国家的文化背景,对于有效运用语用知识和提高跨文化交际能力至关重要。因此,在微课程的设计中,应当融入母语文化与目标语言国家的文化特色,并将增强学生的跨文化意识作为教学的核心目标之一。这样的做法不仅有助于学生全面地理解两种文化,还能促进他们有意识地继承和传播中国的传统文化。[①]

2. 借助微课模式的资源整合优势,丰富跨文化英语教学资源

微课是一种围绕学科知识点构建的微型课程资源。在微课的设计阶段,运用了图表、视频、幻灯片以及 Flash 等多种信息技术手段,有效提升了课堂教学资源的质量。微课通过提供多样化的视频、音频和图像内容,使学生能够在轻松愉快的环境中直观体验不同地区、民族和文化背景下的生活与习俗。

鉴于语言是文化的载体,微课在丰富教学素材时应遵循实用性的原则。每个英语单元都围绕一个特定主题展开,便于教师从互联网和书籍中搜集与主题紧密相关的素材,如各国的传统文化、民间风俗和社交礼节等。在设计微课内容时,可以选取中西文化差异及其对交流方式影响的主题进行探讨。微课教学应侧重于中西方主要文化元素,通过这些元素培养学生的跨文化意识。同时,教学内容的设计还应与时俱进,关注当代社会的文化差异。通过介绍新事物和新现象,不仅能够激发学生的学习兴趣,还能帮助他们理解传统文化与现代文化差异在交际中的作用。

在微课内容的构建中,应集中于关键难点,以清晰和深入的方式介绍特定的知识点和问题。因此,增强跨文化意识可以通过划分成若干文化

---

① 杜鹃.大学英语"微课"中跨文化意识的渗透策略[J].吉林广播电视大学学报,2018(3):152-153.

单元来实现。在制定微课内容时,这些文化单元被组织成可供学生下载和观看的学习套件。这些学习套件主要包括文化单元的视频讲解,旨在阐释不同地域文化的差异及其在语言交际中的影响,从而为提升学生的跨文化意识提供有力支持。

3. 借助微课模式的多元化设计模式,丰富跨文化英语教学方式

微课的制作过程非常便捷。教师可以利用录屏软件和摄像机等设备轻松录制教学内容,从而创建微课视频。同时,教师和学生能够在互联网上寻找与课程主题相匹配的高质量微课资源。微课融合了新媒体技术的创新思维与传统教学方法的优势,展现了平台化、便捷性、开放性、自由性以及资源共享等多方面的优势。

在大学英语跨文化教学的实践中,微课程不仅为学生提供了自主学习的关键资料,而且也成了教师授课的关键辅助工具。此外,在组织各种教学活动时,微课同样可以作为有效的辅助元素,发挥着引出主题、阐释信息、营造情境等多种功能。[①]

教师通过精心整理和概括课程内容,构建一个关于跨文化交流的专题。通过微课程,采用情景模拟和人物对话的形式,以增强学生的跨文化交流意识。学生将通过这种情景化的互动交流,识别跨文化沟通中的问题,进而提升他们的跨文化理解能力。此外,教师可以利用反映文化碰撞的主题视频短片作为教学材料,引导学生观看并进行讨论,以归纳在跨文化交流过程中应当注意的各种问题。微课程还可以作为传播中华优秀传统文化的手段。这不仅能迅速引起学生的兴趣和参与度,还可以通过构建特定情境来引导学生进行角色扮演,从而在特定的传统文化背景中深入体验和理解中华优秀传统文化的内涵和意义。这为后续的实践应用和深入研究等活动创造了有利条件。[②]

微课可作为课前预习和课后复习的有效工具,并可与翻转课堂教学模式相结合。翻转课堂强调学生的主体学习地位,促进学生与教师之间的合作与交流,将课堂转变为互动的平台。在翻转课堂模式中,微课作为线上学习资源,学生通过自主学习来掌握。学生在课前自主学习时,可能会遇到各种挑战和困惑。在微课与翻转课堂的整合应用中,教师的角色

---

① 李晓玲.翻转课堂教学模式在大学英语跨文化教学中的应用[J].英语教师,2016(18):105-107.
② 荆华.信息化时代优秀传统文化在高校教育中的传播路径[C].百色学院马克思主义学院,河南省德风文化艺术中心.2023年高等教育科研论坛桂林分论坛论文集.西安思源学院,2023:2.

是引导学生积极地识别、记录及分析问题,并在课前或课堂交流中与学生共同寻找解决方案,从而在翻转课堂的预习和课堂互动环节之间建立联系。同时,教师应指导学生采用正确而高效的学习策略,如运用思维导图、问题导向的方法以及归纳知识技巧等,以提升其自主学习的能力。微课与翻转课堂的有机结合能显著提升学生的自主学习能力,同时促进语言的输入与输出转换,增强学生的高阶思辨能力。

融合了翻转课堂与微课的教学模式展现了其特有的包容与开放性,有效地满足了教与学的多样性需求。在教学方法上,教师可根据不同的教学场景,选择制作微课程视频、进行实时网络直播、在线答疑解惑,或采用传统的授课方式,以提供学生个性化的学习体验。在学习方法上,教师应鼓励学生采取自学、小组合作、集体讨论、分层次学习、以任务为导向的学习以及基于项目的探索等多样化学习策略。这样既能满足学生多元的学习动机和认知需求,也丰富了微课教学的形式与载体。[①]

二、慕课教学

(一)慕课

慕课,作为一种在线教育模式,不仅提供了免费的课程资源,还拥有与传统课程相似的作业评估体系和考核机制。近年来,慕课经历了迅猛的发展并吸引了广泛的关注。

与传统课程相比,慕课展现出了若干独特优势。首先,它消除了时间和空间的界限,使学习者能够随时随地进行学习。其次,慕课提供了更为灵活的学习途径,允许学习者根据个人需求和兴趣选择合适的课程和内容。此外,慕课还拥有更加丰富的教学和学习资源,有助于学习者更深入地理解和掌握知识。

当然,慕课也面临着一些挑战和问题。例如,学习者遍布全球,他们的学习背景和语言文化差异可能给教学和交流带来挑战。另外,缺乏面对面的交流和互动,有时会影响学习效果。

综上所述,慕课是一种极具价值的在线教育形式,它不仅能够提供免费的高质量教育资源,还能助力学习者提升技能和能力。随着技术的持

[①] 何克抗. 从 Blending Learning 看教育技术理论的新发展(上)[J]. 电化教育研究,2004(3):1-6.

续进步和普及，慕课在未来有望得到更广泛的应用和发展。

（二）文化视角下大学英语慕课教学的构建策略

在信息技术迅猛发展的今天，"慕课"（MOOC）通过整合高质量的教育资源、严格的学习管理系统以及移动互联网的课程开发方式，推动了教育在数字化时代的革命性转变，吸引了大量关注。将跨文化外语教学与"慕课"平台相结合的模式，真正实现了以学生为中心的教学理念。这种创新不仅颠覆了传统教学模式，还显著提升了学生的主动学习能力。

1. 教学目标

在语言教育领域，培养学生的跨文化交际技能应明确地成为教学的核心目标。在制定教学大纲时，应明确纳入具体的文化学习项目。慕课（MOOC）通过提供有效的工具和方法，显著促进了学生跨文化交际技能的提升。它激发了学生自主学习的潜力，加强了来自不同文化背景的学生之间的课堂互动和课后合作，有助于知识的内化吸收，并进一步增强了他们的跨文化交际能力。

2. 教学资源开发

跨文化外语教学与慕课资源的整合，涵盖了课程设置、课堂教学以及课外活动。其核心目的在于科学地设计以慕课资源为主导的教学活动，革新传统的教学模式，从而实现互动式教学。[1]

慕课（MOOC）提供了丰富的学习资源，有助于应对跨文化交流课程中理论复杂性和内容单一性的挑战。众多高等教育机构，例如中国大学MOOC、清华学堂在线、Future Learn、Coursera 以及 edX，纷纷推出了与跨文化交流相关的课程。这些课程覆盖了传播学、修辞学、英语演讲等多个学科领域，并包括了《英语畅谈中国》和《英语漫谈海上新丝路》等案例研究类课程。这些课程不仅体系完整，还提供了大量的音视频资料，为学生的课前自主学习和课堂教学提供了充分的资源支持。[2]

为了提升学习资源的使用效率，我们需密切关注教学视频的内容品质、互动性以及其对学生学习成效的视听影响。教师们应不断更新课程

---

[1] 段袁冰.慕课资源与大学英语课程整合：优势与路径[J].云南开放大学学报，2019,21（3）：79-84.
[2] 孔维斌."基于智慧+教育"模式的跨文化交际课程研究[J].读与写杂志，2019,16（10）：7.

资料,精心挑选与"文化碰撞"主题相关的案例,并结合具体实例引导学生进行深入探讨。通过将课堂所学应用于案例分析,学生能够有效地掌握跨文化交际在真实情景中的核心要素。[①]

3.课前知识传递

在教师上传视频材料之后,学生必须在课前自主学习这些视频内容,并能通过其学习成果来有效地解答教师所设定的问题。这一过程是知识初步内化的关键步骤。此时,学生需将先前的认知与新知识相互融合。在课前知识传递阶段,学生即可涉足跨文化交际语境,并在学习前对多元文化要素有所了解,形成独特见解。教师可根据学生状况调整教学内容。为了提升课堂的互动性和参与度,教师需要收集学生提供的反馈,围绕要讲授的知识内容,制定出一个课堂讨论的纲要。

4.课堂教学设计

完成课前学习后,学生们将与教师及同伴进行互动,并参与与课题相关的小组展示活动。这一过程主要分为三个阶段。

首先,学生们需要掌握关键概念。教师将利用课前传授的知识和已确定的讨论要点,聚焦重点和难点,辅助学生掌握核心理念,并提供即时反馈以解决他们的问题。

其次,师生进行案例研究和课堂互动。通过小组讨论,每组由3到5人组成,教师引导学生参与案例分析,并鼓励通过评价和打分等互动形式,加深对案例的理解,促进组内外的交流,从而提高课堂的互动性。教师应及时回应学生提出的问题,同时重视培养学生的自主学习能力,并对学生在课程设计过程中展现的自主性和创新精神给予肯定。这不仅有助于提升学生的语言应用能力,促进其批判性思维,还能逐渐培养他们的跨文化意识和交际技巧。

最后,教师会提供反馈。讨论结束后,应总结案例中涉及的文化元素,并通过文本、图片及思维导图等多种方式进行阐释,目的是增强学生对这些内容的理解。在案例分析的过程中,教师将引导学生通过问题解析、逻辑推理、表达技巧及批判性思维来应对跨文化交流中遇到的文化差异。通过指导提交案例分析报告等形式,引导学生进入第二次知识内化的阶段。此阶段的教师与学生间的互动协作将促进学生对跨文化交际概念的

---

① 种丽霞.基于慕课平台的跨文化交际教学模式研究[J].江西电力职业技术学院学报,2019,32(6):29-30.

深刻理解和准确掌握。①

5.评估体系的创建

通过慕课平台,我们能够监控并审核学生的学习进度以及小组作业的质量,以此评估他们在独立和协作学习方面的能力。课堂活动,包括团队展示、集体讨论和组内评价,均被用作衡量小组整体表现的工具。在评估学生个人表现时,我们特别关注他们在团队学习过程中的参与度、贡献以及创新思维的展现。为了避免学生过分依赖团队学习,建议在每个学习模块结束时进行模块测验,以检验学生对课程内容的理解和应用能力。

基于慕课平台的跨文化教学模式,巧妙地融合了最新的信息技术,并将自学与互动学习相结合。这种方法有效地克服了传统跨文化交际教学所遇到的障碍和挑战,显著提升了学生学习的积极性,并增强了他们在跨文化互动中的敏感性。通过参与顶尖院校提供的在线课程辅助学习,学生能够在师生互动、学生互动以及课堂内外、线上线下的环境中建立全面的互动模式。这不仅促进了学生自主学习能力的提升,还提高了教学效果,加深了语言与文化的双向交流,同时培养了学生的跨文化交际能力和人文素养。

三、翻转课堂教学

(一)翻转课堂

翻转课堂是指重新调整课堂内外的时间,将学习的决定权从教师转移给学生。在这种教学模式下,学生能够更专注于主动的基于项目的学习,共同研究解决问题,从而获得更深层次的理解。

翻转课堂教学模式主要包含以下内容:任务导学、视频助学、习题测学、活动与互动、反馈评学、合作共学、竞争检测。翻转课堂重新规划了课堂时间的安排,改变了传统教学模式中以教师讲授为主的策略。在翻转课堂中,课前预习和课堂讨论的时间比例可以根据实际情况灵活调整。课堂上不再是一味地听讲,而是更加注重学生的参与和互动,给予学生更多思考和实践机会。

---

① 种丽霞.基于慕课平台的跨文化交际教学模式研究[J].江西电力职业技术学院学报,2019,32(6):29-30.

（二）文化视角下大学英语翻转课堂教学的构建策略

根据 Bergmann 和 Sams（2012）的论述，翻转课堂教学的设计和实施与多个要素息息相关。[①]以下从自主学习资源建设、学习任务设计和评价体系构建三方面阐述其实际应用。

1. 多样化自主学习资源

在大学英语跨文化的翻转课堂教学模式中，自主学习资源涵盖了视频、音频、文案和 PPT 等多样化的格式，这些材料紧密关联文化知识和跨文化交际理论。这些学习资料的来源极为广泛，既包括教师创建的微课内容，也涉及引进的国际及国内著名的 MOOC 课程，学生还可以依据自己的兴趣和所选主题，通过网络或图书馆自行挑选资料。这些学习资料的目的是全面覆盖文化知识、跨文化交际技巧及言语策略等关键领域，旨在为学生提高跨文化交际能力奠定坚实的知识基础。

2. 新型的教学任务

学习任务是翻转课堂教学的主线，其目的是让学习过程以学生为中心，通过"做中学"促进学生对文化知识的理解以及跨文化交际能力的提高。依据美国学者 Keller 教授（1983）提出的 ARCS 模型，影响学生学习动机的主要因素有四个，即注意（Attention）、关联（Relevance）、信心（Confidence）和满足（Satisfaction）。[②]在设计创新性的高校英语跨文化交际翻转课堂时，可以给学生布置文化项目研究、案例分析等任务，旨在唤醒学生的学习热情，增强其学习动机、参与度、自信以及成就感。这样做有助于提高学生对文化知识的掌握，培育他们的跨文化意识，在实际交流中灵活运用跨文化交流的技能和策略。

3. 多元化评估模式

融合翻转课堂的方式进行跨文化英语学习，促使学生主动掌握跨文化交际的相关知识。通过翻转课堂的展示与互动环节，学生能把所学的

[①] Jonathan Bergmann & Aaron Sams.How to Implement the Flipped Classroom[EB/OL].2012.http://www.eschoolnews.com/2012/05/21/how-to-implement-the-flipped-classroom/.
[②] 马瑞贤.大学英语跨文化交际教学中的翻转课堂教学模式研究[J].教育现代化,2016(21):25-26.

信息有效地输出,表现为跨文化的态度、认知以及技能等方面。在这种教学模式中,教师通过信息技术工具对学生实施多样化的评价。这种评估方式融合了形成性与总结性评估,不只是关注学生的作业完成和考试成绩,更加重视学生自学的过程及其成效。通过教学平台,教师能够有效追踪学生课前的在线学习状况,并结合作业完成情况来进行打分和反馈。当前,许多大学已经开始使用智能在线教育软件,这类软件支持写作与口语的训练,专注于特定跨文化议题的书面和口头表达练习,以此来辅助评价学生的跨文化交际能力。

第四章

大学英语专业文化教学内容的优化

　　基于跨文化交际理论,大学英语专业教学的内容需要进行一定程度的优化,以达到提升大学生文化素养的目的。大学英语专业教学的内容涉及英语词汇、语法,以及听、说、读、写、译等技能,这些方面缺一不可。大学生想要提升英语综合应用能力,就需要注重对大学英语专业教学内容的学习。本章就针对大学英语专业文化教学内容的优化展开分析。

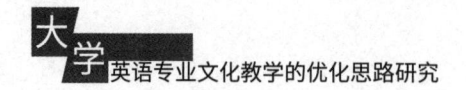

第一节 大学英语专业词汇与语法教学

一、大学英语专业词汇教学内容的优化

（一）词汇教学

在英语教学中，词汇教学是基础。英语作为第二语言的学习，核心目标在于运用语言进行交流。研究表明，掌握一定数量的高频词汇是进行有效口头和书面交流的关键。对于中国英语学习者而言，根据《中国英语能力等级量表》，语言知识是评估其英语能力的重要维度，其中，词汇知识占据核心地位。因此，如何有效地进行词汇教学成为英语教学中亟待解决的问题。

教学模式作为教学实践的载体体现了教学活动之间的内在联系，是教学内容和教学目的实现的重要手段。对于词汇教学而言，优化教学模式可以提高教师的教学效果，提升学生的学习效率，帮助他们打好语言基础、提升语言能力、培养核心素养。有效的词汇教学模式应当注重以下方面。

情境化教学。创设真实的语境让学生在运用中学习和掌握词汇；关联化教学，构建词汇网络帮助学生理解词汇之间的内在联系；重复性教学：不断的复习和巩固，确保学生对词汇的持久记忆；拓展性教学，鼓励学生通过阅读、写作等方式拓展词汇量。

（二）文化差异对大学英语专业词汇教学的影响

语言与文化是一种双向的映射关系，即语言承载、反映文化；文化也促进并制约着语言的发展。

"语言的核心是文化，文化又依托语言的种种形式而呈现，其中最基本的外在表现形式就是词汇。词汇是语言构成的最基本要素，任何语言的表达都是基于词汇的有序排列。词汇就是一个个文化的符号,文化的内涵在词汇中得到体现"。①

以下从词义空缺词和词义冲突词来分析中西文化差异对英语词汇教学的影响。

1. 词义空缺词

词义空缺词指的是在一种语言或文化中存在,而在另一种语言或文化中没有直接对应词汇的现象。不同的文化用不同的语义范畴分解和描述世界,从而导致一些语义在某些文化中存在而在其他文化中则可能缺失,这一现象称为"词义空缺"。② 这种现象揭示了不同文化在日常生活、习俗、世界观、思维模式及特定概念等多方面的区别。这不仅给英语的词汇教学带来了一定的挑战,也为学习者提供了深入探索和体验异域文化的契机。

例如,道家学说的核心理念"道"蕴含深邃的意义,仅将其翻译为 the way 难以充分体现其哲学及文化的深层次含义。类似地,"阴阳"在揭示物质世界万事万物的运动规律方面具有独到的见解,英语中也很难找到对等的概念。

在中国文化中,龙是民族精神的象征,代表着好运与权势,中国人自称为"龙的后代"。汉语里充满了以龙为主题的成语,如"龙争虎斗""龙腾虎跃"和"龙凤呈祥"等,彰显了中国文化的独有风貌和汉族的文化身份。相反,在西方文化里,龙通常被描绘为一种恐怖的生物,拥有三个头,能喷火,外形凶恶。在英语里,用 dragon 来形容一个女性,含有性格刻薄、难以相处的负面暗示。这一对比反映了中英文在词义上的差异,深入探讨这些词汇的深层含义对于理解词语的文化背景至关重要。

英语词汇体系中的词义空缺词可分为以下几种:音译词、直译词以及音译与直译相结合的词,如表 4-1 所示。

---

① 曹韵.大学英语中国文化词汇的表达与教学启示——基于跨文化视角[J].金融理论与教学,2022(3):105-107.
② Lado, Robert.Linguistics Across Cultures[M].ANN Arbor: The University of Michigan Press,1957: 268.

表 4-1 英语词汇在汉语文化中出现空缺涵义的类型

音译词汇		直译词汇		音译和直译结合词汇	
英语	汉语	英语	汉语	英语	汉语
marathon	马拉松	cold war	冷战	Buckingham Palace	白金汉宫
golf	高尔夫	honeymoon	蜜月	Domino Effect	多米诺效应
salon	沙龙	soft landing	软着陆	Cambridge	剑桥
pudding	布丁	millennium bug	千年虫	Internet	因特网
pizza	比萨	dark horse	黑马	beer	啤酒
chocolate	巧克力	white collar	白领	Jazz	爵士
lemon	柠檬	generation gap	代沟	Benz	奔驰
whisky	威士忌	spacecraft	航天器	Vitamin	维他命
disco	迪斯科	Xerox	复印机	club	俱乐部
clone	克隆	communism	共产主义	Jeans	紧身裤

词义空缺词的教学不仅是语言学习的一个组成部分,更是跨文化理解和交流的重要桥梁。通过对这些词汇的探讨和学习,学生能够丰富自己的词汇量,深化对不同文化背景下语言使用的理解,为未来的跨文化交流奠定坚实的基础。

2.词义冲突词

词义冲突词指的是在不同语言或文化中具有相同表述但意义不同或相反的词汇。英汉词义冲突主要是指词汇的指代意义冲突和词汇的隐含意义冲突。[①]

指代意义在英汉词汇间的冲突,涉及两种语言中相对应词汇所表达的内容并非完全吻合。这意味着,一种语言中的词汇可能与另一种语言中表达不同事物或概念的词汇相对应。

在中文中,"礼物"指的是为了表达喜爱、敬意或其他情感而赠送给他人的物品。在英文中,gift 也有类似的基本意义,但在某些文化或情境下,gift 可能被视为贿赂的同义词,尤其是在商业交流中。因此,一个在中文文化背景下被视为友好和尊重的行为,在英文文化背景下可能会产

---

① 高胜兵.英汉词汇的不对应及其翻译[J].安徽理工大学学报(社会科学版),2005,7(3):39-42.

生误解,被误认为是企图影响对方决策的不当行为。

　　在英汉两种语言中,表达亲属关系的词汇尤其展现了词汇指代的语义冲突。例如,英语中的 grandmother 涵盖了"外婆"和"奶奶"的含义;而 grandfather 既可能指"外公",也可能指"爷爷";类似地,uncle 一词包括"叔叔""舅舅""姨丈"和"姑丈"等多种对年长一代的男性亲属的称呼;aunt 亦然,它可以代表"阿姨""舅母""姨妈"和"姑母"。这与汉语中对于"外婆"与"奶奶""外公"与"爷爷"以及"叔叔""舅舅""姨丈"与"姑丈""阿姨""舅母""姨妈"和"姑母"的精细区分形成鲜明对比,后者对这些称谓有着严格的使用规范。①

　　词汇的隐含意义冲突表现为英汉两种语言中具有相似指代意义的词汇在情感色彩或象征意义上的不一致。下面,以英汉语境中植物和颜色的词汇来进一步探讨这种现象。

　　在中国文化中,松柏代表着"不朽的青春"与"不屈的志节"。松树挺立,柏树庄重而严肃,它们全年绿色,即使面对寒冬也丝毫不减其色。《论语》赞叹:"岁寒,然后知松柏之后凋也。"松、竹、梅被并誉为"岁寒三友",是高尚品格的象征。在文学中,松柏常被用来比喻不屈的英雄形象。同样,松树亦是长寿的象征,故有"松寿鹤年"的说法,体现了人们对于福寿的祝愿。在英文语境中,对 pine 和 cypress 的这种比喻意义几乎未被提及。例如:

Unprofitable eloquence is like the cypress, which is great and tall, but bears no fruit.

　　无益的雄辩犹如柏树,虽然高大但不结果。②

　　在中国的传统文化里,红色通常与喜悦和庆祝联系在一起。比如,婚礼被誉为"红喜事",新娘戴着"红头纱",而新房里点燃的是"红色蜡烛"。每逢佳节,家家户户都会张贴红色对联和悬挂红灯笼来增添喜庆氛围。红色亦代表着尊贵与显赫一时,古代中国的宫殿和庭院往往用红色来装点围墙和柱子。同时,"红"字在文化中还寓意着流行与受欢迎,如"红人""红粉佳人""红娘""红榜""红旗单位"。相反,在英文中,与 red 相关的表达大多带有消极色彩,如 a red battle(血战), red ruin(战祸), a red revenge(血腥复仇)、a red hunter(刽子手)、the red rules of tooth and claw(残杀和暴力统治)、see red(激怒), see the red light(灾祸临头),

---

① 高胜兵.英汉词汇的不对应及其翻译[J].安徽理工大学学报(社会科学版),2005,7(3):39-42.
② 张福.英汉语言词义冲突探究[J].贵阳学院学报(社会科学版),2012(6):77-80.

wave a red flag(挑衅)等。另外,red 还有轻浮和放纵的含义,如用于描述 red light district(红灯区)和 red light(色情场所)。[①]

在跨文化交流的过程中,词义冲突的词汇增加了其困难与挑战性。要恰当理解并应对这类词汇所带来的差异,必须深刻掌握相关的文化背景与语境。通过灵敏地识别这些差别并作出调整,能够有效地防止误会的产生,促进不同文化之间的融通与理解。

(三)文化视角下大学英语专业词汇教学的优化方法

在跨文化交际视角下,英语教师应重视文化教学,有意识地在大学英语专业词汇教学中融入文化知识,培养学生的文化素养,提高学生运用词汇进行跨文化交际的能力。具体而言,教师可采用以下几种方法开展文化教学。

1.创设情境,体验文化

教师应该将情境教学法应用于大学英语专业词汇教学中,具体如下。

第一,运用音乐情境,导入英语词汇教学。音乐能够带给学生良好的听觉感受,有利于渲染课堂氛围。在词汇教学中,大学英语教师运用音乐情境实现课前导入,可以快速地将学生的注意力吸引到单元词汇知识上来。在实际教学时,教师可以借助教室内的多媒体设备或自己的手机设备,播放与单元主题相关的歌曲,创设合适的音乐情境,并观察学生的表情、行为等,进而抓住教学契机,引出本单元的词汇知识,带领学生展开词汇教学。另外,教师在该环节也可以发挥学生的主观能动性,邀请喜欢唱歌、会唱歌的学生演唱相关的歌曲,使学生在自我表现的过程中产生学习兴趣。优化课前导入的方式有利于为英语词汇教学打下良好的基础。

第二,运用图像情境,解读英语词汇含义。图像情境是教师常用的教学情境,可以有效地辅助教师讲解教材上的文本内容。目前,许多教师在讲解英语词汇时都习惯采用口述的方式,在告诉学生词汇的含义后带领学生重复朗读。学生以这种方式学习英语词汇,往往记得快、忘得也快。同时,许多学生未养成良好的复习习惯,所以很快就会忘记刚学过的词汇。对此,教师可以结合词汇的含义,使用多媒体创设图像情境,将词汇表达的内容生动、形象地展现出来。在展示图像的基础上,教师辅以语言描述,解释图像中的内容,加深学生对词汇含义的理解。这样

---

① 张福.英汉语言词义冲突探究[J].贵阳学院学报(社会科学版),2012(6):77-80.

学生在学习词汇时会产生浓厚的兴趣,有利于更好、更快地记住词汇的含义。

第三,实物演示情境,帮助学生记忆词汇。实物情境应用于课堂教学,有利于加强现实生活与课堂教学的联系,激起学生的联想。在学习英语词汇时,学生除了识读词汇之外,还需要牢牢地记住某些重点词汇,以便之后更好地进行阅读学习和写作学习。目前,大部分教师只是在讲解完词汇之后布置背诵任务,很少考虑到学生记忆词汇的难度,也没有过多地讲解记忆方法。所以,很多学生难以在规定的时间内有效地记住英语词汇。对此,教师可以采用情境教学法,运用身边的真实物品演示情境,激发学生想象力,使学生能够由实物产生联想,进而更快、更准地记住英语词汇。这样,学生在看到某些实物时会不由自主地想起相关的英语单词,从而达到深度记忆的效果。

第四,创设对话情境,推动学生运用词汇。在学习知识的基础上,学生还需要懂得运用知识。就大学英语专业词汇教学而言,教师帮助学生识读单个词汇之后,更要锻炼学生运用词汇的能力,即要使学生能够运用词汇表达自己的观点。在实际教学中,教师可以结合某些重点词汇知识,创设对话情境,组织学生运用词汇进行对话练习。创设情境时,教师基于单元词汇,设置基本的故事框架,然后让学生借助单元中的词汇设计具体的对话内容。在该环节,教师可以引入小组合作法,让学生以学习小组为单位展开合作学习。通过这样的方式,有利于提升学生对英语词汇、句式等的应用能力,同时有利于养成"说英语"的学习习惯。

第五,借助问题情境,促使学生深度学习。思考是一种良好的学习方式,有利于学生深化对知识点的认识并增强思维能力。学生通过自主思考获得问题的答案,往往比教师直接讲述问题的答案更能取得良好的效果。就大学生而言,教师在教学中不只要传授给他们知识,更要锻炼他们的探究能力。所以,在大学英语专业词汇教学中,教师应当设计知识问题,围绕英语词汇知识创设问题情境,通过问题引导学生思考、探究,并借助问题情境启发学生思维。在学生思考问题之后,教师要为学生提供表达机会,使学生能够讲解问题、阐述答案。

2. 对比与联想式教学

在教育过程中融入富有中国文化特色的词汇,可以通过文化词汇的对比和联想来丰富词汇教学内容。例如,在涉及西方文化的教材中,通过对比和联想,探索在中国文化背景下如何描述相似的情境,激励学生思考,并自然而然地介绍中国文化特有词汇的英语表达方式。当解释西方核心文化价值如"信仰"时,教师可以引导学生联系到中国的儒家理念,如仁、义、礼、智、信等概念。考虑到宗教信仰在西方社会进步中的重要作用,与之相对应,儒家思想对中国几千年的文化也有着不可忽视的影响。通过这种方式进行教学,列举两种文化中的相关词汇,不仅对比了东西方的文化社会,还为词汇学习创造了合适的语境,进而提高了文化词汇教学和记忆的效果。

3. 任务驱动式教学

在词汇教学过程中,引入跨文化的知识至关重要。教师应采取任务型模式,并融合跨文化的视角来指导教学活动。任务驱动式教学法通过设计与真实生活紧密相关的任务,让学生在完成任务的过程中自然而然地学习和使用新词汇。例如,教师可以设计一个"在英语国家旅游规划"任务,要求学生使用学习到的词汇制订旅游计划、预订酒店、安排交通等。这种任务的设计能够让学生在真实或模拟的语境中使用词汇,增强学习的实践性和趣味性。

此外,任务驱动式教学法强调学生的主动参与和合作学习。在完成任务的过程中,学生需要与同伴讨论和协作,能提高他们的沟通能力。任务驱动式教学法还能够提供即时反馈和评价。在任务完成过程中,教师可以实时观察学生的表现,及时提供指导和反馈。这种即时反馈机制能够帮助学生及时纠正错误,巩固学习成果,提高学习效率。

二、文化视角下大学英语专业语法教学内容的优化

(一)语法能力

语法能力作为一种语言学习的核心要素,对于第二语言学习者来说具有至关重要的意义,不仅关乎学习者对于语言规则的理解和掌握,更涉及学习者能否在实际语言环境中准确、有效地运用语言。

语法能力是指学习者运用语法规则和语法知识准确理解语句含义的能力,恰当地将语法规则和语法知识运用到生活中去的能力。简言之,语法能力是一种综合性的语言能力,包括对语法规则的掌握,对语法规则的运用能力。可以从多个角度来理解语法能力的内涵。

一方面,语法能力涉及学习者对于语言规则的理解。学习者需要通

过学习语法规则,理解规则的适用范围、规则之间的联系以及规则背后的语言学原理。这种理解能力包括规则的表面含义,以及规则的深层内涵。另一方面,语法能力涉及学习者对于语言规则的运用。学习者需要在实际语言环境中,根据语境的需要灵活运用语法规则表达自己的思想和意图。这种运用能力包括规则的正确使用,以及规则的创造性运用。

语法能力是第二语言学习的基础,语法能力关系到学习者对于语言的运用能力,学习者需要通过运用语法规则才能真正理解语言的意义,在实际语言环境中准确、有效地表达自己的思想和意图。

(二)文化差异对大学英语专业语法教学的影响

语法规则涵盖了单词、句子与文章的构造、理解以及表达的原则。这些规则既是人类长期以来抽象思维活动的产物,也是社会约定俗成的结果。它们不仅体现了人类普遍的思维方式,还反映了特定民族、地区和集体的独特性。因此,可以认为文化对语法产生了两方面影响:一方面是对语言语法的生成、发展及其变化的总体影响;另一方面是通过不同社群语言语法的差异,揭示人类文化之间的共性和差异性的具体表现。①

东西方文化差异显著影响了各民族语言的表达方式。例如,西方文化的核心特征同样反映在英语的语序上,在句子构造上,通常首先表达主题,然后是地点和时间状语部分;受东方文化影响较深的东方,其汉语句式结构一般先进行背景铺垫,然后再陈述核心观点,倾向于使用较为含蓄和间接的表达方式。

在中文和英文的句法结构中,某些表达的语序是完全相反的。以日期和地址的表述为例,中文按照从大到小的顺序(从年到日,从国家到个人详细地址),将较大的时间或地点单位置前;英文的表达顺序则正好相反。这种差异体现了两种语言在语法结构上的不同,反映了它们在思维方式和文化上的差异性。

汉语中的词序映射了其事理和逻辑的排列,这种排列可能深受中国文化中"尊天理""重长幼"的思想影响。在汉语结构中,事理和逻辑被视作遵循自然法则的表现,而语法则体现了这种自然的秩序。反观英语,其句子结构的顺序或许与西方文化中"尊后天地位,重主仆关系"的价值观有关,其语言中的主从构造反映了后天社会等级的概念。②

---

① 萧国政.文化对语法的影响[J].黄冈师专学报,1999,19(2):56-60,68.
② 同上.

在英语的表述中,通常采用的是"形合"结构,这种结构强调句内逻辑的外显,即通过连词明确各部分之间的逻辑联系,通过主从句构建来表达详细内容。相反,汉语的表达倾向于使用"意合"结构,特点是结构较为松散,主要通过一系列表面上看似并列的简短句子拼凑而成,其间的逻辑联系并不直接显现。在中国翻译领域,有一个广为流传的比喻:汉语句子结构被比作"竹竿",由一节节紧密相连的部分组成;英语句子的结构则被形容为"葡萄",其主体部分较短,但附加的元素较多,如同葡萄串上悬挂的葡萄粒。汉语是一种隐性语言,经常省略主语、连接词和代词,而英语是一种显性语言,注重语言的逻辑性和严谨性,因此很少省略主语。

因此,东西方文化的差异对于语法教学方法产生了显著的影响。为了帮助学生更为准确、快速地把握和理解语法知识,教师在教授语法时应融入文化内容的教学。

(三)文化视角下大学英语专业语法教学的优化方法

文化因素对大学英语专业语法教学的影响巨大,因此在大学英语专业语法教学中,教师应重视文化因素,在教学中有意识地导入与语法相关的文化知识,从而培养学生的文化意识,提高学生的语法应用能力。具体而言,在跨文化交际视角下,大学英语专业语法教学的优化方法包含以下几种。

1. 对比分析法

掌握英语和汉语在文化层面上的异同对于学生的英语学习极为有益,能使他们更有效地学习英语。因此,把对比分析方法和迁移理论用于语法教学中,能显著增进学习迁移的效率,进而提高教学效果。由于民俗、文化及价值观的不同,母语和英语呈现多方面的区别。正是由于这些不同,通过对比分析的方式,可以深化学生对英语知识的掌握。例如,在英语中,定语主要分为前置定语和后置定语。相比之下,后置定语在英语中的使用较为频繁,而在汉语中,前置定语的使用更为常见。基于精选实例,通过描述中英文表层语法现象,进一步揭示深层语法背后的差异,包括思维模式和文化等方面。通过把那些极可能发生学习迁移的教学内容作为重点,并巧妙地设置场景引导学生仔细观察及分析,学生可以有效地辨识出语言知识的独特性及其差异,进而有助于语法知识的学习和掌握。

在语法教学中,通过对比分析法,可以帮助学生认识到语法不仅仅是一套语言规则体系,而且深深地植根于文化之中。此种认识促使学生从更宽广的视角出发理解语法学习,使他们能更灵活地适应各种语言环境及文化背景,从而显著提高跨文化交际能力。

2.PACE 教学模式

Donato 和 Adair-Hauck 开发了 PACE 教学模式,即"基于故事情境的语法教学法"。在课堂实践中,故事情境教学法遵循四个主要步骤,即呈现、注意、重构以及拓展,这四步共同组成了 PACE 模式。在呈现这一初始阶段,通过口述及互动的方式,教师呈现故事内容,旨在提高学生的理解能力以及对语言形式和意义的把握,同时避免使用书面材料,这样做的目的是唤起学习者的兴趣,并利用意义的展现及交流技巧来加深学生的理解。在注意阶段,教师通过提问或强调(如使用横线或圆圈),并借助 PPT 展示,强调故事中的语法规则,以节省解释时间集中学生的注意力。在重构阶段,教师与学生通过合作对话深入分析和讨论目标语法点的结构、含义和用途,教师将提出明确且具体的问题,以便于推动这一过程的进行。在扩展阶段,为学生提供机会,通过创新有趣的方式应用新学的语法技能,将新知与旧知结合,活动应具有趣味性、相关性,并鼓励学生进行创造性自我表达。

对于大学生来说,掌握正确的语法不仅能够提高他们语言表达的流畅性和精确度,还能够提升他们的沟通技巧。

第二节 大学英语专业听说教学

一、文化视角下大学英语专业听力教学内容的优化

(一)听力知识

英语听力知识是英语学习中的关键部分,涵盖了多个方面,对于提高英语交流能力至关重要。理解英语语言材料是英语听力的基础,包括通过听取英语对话、短文、新闻、故事等不同类型的语言材料,理解其中的含义和细节。在听的过程中需要注意语音、语调、语速和语境的变化,以

捕捉说话者的意图和情感。掌握有效的听力技巧对于提高听力水平至关重要。

持续地练习和反馈是提高英语听力的关键。通过不断地练习和反思，可以发现自己的不足并进行有针对性地改进。与他人进行口语交流或参加模拟考试等实践活动，也可以帮助学生更好地应用所学的听力知识。

根据三种记忆的阶段，听的心理机制可以细分为感知记忆、短时记忆和长时记忆三个阶段。

在感知记忆阶段，声音通过人的感觉器官进入大脑形成初步的印象。信息以原始的形式被快速捕捉并暂时存储。听者需要根据已有的知识对这些信息进行初步加工，将其转化为有意义的单位。在母语环境下，感知记忆过程相对容易实现，因为大脑已经习惯了处理这些熟悉的声音信息。当面对非母语的语言如英语时，感知记忆过程可能会受到挑战。新的声音信息需要大脑进行更复杂的处理，处理的速度不足以应对快速的语言输入。导致听者还没完全理解前一个信息，新的信息就已经进入，造成理解困难。

短时记忆阶段是信息处理的关键环节。在这一阶段，听者将刚刚听到的信息与长时记忆中的已有信息进行对比和关联。通过这个过程，听者构建新的命题，理解语言的意义。由于短时记忆的容量有限，处理速度要求极高，使学习者在处理复杂信息时感到困难。随着信息量的增加，学习者的脑容量会超载，导致他们无法从信息中获取意义。随着听力水平的提高，学习者会逐渐积累更多的知识储备，提高信息处理能力，更好地应对复杂的语言输入。

在长时记忆阶段，听者将所获取的意义与长时记忆中的信息进行整合和存储，巩固对命题的理解。如果新信息与旧信息能够相互匹配和关联，这些信息就更容易被理解和记忆。大脑会通过积极思维对信息进行分析和归纳，使其连贯起来，形成新的意义。在听力技能训练中，学生会遇到一些问题，如基本语音知识的欠缺、词汇量的限制、跨文化常识的缺乏、综合性学习技能的不足、母语对听力水平的影响、心理素质的欠缺以及教师语言综合运用能力的问题等，会对学生的听力理解产生负面影响。

（二）文化差异对大学英语专业听力教学的影响

听力构成了中国学生英语学习的主要障碍之一。我国高校英语听力教学主要弱点在于其主要聚焦于语言知识，忽略了文化知识的传授。在此背景下,大学英语教师需积极引导学生掌握中西文化差异,深刻认识文化差异在英语学习中的作用。陈明选和任小帅(2008)指出,学习文化背景知识在提升听力理解能力、培养学生的跨文化交际意识以及增强对西方文化理解方面,扮演着至关重要的角色。①

在听力课程中融入文化背景知识的教学,可以显著增强学生的跨文化交际能力,并对他们的听力技巧产生长远的正面影响。因此,掌握和学习与听力材料相关的文化背景知识是必要的。

1. 思维方式

语言的形成和发展始终与其使用者的社会文化环境密切相关。它不仅承担着传达信息的交际功能,同时也是感知与思维过程的一种表现形式。其中,交际是语言的显性功能,表现为信息的接收与传递;感知与思维则属于隐性功能,这与认知心理学相关。感知、思维、语言、文化及交流之间的互动是紧密且不可分割的。语言的应用映射出人们的价值观、生活及思维方式,社会文化的演进构成了语言存续与发展的基石。交际是将语言和文化统一起来的纽带。②

学习语言不只是对其文字和语法的理解及掌握,更涉及思维模式的塑造,这一点在外语学习中特别突出。学习者应积极积累词汇量和掌握语言结构,同时须深入理解目标语言的思维习惯和特性,包括其与母语思维上的不同,以便全面定位语言学习的目标,并有效引导语言学习。由于文化背景影响了人们对世界的看法和理解,不同的国家展现出独有的文化特色。因此,在东西方文化对比中,思维方式的差异尤为显著。西方文化倾向于逻辑和分析的思维模式,而东方文化更倾向于直觉和整体性的思维方式。③

2. 价值观念

在诸多文化要素中,价值观占据了核心地位。这种观念随着个体的社会化进程形成,并展现为一些与社会文化相契合的特征,这些特征不仅稳定、持久,而且也被社会成员广泛认同和接受。每种文化都拥有独特的价值观,这些价值观指导人们识别何为美与丑、善与恶,从而成为个人的

---

① 陈明选,任小帅.对媒体网络环境中着重理解的大学英语听力教学设计——以"Holidays and Celebrations"为例[J].电化教育研究,2008(5):7-78.
② 张红玲.跨文化外语教学[M].上海:上海外语教育出版社,2007.
③ 赵鹏亮.大学英语听力教学中跨文化交际能力培养模式的构建[J].渤海大学学报(社会科学版),2011(2):124-127.

生活哲学、道德准则和行动指南。①

中西方文化背景的差异引发了两者价值观念的显著不同。中国的文化传统深受儒家思想的影响。儒家学说倡导的是一种集体主义精神,强调群体的利益高于个人的需求。与之形成鲜明对比的是,西方价值观更加强调个人主义,鼓励以个体为本,认为通过个人的努力可以实现自我价值和愿景。

鉴于这种文化和价值观上的差异,大学英语专业教学中,尤其是听说课程的教学过程中,教师承担着至关重要的角色。他们不仅需要帮助学生理解和尊重中西方价值观的差异,而且还应积极引导学生深入探索西方文化的核心价值,努力克服由文化差异引起的偏见和障碍,从而有效提升学生的听说能力。通过这样的教学方法,学生能够在全球化的语境下,更好地理解多元文化,促进跨文化交流与理解,为在国际舞台上的有效沟通打下坚实的基础。

3. 习俗规范

所谓习俗,通常指的是人们在长期生活和实践中逐渐形成的一种普遍认可的规范。这种规范通常被特定地区或区域内的大多数成员所遵守。一旦某地区的人们在其日常生活和工作中形成了特定的习俗,这种习俗便可能持续相当长的时间。通常情况下,习俗对一个特定地区人民的信仰、生活习惯等方面产生显著影响。②在不同文化之间的交流中,经常出现一种情况,即人们倾向于用自己文化中的规范来判断他人行为的恰当性。这种基于文化的行为标准差异容易引发误会,甚至更加严重的问题。

(三)文化视角下大学英语专业听力教学的优化方法

在跨文化交际视角下,要想切实提升教学效率,提高学生的听力能力,就要在遵循基本教学原则的基础上优化教学方法,采用恰当有效的教学方法实施教学。具体而言,教师可采用以下几种方法开展听力教学。

---

① 赵鹏亮.大学英语听力教学中跨文化交际能力培养模式的构建[J].渤海大学学报(社会科学版),2011(2):124-127.
② 高云柱.跨文化交际与高校英语教学融合发展研究[M].北京:新华出版社,2021:121.

1. 融合教学

在听力教学中，教师科学地融入目的语国家的文化背景及风俗习惯。这样不仅能让学生在掌握语言知识和听力技能的同时，还能通过了解不同国家的文化，积累丰富的文化负载词汇、习语和习俗等，逐步培养他们的跨文化交际意识。此外，在听力测试中加入适量的跨文化理解题，丰富题型内容。通过听力课程，教师不仅能及时总结课文中的跨文化知识，还能积极应用这些知识以正确解读听力材料，从而不断深化跨文化教学的影响。

2. 主题式跨文化渗透

在教授语言时，应当实施多样化且全面的教学策略，避免过分依赖教科书及标准答案。在教学活动中，利用包含跨文化交流内容的英语学习材料，采取以主题和案例为中心的教学方法，并利用新媒体工具扩展教学资源与途径，从而使教学内容更加丰富。通过这种综合性的教学策略，不仅能增强学生的参与度，还能有效提升他们的跨文化交际能力。

主题式教学模式以教材的主题为核心，开展相应的教学活动。在跨文化能力培养中应用此模式，可以使学生参与基于教材主题的材料整合、文化比较及经典作品的关联等活动，从而促进他们文化意识的形成。

3. 听说结合

听力课和口语课的分离不利于交际能力的培养，因为一个完整的交际过程不仅需要交际双方具有良好的听力理解能力，还需要交际者具有准确、流利的口语表达能力，所以听说课将二者有机地合二为一，对提升学生的跨文化交际能力有很大的帮助。

在当今的大学英语专业教学环境中，将学生浸入到实际的语言交流场景中，特别是通过英语情景对话的方式，已成为一种行之有效的听力练习方法。这种方法涵盖了交流双方的交际互动，包括了听力和口语能力的实时运用，确保了交流的流畅性。通过这种方式，学生能够在实际交流中锻炼听力和口语技能，通过互动对话，将传统的单向听力练习转变为一种更加生动和互动的学习体验。这种教学策略极大地活跃了教学气氛，激发了学生对英语学习的热情，增强了交际和沟通能力，让学生可以在实践中提高英语听力。

4. 多媒体与网络教学

在听力教学中,多媒体和计算机技术的应用实现了理论与实践的有效融合。这使教师能够根据教学目标灵活选择适合的材料,丰富课堂内容。教师可以依据教学需求,选用各种资源,如听力练习、图片、视频和电影片段。借助现代技术手段,教师可以在课堂上直观呈现这些材料,帮助学生在视觉和听觉上深入理解相关的文化内容。

当教学内容涉及跨文化时,应多注意对文化现象的讲解与分析,启发学生注意跨文化现象,对词语、句式、文化背景进行必要的解释,使学生了解和掌握相关语言的语用特征和交际功能。通过这样的教学模式,学生能够在愉悦的学习氛围中,更加主动地探索和吸收新知识。这不仅极大地激发学生的学习积极性,还能深化他们的记忆,显著提高学习质量和效果。

二、文化视角下大学英语专业口语教学内容的优化

(一)口语知识

英语口语知识是英语学习中至关重要的一部分,涉及多个方面,包括语音、词汇、语法、日常会话技巧以及表达习惯等。语音知识是英语口语的基础。掌握正确的发音、语调以及轻重音等语音规则,可以使学生的口语更加自然流畅。积累足够的词汇量可以使学生在口语交流中更加自如。学习一些与日常生活相关的词汇并将其用于实际场景中,可以加深印象并提高口语表达能力。了解基本的语法规则可以帮助学生组织句子并避免常见的语法错误。在口语中,正确使用语法结构可以使学生的表达更加清晰和准确。学习基本的日常会话用语可以使学生在日常交流中更加得心应手。熟悉不同场合的英语口语表达习惯可以帮助学生更好地适应各种口语环境。模仿和练习可以优化学生的英语口音,多与他人进行口语交流,积极参与英语角或线上语音聊天等,可以帮助学生锻炼口语表达能力并积累实际经验。

（二）文化差异对大学英语专业口语教学的影响

英语和汉语之间的根本差异不仅体现在语言结构上,更深层地影响着使用这两种语言的人们的思维方式和认知模式。这种差异对于英语口语教学实践产生了显著的影响。许多中国大学生在日常生活和学习中主要使用汉语进行交流,因此,当他们尝试用英语交流时,常常不自觉地采用汉语的表达习惯和句型结构来构造英语句子,即所谓的"中式英语"。这并不符合英语母语者的表达习惯,难以被他们所理解和接受。这种由母语引起的负面影响阻碍了英语口语教学的有效进行。[1]

东方文化主综合,西方文化主分析。东方文化强调把事物作为整体进行笼统的直觉综合,而西方文化则注重把复杂的事物分解成简单的要素逐个进行研究。[2]中文的思维模式强调以人为本,偏好以主观方式进行思考。与此形成鲜明对比的是,西方思维模式更多地依赖于客观的事实。中国人倾向于情感化的思维,强调辩证法和深度的内容解析,经常运用并列的逻辑结构。西方人则更加倾向于逻辑性和理性,偏爱使用具有高度结构化的主从复句形式。

文化差异影响了个体的思维方式,进而改变了他们对语境的依赖程度。有效的交流要求谈话者不仅要理解表面文字的含义,还需要透彻理解言语所隐含的深层意图。因此,把握话语的深层含义,谈话者需对语境有深刻的理解。谈话的具体时间、地点、场合、参与者的身份、性格、职业、情绪和文化背景等都是构成语境的要素。每种语言表达都有特定的语境,因此同一句话在不同语境中可能意味着不同的事情。忽略语境来解释话语通常是无效的。在口语学习中,学生需发展出一种能力,即通过语境来推敲对话的实际意义。[3]

思维模式上的差异会在一定程度上影响大学生英语口语的流畅性。对于大部分中国大学生来说,他们已经形成了较为固定的汉语思维习惯。在用英语表达思想时,他们需要进行思维模式的转换,以确保表达的准确性。然而,这种思维转换过程往往需要时间,进而可能导致他们的英语口语表达不够流畅。因此,为了提升英语口语教学的效果,教学实践中应该

---

[1] 高云柱.跨文化交际与高校英语教学融合发展研究[M].北京:新华出版社,2021:78.
[2] 胡超.文化思维模式差异对跨文化交际的影响[J].外语教学,1998(2):17-22.
[3] 仲彦,刘丹花.中西思维模式差异对英语口语教学的文化影响[J].重庆大学学报(社会科学版),2004,10(2):74-76.

重视这些由语言和思维差异引起的挑战,并采取相应的策略来克服它们。

(三)文化视角下大学英语专业口语教学的优化方法

在当前全球化的背景下,大学英语专业口语教育的重点之一是提升学生的跨文化交际技能。这不仅有助于学生建立全球化的视野,培育他们的国际意识,也能提升他们的人文素养。通过这样的教学过程,学生在语言技能的提升之余,能有效地克服跨文化交际中的障碍。

1. 任务型教学

任务型教学法将具体任务的完成作为学习的主要驱动力,认为任务的执行过程本身就是一种学习,而将任务成果的呈现作为评价教学成效的标准,而不是传统的考试得分。在此框架中,学生在教师的悉心指导与帮助下,采取了观察、体验、实际操作、参与以及协作多元化的学习方法,主动应用所掌握的语言知识来进行实践。这种教学法不仅促进了学生语言技能的提升,而且通过实践中的成功体验,有效地增强了学生的成就感和自信心。

在任务的实施过程中,教师扮演着"脚手架"的角色,指导教学活动的展开,为学生深入学习提供必要的铺垫,使学生掌握、构建并内化所学的知识与技能。这一过程最终引导学生进行更高层次的认知活动。教师充当设计师、组织者和辅导员的角色,有时还会成为学生的活动伙伴,共同参与活动。在任务活动开始前,向学生提供简明、清晰且扼要的指导,以明确活动的进行方式;进入小组中帮助学生克服困难,保证活动的顺利进行;在任务活动结束后,指导学生汇报活动结果并进行评价。教师始终发挥"辅助"的作用,将学生置于任务活动过程的核心位置,使其真正成为课堂的主导者。

2. 视听说结合

视听说课程将听力与口语紧密结合,在二语习得的理论框架中,听力理解和口语表达分别被视为输入项和输出项,输入项即接受与解码的环节,而口语项是编码和信息传递的环节。只有在听力材料得到充分输入的情况下,才能够激发有效的口语输出。因此,在规划课程内容时,教师应当致力于听力与口语的融合,借助现代化的多媒体教育资源,营造一个接近真实的语境,使学生能够实时地把听到的内容转化为行动,并逐渐将其内化为自己的知识。

在进行视听教学时,可以将整个过程划分为三个关键阶段:视听前、视听中、视听后。在视听前阶段,教师的职责是搭建一个交流的平台,通过小组讨论等形式,共同学习相关的文化背景知识,并激发学生对视听内容的好奇心。进入视听中阶段,学生需要动用他们之前所积累的知识,以此来提升听力理解能力并吸收新信息。这一环节是整个听力训练中最为关键的部分,学生在此过程中将深化对语言的理解和应用。在视听后阶段,教师根据视听材料的内容,设计一系列口语练习活动以巩固所学知识。这些活动包括但不限于个人复述、小组讨论、角色扮演以及观点辩论,旨在通过实践加深学生对语言的掌握。此外,学生在教师的引导下识别出材料中的语用环境,解读各种语言习惯及其在交流中的功能,研究母语人士在沟通过程中采取的得体行为和策略。

在视听课程后,教师应营造与教材相对应的口语实践环境,有意识地提升学生应用语言的能力及交流技巧,以此来增强其交际能力。同时,以教材主题为依托,教师需设计相关的口语练习,帮助学生识别并理解中西文化交流的差异,通过角色扮演和情景模拟对话等手段,使学生能够把所学应用到实际情境中,进一步提升其跨文化交流的技能。这样的教学方法不仅促进了学生语言技能的提升,也为他们的全球视野打下了基础。

3. 实施"互联网+"口语教学

在"互联网+"时代,大学英语教师有必要借助信息技术来辅助口语教学,有效整合英语教育与现代信息技术,并确保学生在学习过程中的主体地位,从而创新教学模式。

现代教学方法包括多媒体技术的应用以及口语训练系统的使用。在信息化教学模式下,教师可以指导学生利用口语训练系统的智能语音技术完成口语作业,进行口语练习和人机对话;视频功能以及语言功能的辅助下,与其他学生或者以英语为母语的当地人进行互动和交流。

在大学口语教学中,教师应积极运用现代多媒体技术辅助教学,将热点新闻和时事融入课程,使学生深入了解真实的语言交流环境,使学生沉浸于英语学习环境。

大学要致力于创建实践应用平台,以促进英语口语和跨文化交流能力的发展,解决学生口语能力不足的难题。要求大学不仅加大财政支持,有效地运用现代信息技术资源,为学生开拓英语实践应用和互动交流的新途径。

4. 体演文化教学法

体演文化教学法倡导"以学生为中心",主张将语言、文化和交际三者有机融合在一起,强调知行合一、学以致用,将传统的以教师讲解为中心的教学模式转变为以学生体演为中心的新型教学模式。

此方法结合了听说教学法和交际教学法的优点,注重语言的准确性与交际的流畅性,目标是增强学生的跨文化交流技巧。通常遵循以下步骤:第一,教师根据一个特定文化事件创设情境,明确交流的背景和目标后,分配学生扮演相应的社会角色以进行角色扮演;第二,教师让学生主导场面,按照文化事件的要求进行对话和动作;活动结束时,学生完成表演,教师则根据表现给予指导和反馈。在此过程中,为教师设定适当的文化背景是至关重要的。

第三节 大学英语专业读写译教学

一、文化视角下大学英语专业阅读教学内容的优化

(一)阅读知识

英语阅读知识涵盖多个方面,包括阅读技能、阅读策略以及阅读材料的选择等。阅读技能是英语阅读知识的核心部分,包括理解词汇和短语的含义,识别语法结构和句子成分,以及把握段落和篇章的主旨和细节。通过阅读不同类型的英语文本,如小说、新闻报道、科技文章和历史文献等,可以锻炼和提高这些技能。阅读策略是英语阅读知识的重要组成部分。有效的阅读策略可以帮助读者更高效地获取和处理信息。选择适合自己水平的阅读材料是提高英语阅读能力的关键。初学者可以选择一些简单的故事、短文等作为起点,随着阅读能力的提高逐渐挑战难度更大的文章。阅读自己感兴趣的领域的内容可以使学习过程更有趣,能更好地理解文本内容。积累词汇是提高英语阅读理解能力的基础。通过阅读可以不断积累新词汇,学习它们在不同上下文中的用法。注意语法和句子

结构也是理解文本的重要方面。

(二)文化差异对大学英语专业阅读教学的影响

1. 词汇层面的差异

词汇构成了语言的基本组成部分之一,在文化差异中的反映尤为明显。许多英语词汇含有不显而易见的内涵,这些内涵的理解依赖于学习者对特定文化背景知识的掌握,以便于在一定的语境下正确诠释其意义。例如,blue 不仅仅是颜色的表示,它在不同的语境中拥有多重含义:在表达 feeling blue 时,转变为代表"悲伤、沮丧"的情绪;在 blue movie(成人电影)的场合,blue 则指向了"低俗"的含义。[1]

2. 句法层面的差异

英语表达注重形合,汉语表达则注重意合。在英语中,形合指的是通过连词、关联短语等手段实现句子与词汇之间的连接。英语因此更注重固定的语法结构。相反,汉语句子结构比较灵活,较少使用关联词。

在汉语中,无论定语有多长,它们一般位于所修饰的名词之前。在英文中,定语可以是前置的也可以是后置的,包括形容词、介词短语和定语从句。定语从句对很多中国学生来说比较难,这在阅读复杂时尤为明显。学生可能对句子中的每个词义都了解,但仍然难以把握整句的含义。这种句法差异映射了中西方表达方式的根本不同。西方的表达方式通常是先提出主题,即先表达核心内容,然后再添加修饰部分;中国的表达习惯恰恰相反。[2]

3. 语篇层面的差异

"语篇是输入表层文化知识和深层文化知识的重要载体。"[3]在大学英语专业阅读教学中,学生通常需要深入理解文章的结构和文化背景,这也体现了学生对跨文化知识的掌握。由于中西方人群在思维方式上存在显著差异,中方的思维模式表现为螺旋式,而西方的思维模式则是直线式,

---

[1] 甘惠侨.跨文化交际能力与大学英语阅读教学[J].海外英语,2018(22):170-171.
[2] 同上.
[3] 张红玲.跨文化外语教学设计与实践[M].上海:上海外语教育出版社,2023:189.

这两种不同的思维模式导致了截然不同的交际风格,这些差异在阅读文章时明显体现。在文章写作时,西方作者通常首先提出观点,然后根据这些观点展开论述;相对地,中国作者倾向于先陈述事实并进行论证,随后总结观点。鉴于此,许多学生因此难以把握作者的思想,这便体现了语篇分析中的跨文化障碍。[①]

(三)文化视角下大学英语专业阅读教学的优化方法

1. 阅读圈教学模式

Mark Furry(2004)在课堂小组阅读教学中引入了文学圈模式,进而创立了"阅读圈"的理念。本模式有 4~6 位学生,他们各自被分配单独的阅读任务,随后集体进行讨论,通过团队协作方式交流、评议并分享对文本的多角度解读及阅读过程中的感受和乐趣。

在阅读圈中,成员根据角色分工进行学习,包括:组长、绘图者、篇章解读者、句法专家、词法专家等。每位团队成员都需独立完成文本的阅读,并根据其在小组里的指定角色及职责,作出针对性的阅读分析并定时提交读书日志。讨论结束后,成员们更换队伍,以新的组合继续选择其他读物并开始下一轮的阅读。阅读圈主要是一种学生自行阅读、讨论及分享的活动形式。此教学模式旨在促进学生的阅读与思维能力,强调阅读乐趣,通过阅读、思考、提问、讨论和分享等多种活动的有机结合,有效提升读者的批判性思维及阅读技能。大学英语专业跨文化教学中构建阅读圈教学模式的实施步骤如下所述。

(1)设计任务

教师选取特定的文化专题作为课程的中心,明确教学的具体目标,选择学生在课堂内外需要阅读的材料,并制定一系列供学生探讨及分析的问题,同时也为完成这些学习任务规划合适的学习策略。

(2)布置任务

教师指导学生自主分组,形成 6~7 人"阅读圈"。在组员确定之后,教师将分配包含本学期全部文化主题的学习任务给学生,并确保他们对学习的要点、要求和规范有清晰的理解。教师鼓励学生在课前独立完成指定的阅读,并深入思考将要讨论的问题,同时,教师还鼓励学生根据自

---

① 陈洁.跨文化交际视野下的大学英语阅读能力培养[J].海外英语,2020(19):112-113.

己的兴趣和能力,自行选择在小组内的角色,这些角色包括:讨论组织者——负责主持讨论,并准备讨论问题;内容总结者——概括阅读内容中的文化要素,并与小组成员分享,同时对小组的讨论和成果作出评价;词汇整理者——整理阅读中与文化主题相关的关键词和表达,引导小组共同学习;语篇分析者——提取并分享阅读材料中的主要信息;文化研究者——识别阅读中的文化元素,指导小组进行比较分析;联想者——探索阅读材料与中国文化之间的联系,并结合社会文化的最新发展动态进行批判性分析。最后,以小组之间的讨论和分享来完成既定任务。

(3)准备任务

在完成教师指定的阅读材料之后,学生应自行反思并针对讨论议题及个人感悟进行书面阐述。对于阅读小组内各个角色的详细任务,教师提倡学生在履行这些任务过程中积极展现他们对文化多样性的理解与见解。

(4)完成任务

在小组讨论启动之前,担任引导角色的教师需要再次强调阅读圈的基本原则,帮助学生清晰地了解在规定时间内完成的任务要求。之后每位小组成员依次汇报、展示并探讨他们的阅读成果,通过信息加工、思维拓展和深度学习有效地理解阅读材料,共同商定小组报告的主旨,并将其以书面报告形式提交。这一讨论阶段对促进学生的多元化思维、积极主动地深入研究文化主题、主动识别和解决问题以及反思非常关键,是教学模式的核心部分。

(5)评价任务

在大学英语专业"阅读圈"教学模式中,形成性评估是教学模式的核心,它融合了自我评估、同伴评估以及教师评估,形成一个多维度的评价体系。学生首先要根据自己在"展示阅读成果"与"课堂讨论"环节的表现进行自我评价,简要阐述评分依据并反思存在的问题。随后,在小组内部及跨小组进行相互评价,同时给出评分的具体原因。教师评价则涉及三个层面:学生的文字陈述、课堂发言和成果展示,对学生的表现进行评分和点评。在评价过程中,教师需肯定学生对文化多元性的理解,注重他们思维的深度与广度,并激励学生积极参与。

2.思辨式阅读教学

孙有中(2016)提出了跨文化教学的五大原则,分别为:思辨、反省、探究、共情和体验。① 思辨能力的培养需要长期且持续的训练。思辨英语教学属于探究式教学的范畴。教师需致力于激发和引导学生积极地思考、探索、收集资料,以及自主学习知识和解决问题。思辨英语教学主张在外语教学过程中将思辨能力与语言能力的培养融合起来。思辨式阅读旨在引导学生对教材文章进行高层次理解。这种阅读过程不仅仅是对文本的表层阅读,而是包括理解文章的含义以及对文章内容的评估,旨在培养学生区分核心与次要信息、辨别事实与观点的能力。学生还将学习如何通过逻辑推理获得言外之意。批判性阅读教育通常覆盖四个基本方面:识别文中的预设信息、辨识事实与观点、解读文本的深层意义以及评价作者的观点。

在大学英语专业教学中,提高学生的跨文化思辨能力,必须将学科知识与能力培养有机结合。教师需在日常教学中平衡英语语言教学与外国文化传授,创造性地融合学科知识与跨文化思辨能力。不仅需讲授必要的英语知识,也要传授先进的国外文化,确保教学资源的丰富性。须妥善处理学科知识与思辨能力的关系,引导学生形成正确的学习观。英语思辨能力的提升基于扎实的英语语言基础,这不仅要求充足的词汇量和基本的语法知识,也需要强大的阅读与写作能力。学生掌握一定的英语知识后,教师应有效整合思辨能力与学科知识,进而培养学生的独立分析和问题解决能力。

在英语教学过程中,教师需依据学生的具体学习状况,以思辨阅读为核心,科学地运用慕课、微课、智慧课堂等资源,高效地整合并拓展英语教学内容,引入丰富的课程资源,以满足学生的学习需求。为了更有效地培养学生的批判性思维能力,教师需强调英语阅读的重要性,并利用信息化平台发布专题练习,系统地提升学生的阅读理解能力。尽管当前的大学生普遍具备基本的英语能力,他们的阅读理解却往往仅限于表面层次,缺乏深入思考,难以形成独立的见解。面对这一学习现状,教师应整合语境、语法、词汇等要素,从跨文化视角引导学生去做深层次的阅读。学习者在语篇阅读中获取的文化信息能够增进其对异文化的认识和理解、对母语文化的鉴赏和对自身跨文化交际行为的反思。

---

① 孙有中. 外语教育与跨文化能力培养[J]. 中国外语,2016(3):16-22.

二、文化视角下大学英语专业写作教学内容的优化

(一)写作知识

英语写作知识是英语学习中不可或缺的一部分,它涵盖了多个关键要素,从基础的语言知识到高级的写作技巧。语法是英语写作的基础。掌握正确的时态、主谓一致和从句结构等基本语法规则是写出流畅、准确句子的前提。例如,在写作时需要根据具体的语境和合适的时态,确保主语和谓语动词在人称和单复数上保持一致,以及正确使用从句并注意其引导词和语序。

词汇的选择和使用也是写作中的重要一环。同义词替换可以避免重复使用某个词,使文章更加丰富多样。同时,掌握常用的词汇搭配可以使文章更加地道和流畅。此外,强调句的使用可以突出句子中的关键信息,使文章更具表现力。除了语言基础知识,写作还需要注重文章的组织和结构。在写作过程中,应该首先明确主题和观点,然后围绕这些观点展开论述。主体段落应该提供支持和论证,而结尾段落则要对文章内容进行总结并留下深刻印象。此外,使用合适的转折词和连接词可以使句子之间的衔接更加自然流畅。了解不同的写作风格和表达方式也是英语写作的关键。记叙、议论、抒情、描写、说明和想象等都是常用的表达方式,而托物言志、欲扬先抑、衬托等则是常用的写作方法。掌握这些风格和方法可以使文章更具个性和深度。

英语写作是一个不断练习和改进的过程。多读优秀的英文文章,学习其写作风格和技巧,可以帮助提高自己的写作水平。多写多练也是必不可少的,通过不断的实践来发现自己的不足并加以改进。

(二)文化差异对大学英语专业篇章写作的影响

"语篇组织规律与相关思维模式有着密切的关系"[①]。西方思维模式强调逻辑性而东方的思维模式更侧重于直觉,是一种意合语言。汉语的结构是依据语义的适配性是否合理决定,通过词序的调整、语境理解和言外

---

① 张红玲. 跨文化外语教学设计与实践[M]. 上海:上海外语教育出版社,2022:187.

之意来清晰地传达思想。①

在一篇文章中,段落是传达完整思想的基本单元。它不仅是构成文章的一个部分,同时也是一个完整而独立的单元,其内容完善且条理清晰。英文中,段落的结构特别强调逻辑性,一般从一个主题句开始,这个主题句对段落的核心思想进行了简明的概述,并指明了整个段落发展的轨迹。围绕这一主题句的其他句子,无论是直接地还是间接地,都与之相关,目的在于支撑、阐释、证明或说明最初的论断。此外,这些支撑点之间需要使用恰当的过渡词以保证段落的流畅性。段落的结束部分通常用于总结、重申观点或是有效地连接各个分论点。简言之,英文的段落结构既明了又有序。②汉语的句子缺少像英语那样的连接词汇,而是更多依靠语气的联系或意义上的结合,从而使段落看起来更为松散。③

通常英语篇章与段落的组织原则是一致的,即统一性、连贯性、完整性。④英文文章一般包含引言、主体和结论三个基本部分。引言段落的目的是介绍主旨并概述文章的关键论点;在主体部分,作者会详细讨论这一主题,并用充足的细节来支持其关键论点;而结论部分则是对主题的重申。开头设定了文章的整体基调,明确阐述了研究的主题及目标。文章的主体是探讨主题的关键部分,包括若干段落,每段都是自成一体,同时紧扣核心议题。段落之间通过过渡性词语的应用,确保了文章在语义上的流畅性和结构上的整合。

(三)文化视角下大学英语专业写作教学的优化方法

1. 过程式写作教学模式

在过程式写作中,学生会经历从接收写作任务到最终提交定稿的阶段性进展。这种方法下,教师安排特定的活动,旨在激发学生对于写作主题和结构的深入思考,依赖于教师或同学提供的反馈来不断地对文章进行优化。这一模式的核心在于使学生明白其写作过程包括了多个步骤;

---

① 仲彦,刘丹花.中西思维模式差异对英语口语教学的文化影响[J].重庆大学学报(社会科学版),2004,10(2):74-76.
② 范金玲,杨雁,姜有为.跨文化视角下大学英语写作教学现状分析[J].英语广场,2023(22):102-106.
③ 贾玉新.跨文化交际学[M].上海:上海外语教育出版社,1997:162.
④ 丁往道,吴冰,钟美荪,等.英语写作手册:英文版(第三版)[M].北京:外语教学与研究出版社,2009:17.

认识到写作是一种探索性和渐进性的活动，不是一个线性或事先设定好的路径；将重点放在写作的过程上，而非仅仅是文章的最终成品；把写作当作理清思绪和构思的一个过程。

过程式写作教学模式侧重于教师在学生写作早期的思维启发与指导；促进同学之间协作与互助的写作环境的建立；在写作的各个环节中为学生提供必要的支持和干预；转移对修辞手法（比如对比、因果分析等）的侧重点，更多地关注文章结构、目标读者、写作目的及作者立场等要素；强调作者与读者之间的互动，而不是单纯聚焦于文学议题；更加重视学生对作家理念和观点的阐述能力；对学生作文评价的标准主要包括读者的需求、写作的目标和任务的完成情况。

2. 跨文化写作中的"第三空间"

叶洪（2012）在融合后现代主义理念和当下全球化趋势的基础上，提出外语学习的一个关键目标是使学习者通过掌握外语及其文化，理解文化是如何形成以及它与语言的紧密联系。[①]在这一过程中，学习者将重新评价自己民族的语言文化，从而突破既有的世界观限制，发展出全球视角和跨文化的身份，走入一种跨文化的"第三空间"。

"第三空间"概念指学习者在跨文化互动中创造一个介于本族和外来语言文化之间的过渡区域。在这个空间中，母语文化与外来文化不仅得以增强和丰富，还会相互融合，形成一种全新的文化实体。这使不同文化背景的人们能够顺畅而有效地进行交流。"第三空间"并非简单的文化混搭或拼凑，而是文化创新。在此，本土与外来的语言文化能够实现真正的互相尊重与对话，引导学习者发展出适应全球日益频繁的政治、经济及文化往来所需的跨文化综合能力。"第三空间"不仅仅体现在外语教育的方法和过程中，同样也是学习的终极目标与产品。

在进行外语教学研究时，重点应放在跨文化"第三空间"的探讨上，这要求教育工作者重新考虑教育的目标、内容及方法。把指导学生发现"第三空间"设定为核心的教学目标能够促使教师突破传统的界限，担当起更为重要的社会、政治与文化角色。实施教学和研究时，必须把文化的抽象概念具体化为教与学的内容。

跨文化写作的研究目的是针对当前外语教学中广泛出现的写作恐

---

① 叶洪.后现代批判视域下跨文化外语教学与研究的新理路——澳大利亚国家级课题组对跨文化"第三空间"的探索与启示[J].外语教学与研究,2012,44(01)：116-126.

惧、死板的写作模式,以及缺乏多样化写作题材的问题,通过采用跨文化的写作教学方法来激发学生的创意和对写作的热情,从而提升他们的跨文化交际意识和写作技能。

三、文化视角下大学英语专业翻译教学内容的优化

(一)翻译知识

人类的思维千头万绪,语言的活动五花八门,翻译的材料各种各样,因而也就决定了语言翻译活动范围的广阔性和多样性。而且,无论什么样的思想只能在语言材料的基础上才能产生和存在,所以自然就要对再现另一种语言的翻译工作提出严苛的要求,为满足这种要求而提出的标准,就是翻译标准。由于翻译活动并非单纯地对原文的翻印,而是对原文的创造性地再现,所以翻译并非像一些人所想象的那样,是照葫芦画瓢,也不是一个词一个词的堆砌翻译。翻译中所遇到的问题,归根结底是表达问题,即表达原文语言在内容和形式上密切联系的整体中所表达的一切。那么,这"一切"又该怎样表达呢?毫无疑问,应该是准确而完整的表达。

这里的准确而完整地表达,就是要求译者用标准的本族语再现原作者通过语言所表达的一切,既不能有丝毫的削弱、冲淡或夸大、编造,也不能任意重述、改写或简述、剪裁。在任何情况下都必须准确理解原著精神和作者的本质意图,用正确的语言材料予以表达。

翻译不应当逐字死译,但也不应当凭主观想象而随意臆造。翻译时,要求译者用简洁而地道的本族语言,本质地再现原作者的思想感情或思维意图。要想做到这一点,必须深入研究原文语言在词汇、语法、词义、表现方法等方面与本族语言的异同,深入了解事物的具体实际。

可以用鲁迅先生的话来概括上面所谈到的关于翻译标准的见解。鲁迅说:"翻译必须兼顾两面:一则当然求其易懂,一则保存原作的丰姿。"这句话的意思就是要求原作思想内容与译文语言形式的辩证统一。

关于翻译的准确性问题,通常从字面上的准确性、意思上的准确性和艺术上的准确性提出要求。然而,语言的活动范围是无限的,要求译者在无限的语言中达到所要求的准确性,似乎是苛求。不过,如果把语言材料按照文体加以分类,分别提出准确性的要求,就能够达到接近于实际的准

确性。例如,从事科技文献翻译时,应注意以下几点。

(1)技术概念要准确。科技用语是专门反映科学技术知识的语言材料,为此译文的技术概念必须准确。一般译文中出现技术性差错,往往是由于对原文语言理解得不深。正确理解是正确表达的基础;熟通原文语言是保证译文准确的先决条件。

(2)译文说理叙事要清楚,用字用语要简洁。避免那种生搬硬套的"死译"和逐词逐句沿着语法轨道堆砌下来的"硬译"。翻译过程中,要注意词与词、句与句、段落与段落之间的逻辑关系。

(3)做好翻译的技术准备工作。译者不可能在专业知识方面同原作者处在相同的技术水平上,即便技术水平相同,但在每一具体的新技术内容的理解上也会有差异。因为凡属原作者的创造性的思维,总是包含着新的科技内容,原文所反映的有创见性的一切,大都是他人所不了解的。因此,"懂专业的"和"不懂专业的"同志,都必须做些技术知识上的准备。比方说,一个技术人员尽管对电子技术很熟悉,但是对属于光电子范畴的激光就未必很清楚,所以在着手翻译之前,最好看看与激光有关的技术书籍,做一些技术知识上的准备。

(二)文化差异对大学英语专业翻译教学的影响

1.风俗差异的影响

风俗习惯作为文化差异中最直接和具体的表现形式,深刻影响着中西方社会的日常生活和社会交往。以饮食习惯为例,中国的饮食文化强调食物的色、香、味、形以及饮食环境的和谐,注重菜肴的品种多样性和饮食的平衡性。西方国家的饮食习惯则更倾向于简单、快捷,强调食物的营养价值和个人口味的满足。在礼节行为上,中国文化讲究"礼仪之邦"的传统,强调社会互动中的谦让和礼数,这些习惯根植于深厚的儒家文化和集体主义价值观中。相反,西方社会更加倡导个人主义,强调直率和个人表达,更重视个人的独立性和自由。例如,在中国,与长辈或上级交谈时使用敬语、避免直视对方的眼睛以示尊敬是常见的礼节。而在西方,直接的目光接触和平等的对话被认为是尊重和诚信的表现。

作为文化的显著标志,风俗习惯在文学作品中的呈现往往直接关系到生活的具体场景和日常习俗。这些生活细节的真实描绘不仅为文学作品增添了色彩,还深深植根于其文化背景中。当这些充满特色的作品跨越语言和文化的界限,被翻译成全新的语言时,原有的风俗描述很可能因为文化的不同而令人难以理解。举例来说,中国的春节、中秋节等传统节日具有深厚的文化底蕴和独特的庆祝方式,在西方社会并无节日与之直接对应。对西方读者而言,这些节日背后的文化意义和情感寄托可能完全是未知的。

当译者面临风俗差异时,他们的任务远不止是文字的简单转换,更需要在保持原文风味的同时适当调整和解释,使目的语文化的读者能够理解和感受到这些文化元素的独特魅力。例如,我国的春节不仅是一个节日的名称,还代表着家庭的团聚、岁月的更迭以及对未来的美好祝愿。如果译者不能有效传达这些深层的文化含义和情感,西方读者就可能难以完整体会到作品中人物行为背后的文化动因和情感深度。

2. 价值观差异的影响

价值观的差异在中西方文化中尤为显著,深刻影响着两种文化体系下人们的行为、思维和生活方式。西方文化以其历史长河中的启蒙运动为标志,强调理性、个人主义、自由和创新的精神。这种文化背景催生了一种强调个体权利、个人成就和竞争优势的价值观。在这样的文化中,个人的成功通常被定义为通过个人努力实现的职业成就、物质积累和社会地位的提升。与此同时,西方社会也鼓励创新和变革,认为这是推动社会进步和发展的关键。

相较之下,东方文化尤其是中国文化,更重视集体主义与社会和谐。在这种文化中,个人的价值和成就往往与其对家庭和社会的贡献紧密相关。中国社会传统上强调顺从和尊重长辈的权威,认为维护家庭和社会的和谐是每个人的责任。在这样的文化背景下,人们被教导要将集体的利益置于个人利益之上,成功往往被看作家庭荣耀和社会地位的体现,而不仅是个人的成就。

在文化多元的世界中,西方的个人主义和自我实现的价值观念在东方特别是在传统的集体主义文化背景下,往往被理解为过于强调个体,忽略了对社群和谐的维护。这一价值观上的根本差异使原本在西方文化背景下塑造的文学人物和情节,在东方读者眼中可能产生截然不同的解读和情感体验。以个人主义为主题的西方文学作品,如描绘个体反叛社会规范、追求自我解放的故事,其背后所蕴含的对自由、独立和个人权利的追求,在翻译成东方语言时,要求译者具有极强的敏感性和理解力,使作品能够被东方文化背景下的读者理解,且不失去原作的精神内核。处理价值观差异的过程中,译者面临的不仅是语言文字的转换,更是文化意义的再现和传递。如何在保持原作价值观的前提下,使其适应和被目标文化读者接受,是一项复杂而微妙的工作。译者必须深入理解两种文化中价值观的不同表现形式,运用创造性的翻译策略,如适当的词语适配、注释解释等方法,来解析文化差异,确保翻译作品既忠于原作,又贴近目标文化的阅读习惯和价值认同。

3. 思维方式差异的影响

中西方在思维方式上的差异深深根植于各自独特的文化、历史和哲学传统之中,这种差异在处理问题、表达思想乃至文学创作的每一个层面都有显著的体现。西方思维方式受到古希腊逻辑学和哲学的影响,倾向于分析性和直线性。在西方文化中,人们习惯于采用直接和明确的方式来交流思想,强调逻辑推理和证据的支持。这种思维方式在西方文学中体现为对冲突的直接描绘,故事情节往往围绕主人公如何克服外部挑战、实现个人目标展开,突出了个人主义和英雄主义的价值观。

与之形成鲜明对比的是,东方尤其是中国的思维方式,更加倾向于综合性和曲线性,这种思维模式深受儒家、道家等哲学思想的影响,强调整体性、和谐与平衡。在中国文化中,人们在表达思想时往往采用间接、隐喻的方式,重视情境的营造和人物之间的和谐关系。这种思维方式在中国文学作品中体现为对人物内心世界和人际关系的深刻探索,故事情节往往通过对日常生活的细腻描绘和人物内心的转变来推进,体现了对传统价值观和社会责任感的重视。

思维方式差异在文学作品的翻译中起着至关重要的作用,尤其是当作品涉及深层的文化意涵和独特的叙事结构时。西方文学的叙事方式往往是直接和线性的,喜欢通过明确的冲突、紧张的情节推进和清晰的结局来吸引读者,这种叙事方式反映了西方文化中对理性思维和逻辑性的重视。东方文学特别是中国文学,则倾向于采用循环性和螺旋式的叙事方式,强调故事的情境建构、人物心理的深度挖掘以及事件的象征意义。这不仅体现了东方哲学中对整体性与和谐的追求,还反映了一种更为内省和反思的思维方式。译者在将一部文学作品从一种文化语境转换到另一种文化语境时,必须在保持原作艺术魅力和文化深度的同时,调整叙事逻辑和结构,使之适应目标语读者的阅读偏好和文化期待。[①]例如,对于一

---

① 刘丹.《边城》文本解读问题及教学对策研究[D].鞍山:鞍山师范学院,2018.

部环状叙事、重视人物内心活动的东方文学作品,将其翻译成西方语言时,需要在不改变原作精神的前提下,适度调整故事的展开方式和叙述顺序,使其更加符合西方读者的阅读逻辑。

4. 地域文化差异

在英汉翻译的过程中,了解文化背景知识是十分关键的,因为地域文化差异会对翻译的准确性产生影响。一般来说,地域文化差异主要是由地理、自然等各种因素所形成的文化。其体现在翻译过程中主要是因为语言表达习惯和方式的不同,而地域文化的差异也会在翻译上造成较大的歧义。一般来说,在东方,"东风"象征着阳光和煦,是一种比较温暖的含义。但是,在西方,则表示不愉快、不高兴、寒冷。这个词语在东西方文化中的寓意是相反的。相同的例子还有很多,如在东方,"牛"常被看成勤勉、兢兢业业、吃苦耐劳的象征,因此经常会以"老黄牛"来表示努力勤恳的人。而在西方,马被认为是勤劳的象征,因此经常会有 work like a horse, as strong as a horse 这样一种表达来赞扬其吃苦耐劳的精神。

5. 历史文化差异

地域文化差异会给英汉翻译带来比较大的影响,除了地域文化差异,历史文化在英汉翻译中也是十分关键的因素。其中最主要的就是习语,习语包括格言、谚语、成语等。中国的习语大多出自传世名著,而西方大多出自莎士比亚戏剧名作、著名事件和经典人物形象等。例如,在对"爱屋及乌"这一成语进行汉英互译时经常会以"Love me, love my dog."这样的表达形式呈现。这是因为在西方语言表达时,他们会将狗认作最为忠实的伙伴,因此常以褒义的形式表达,将其与幸运联系在一起,如 a lucky dog(幸运儿)。在中国,有些人会将狗与贬义词联系在一起,如走狗、癞皮狗等。

6. 宗教文化差异

对于英汉翻译来说,宗教文化之间的差异也会影响到翻译的准确性。宗教属于一种文化现象,也是人们思想的重要组成部分,能够展现出一个地方的文化底蕴与传统文化。一般来说,中国人大多信仰的是佛教,而西方人大多信仰基督教。例如,在遇事祈祷上苍帮助的时候,中国人大都求菩萨保佑、佛祖保佑,而西方人则会求上帝保佑,他们认为是上帝创造了一切。在《红楼梦》这一经典名著中,很多外国译者就将"阿弥陀佛"译成了 God bless my soul,他们认为上帝是救世主,但这会让读者误认为中国人也是信仰基督教的,明显违背了中国人的宗教习惯。因此,在英汉翻译的过程中,宗教信仰的不同也会导致翻译的差异。例如,《红楼梦》中的贾宝玉住在"怡红院",外国译者往往会将"怡红院"翻译成 the House of green delights,将"公子"翻译成 green boy。在西方读者的眼中,红色是与暴力冲突、犯罪流血事件联系在一起的,因此译者将红色替换成绿色会违背作者的本意,并未真正从文化角度理解《红楼梦》,也削弱了传统文化。因此,译者在开展英汉翻译的过程中应当充分了解文化背景知识,进一步缩小中西方文化之间的差距,真正将历史文化、宗教文化融合起来,完善英汉翻译的过程。

7. 思维方式差异

由于中西方存在明显的文化差异,人们对同一件事的探索方式不一样,他们对同一件事的认知能力以及思维方式也不尽相同,这在沟通环节中表现得更为明显。为了更好地实现英汉翻译,译者应当把握中西方人思维方式的差异,不然容易出现翻译错位的情况。以色彩为例,在我国,黄色代表着权威,是权力的象征。在古代,黄色是王室贵族的专用颜色。但在西方国家,黄色经常含有贬义,而代表着不好的东西。比如,yellow dog 不能直接翻译成"黄色的狗",应当翻译成"卑鄙的人"。蓝色在我国并没有特殊的意义,但在西方国家是高贵、典雅的象征,与我国黄色有相同的意义。例如,blue laws 要翻译成"严格的法规",而不能翻译成"蓝色的法律"。此外,蓝色还有着忧郁和悲观的意思。例如,feel blue 不能翻译成"感受蓝色",而应该翻译成"不高兴"。因此,在翻译的过程中,译者需要充分把握中西方的思维差异,应从思维差异的角度分析文本,这样才能让本文的表达变得更为流畅。

(三)文化视角下大学英语专业翻译教学的优化方法

1. 注重文化对比分析

语言的语义和语境会因为地区的历史文化不同、地域文化差别而发生变化,译者如果对相关的文化背景不了解,在理解单词或者语段含义上就容易出现错误。历史文化是民族和国家经过长期的历史发展而形成的,民族和国家的发展经历不同,文明境遇存在差异,会导致语言背后积累的文化存在差异。例如,在歌曲 *Viva La Vida* 中,One minute I held the key

一句中的 key 一般是指"钥匙",而词组 hold the key 有"掌握关键"的含义,结合歌曲的创作目的是描述和展现法国国王路易十六的一生,这句歌词通常被翻译为"我曾经手握大权",但考虑到历史上路易十六本身是一名爱好制作锁具的国君,此处的 key 显然就是指"钥匙"这一本义,这是对路易十六爱好的描述,而不是对"政权"或者"权柄"的暗喻。这种翻译的失误就是因为历史文化的差异,让译者对词句的理解出错,最终造成了翻译错误。不同的国家与民族都有自己的特殊历史环境,这些特殊历史环境又催生了独具特色的文化现象和历史典故,如果不能正确理解这些典故,那么翻译就无法诠释语言背后的历史含义,甚至可能造成对词义本身的错误理解。

另一种地域文化是基于地域环境和自然条件所形成的文化见解,因为生活环境和经历的自然生态差异,即使在相同事物上,各民族和国家的群众也会有不同的见解。例如,我国一般将"东风"理解为"春日之风",在中文语境下,"东风"一般象征着万物的复苏和生机的焕发,如"江南二月春,东风转绿苹""东风驱冻去,万品破阳辉",这些诗句中的东风象征着新生。而在西方国家,由于地域和气候环境的不同,"东风"一般指代冰冷的风,在作品中象征着肃杀和凄凉,如狄更斯的作品就写过 How many winter days have I seen him standing blue-nosed in the snow and east wind,此处的 east wind 显然和中文语境中不一样,它不是象征希望和新生,而是对冬日凄冷环境的描绘和映衬。不同的历史和地域造成了不同语言的文化差异,在英语翻译中,译者必须理解和重视这层差异,这样才能准确传达出语句的含义,实现文化上的交流。

针对这些问题,大学英语教师应该努力培养学生的跨文化交际能力,具体来说,可以采用如下几个策略。

(1)文化比较和剖析

跨文化交际能力的培养是为了在全球化背景下帮助学生更好地进行文化交流和输出,教师可以借助工作之便与其他学科的教师进行跨学科合作,如和历史、音乐等学科专业的教师进行沟通交流,了解在中国历史和文化事业的发展中有哪些本土文化辐射国外,并影响到国外人文形态的例子,将其引入课程。例如,在教学 *Bill Gates in His boyhood* 一课时,教师除围绕 Bill Gates 的童年经历向学生进行讲述和讲解外,也可以适当加入一些我国近当代史上知名度较高的名人故事,让学生在解读国外名人传记的同时,也能了解到中国近当代人物的事迹,并通过对比国外名人和国内名人的成长差异及最终成就,挖掘出中西方文化的观念差异所在。同时,教师可以挑选一些典型的案例,如"天堂寨风景区",国内翻译成 Tian Tang Zhai 或者 Tian Tang Zhai Scenic Fort,并未按照词汇逐句翻译成 Heaven Village,这样做是为了有效规避中西方宗教文化的差异,从而防止外国人觉得景点属于带有宗教性质的地方。又如,中国龙在英语中翻译成 loong,而非 dragon,这是因为在西方奇幻文化和中国奇幻文化中,"龙"的象征意义不同,中国龙在中国神话中一般指代神灵和各种祥瑞,代表了美好的意蕴,而在西方神话中,龙是强大、邪恶的生物,其本身的生物性也要大于神性,因此另创词汇有助于受众区分。

(2)强化文化输出方式

在传统教学中,教师大多关注如何引导学生在英语环境下使用英语开展信息交流和分享行为,但是随着新时期我国对文化事业的建设力度加强,对提升国家软实力的需求增多,在打造文化自信的教育大背景下,英语被赋予了更多的意义,教师的教学内容也要作出相应的改变。文化输出是扩大文化影响力的关键,要让中国的本土文化扩散到国外,扩散到全世界,让全球民众走近中国文化,认识中国文化,这就需要利用好英语这一国际语言,将其转变为输出中国本土文化的载体,通过英语交流,将中国的特色文化传播到世界各地,让中国的国际地位和影响力更上一层楼。有鉴于此,教师在大学英语专业课堂中就不能只关注培育学生的英语思维,更要关注帮助学生掌握英语进行文化输出的技巧和方法。语言作为文化交流工具,其应用形态的差异决定了文化传递的差异,学生在学习英语的过程中,要结合英语和汉语的区别,重点把握英语的特点,了解英语对各种文化概念的阐述和解读方式,然后通过合理的语言思维转换,准确地将中国文化以英语形式展现出来,为自身的文化输出践行做好铺垫。教师可以为学生布置相应的作业,如安排学生尝试用英语撰写中华五千年历史的简介,并对一些汉语的专用词汇,如"天命""法统""偏安"等进行仔细的思辨,用网络检索学术文献或者同学之间互相讨论的形式敲定汉语专用名词在英语语境下的替代方式,以此来锤炼学生的多重文化语境转换能力,培育和加强学生借助英语输出本土文化的能力。教师还可以让学生就日常语境下的英汉用语加以对比,分析在英汉语环境中人们进行信息交流的趋同点和差异,从中抓住文化元素输出到不同文明体系时文化符号形态变化的关键点,让学生自己对如何借助英语输出本土文化,如何通过英语知识的丰富强化自身的文化输出能力来积攒丰富的经验,强化大学生利用英语向国际输出本土文化的能力。

2. 掌握翻译策略

（1）直译策略

直译在翻译中是一种基本且传统的方法，强调直接复制源语言中的文化内涵，保留原文的字面意义。直译的优势在于直接传达源语文本的文化内涵，让读者接触到源语言的文化元素，增加对源语文化的了解。例如，将"粽子"直译为 Zongzi，可以帮助读者理解其与端午节等文化元素的关联。

直译可能导致目标语读者对原文的误解或困惑，因为不同文化之间的差异使某些在源语言中具有特定文化内涵的词汇在目标语中可能并不具有相同的含义。例如，将 cheeseburger 直译为"奶酪汉堡"可能会让中文读者误以为汉堡里只有奶酪这一种配料，实际上 cheeseburger 中包含面包、肉饼等。直译可能会忽略目标语读者的文化背景和阅读习惯，因此在翻译过程中，译者需要考虑目标语读者的文化背景和阅读习惯，以确保翻译出来的文本能够被目标语读者理解和接受。例如，在翻译汉语中的"狗咬吕洞宾，不识好人心"这一成语时，如果直接翻译为"A dog bites Lv Dongbin, doesn't recognize a kind-hearted person."可能会让英语读者感到困惑和不解。而如果将其翻译为 to bite the hand that feeds one，则更容易被英文读者理解和接受。

再看下面一些直译的例子。

drainage oil 地沟油

olive branch 橄榄树

soft environment 软环境

problem furniture 问题家具

to burn one's boats 破釜沉舟

social security cards 社保卡

碳税 carbon tax

中国结 Chinese knot

亚健康 sub health

希望工程 Hope Project

信贷政策 credit policy

文化遗产 cultural heritage

中国文学 Chinese literature

素质教育 quality education

政府补贴 government subsidy

延缓衰老 to defer senility

（2）意译策略

若译者在目标语言中找不到与源语文化词汇完全对应的词汇,或者即使采用注释等方法也难以准确传达源语言的文化信息时,可以采用意译法来翻译。意译是一种灵活而富有创造性的翻译方法,它不拘泥于词汇的字面意义,而是根据上下文和整体语境来选择能够准确传达源语文化信息的词汇或表达方式。

例如,在英汉翻译中,有一些汉语词汇在英语中并没有直接对应的词汇。以"风水"为例,在中国文化中具有深厚的历史背景和独特的文化内涵,但在英语中没有完全对应的词,这种情况下译者可以采用意译,将其翻译为 Feng Shui 并附加简短的解释,如 a Chinese system of geomancy that links geographical features to the flow of energy and personal fate。这样的翻译既保留了"风水"这个词的文化内涵,又使英语读者能够理解其含义。

除了具体的词汇翻译外,意译策略还可以应用于句子的翻译上。在英汉翻译中,有时会遇到一些在英语中难以找到直接对应表达的句子结构或修辞方式。在这种情况下,译者可以通过意译的方式,调整句子的结构或表达方式,使其更符合英语读者的阅读习惯和审美趣味。

再看下面一些意译的例子。

punch line 广告妙语

silly money 来路不明的钱

silent contribution 隐名捐款

孝道 filial piety

杂耍 variety show

按摩 massage therapy

推拿 medical massage

偏方 folk prescription

中山装 Chinese tunic suit

相声 witty dialogue comedy

（3）音译策略

音译,又被称为"转写",是一种独特的翻译策略,其核心在于使用一种文字符号来精准表示另一种文字系统的符号。这一过程不仅涉及语言之间的转换,更涉及文化的交流与融合。在翻译实践中,音译策略运用得当,译者才能巧妙地将具有特殊文化特色的词语"移植"到译语文化中,使其在译入语读者的视野中逐渐崭露头角,并被读者欣然接受。这种策略不仅丰富了译入语的语言表达,更促进了跨文化语言交际活动的有效进行。

音译策略可以用于一些特殊名词的翻译。这些名词可能源自特定的地域、历史、宗教或文化背景,在译入语中往往难以找到完全对应的词汇。通过音译,译者可以将这些词语的原始发音保留下来,使译入语读者在接触这些词语时能感受到其背后所蕴含的独特文化魅力。例如,中国的"功夫"一词在英语中被音译为 Kung Fu,这一翻译不仅保留了词语的原始发音,更能让英语读者感受到中国武术的独特魅力。

音译策略还在一些行业术语的翻译中发挥着重要作用。随着全球化的推进,各行各业之间交流日益频繁,许多专业术语需要在不同语言之间进行转换。通过音译,译者可以将这些术语的原始发音和含义一并传达给译入语读者,避免了因直译或意译而产生的误解和歧义。例如,在医学领域,"针灸"一词被音译为 Acupuncture,这一翻译既保留了词语的原始发音,又准确地传达了针灸这一治疗方法的核心概念。

音译策略还在一些地名、人名等专有名词的翻译中发挥着重要作用。专有名词往往承载着丰富的历史和文化内涵,译者通过音译可以将其背后的故事和背景一并传达给译入语读者。例如,古希腊哲学家"亚里士多德"的名字被音译为 Aristotle,这一翻译不仅保留了其原始发音,更让读者感受到这位伟大哲学家的卓越贡献和深远影响。

再看下面一些音译的例子。

Muse 缪斯

Lymph 淋巴

Mousse 摩丝

Lansing 兰辛

Simmens 席梦思

Pandora 潘多拉

Travis 特拉维斯

瑜伽 yoga

八卦 ba gua

刮痧 gua sha

蹦极 bungee

磕头 kowtow

(4)零翻译策略

零翻译策略是在翻译过程中尽量保留原文的形式和内容,不进行过度的解释或转换。这种翻译策略在科技、医学、法律等专业领域尤为常见,这些领域的术语具有特定的含义和用法,过度解释或转换可能导致信息失真或误解。例如,iPad 这个词直接对应苹果公司的平板电脑,无须额外解释或翻译。直接对应的关系提高了翻译效率,有助于目的语读者更好地理解和接受原文的文化内涵。

来看下面一些零翻译的例子。

EQ 情商

VS 对阵

VIP 要客

HR 人事部门

（5）深度翻译策略

深度翻译策略,亦被称为"厚重策略",是一种独特的翻译方法,其核心理念源自阿皮尔(Appiah)的观点,主张通过添加注释的方式,将待翻译的文本置于一个更为丰富和多元的语言文化环境中。这种方法不仅局限在某一特定文本或领域,而是可以广泛应用于任何含有丰富解释材料的作品,包括文学作品、历史文献、科学论文等。

以文学作品为例,深度翻译要求译者深入挖掘作品的文化内涵,将原文中的隐喻、象征、典故等元素进行详尽注解,以便读者更好地理解作者的创作意图。译者还需关注作品所处的历史背景和社会环境,将这些因素融入翻译中,使译文更加贴近原文的语境和情感色彩。例如:

Jewish women are derided as "Jewish American princesses".

犹太学生被讥为"美籍犹太公主"。（注:Jewish American princesses 是美国俚语,意思是"娇生惯养的阔小姐,自认为应受特殊待遇的小姐"）

（6）改写策略

改写翻译策略通常指的是在翻译过程中,译者针对目标语言的特点和习惯,将现成的、富有表现力的语言结构或表达方式加以改造,以更好地传达出原文的含义和风格。这种策略要求译者在保持原文信息完整的基础上,注重目标语言的文化背景和语言习惯,从而使译文更具可读性和吸引力。

以一句脍炙人口的英文谚语为例:"Anger is only one letter short of danger."原译是:"生气离危险只有一步之遥。"这个译文虽然准确传达了原文的意思,但缺乏一定的表现力和感染力。相比之下,将其改译成"忍字头上一把刀"则更加巧妙和生动,其不仅保留了原文的文字游戏风格,而且通过运用中文的成语和象征手法,使译文更具韵味和深度。从这个例子中可以看到改写翻译策略的重要性。通过运用改写翻译策略,译者可以根据目标语言的文化背景和语言习惯选择更加贴切和富有表现力的表达方式,使译文更加生动、形象、易懂。这一方式有助于读者更好地理解原文的信息,以促进不同文化之间的交流。

3. 跨文化培训方法

西方几十年的跨文化培训方法从大体上看,一方面是说教式的文化输入,另一方面是体验式的经验习得,此外还包括一个对自我文化的深刻认识。

翻译人员不只需要精湛的语言能力,还必须深刻理解并适应不同文化背景下的交流方式与思维习惯。为了增强学生的跨文化翻译技巧,提升他们对翻译工作的敏感度,设计翻译课程时应从教材内容的调整、教学手段的革新及教师知识体系的完善三个方面入手。在教学内容方面,应融入中西方文化的比较教学,包括历史、宗教、哲学、艺术、文学等思想领域和日常习惯等;利用实例明示语言与文化之间的联系,并加入旨在缩减文化差异的专题讲座。在教学手段上,可采用跨文化训练的方法进行文化教学,如鼓励学生在课外小组合作探讨特定的文化主题,并以报告的形式在课堂上展示。教师基于这些文化主题,应指导学生学习翻译技巧并深化理解,通过翻译实践进行技巧的讨论与应用。通过学生的主动参与和教学内容的密切配合,旨在提高学习效率,培养他们的跨文化翻译意识。教师同样需调整自己的知识结构,以提高自身的文化素养。

4. 任务型教学法

任务型教学法强调学生根据现实交际场景的需求来确定语言学习任务,他们需策划并致力于完成这些目标,全程参与任务的规划、执行与自我评价。它以学生为中心,以任务为动力、手段和目标,让学生在实践中运用已有的知识、技能,获得新知识和提高技能。

以任务为导向的教学方法致力于通过任务来促进学生的语言学习。这种策略首先让学生通过处理实际的翻译项目,如新闻报道和商业文件的翻译来学习和掌握翻译技巧。这样的实践不仅提升了他们的翻译能力,还有助于他们理解专业术语和文化差异,进而激发他们对语言学习的热情。

第五章

大学英语专业教师文化教学能力的优化

教师作为大学英语专业教学中的重要影响因素,需要重视自身专业能力的提高。在跨文化交际视域下,大学英语专业教师首先要提升自身的文化素养,进而通过教学与生活潜移默化地影响学生,达到提升学生英语综合应用能力的目的。本章重点研究大学英语专业教师文化教学能力的优化。

第一节 大学英语教师的角色与素质

一、大学英语教师的角色定位

英语教学中,语言教师被赋予了多重角色,如"教学材料开发者""教学效果评估者""资源管理者""学习引导者""协调者"等。

欧清清(2011)认为大学英语教师在具备大学教师所具有的一般角色功能之外,还具备不同于其他学科教师的特殊角色功能。欧清清认为大学教师的角色有三个,分别是:大学教学教育的执行者、专业领域发展和学科知识的学术研究者、社会政治经济文化建设的服务者。[1]

安云凤(2004)将大学教师的角色定位为教育者、研究者和服务者。[2]

关于大学英语教师还具有语言教师的特殊功能,国内普遍认同的是,英语教师是英语教学活动的设计者和管理者,英语知识的收集传播者和开发者,学生学习的指导帮助者,英语教学活动的参与者、合作者、组织者、引导者、协调者和评估者,英语文化的学习者,教学的反思和研究者,以及终身学习者。

二、大学英语教师在跨文化教育中的角色定位

当前,英语教学中的跨文化教学受到广泛关注,提高学生的跨文化交际能力已成为英语教学的重要目标之一,因此英语教师的角色定位也发生了变化。英语教师不再只是专注于传统的词汇、语法等知识传授或听说读写译技能的教授,或者仅对传统的习俗、礼仪等的传授。英语教师要让学生了解世界,引导学习者将本国文化与异国文化进行比较、反思,加深对本国文化了解。

---

[1] 欧清清.高校英语教师的角色定位及综合素质思考[J].咸宁学院学报,2011,31(8):75-76.
[2] 安云凤.高等院校教师职业道德的调查与思考[J].教育艺术,2004(2):28-31.

张红玲(2022)将英语教师在跨文化教学中的角色分为三个：跨文化教学的设计和组织者、跨文化学习的引导和推动者、跨文化教育的研究者。①

（一）跨文化教学的设计者

教师的重要角色之一是课程的设计者与教学环境的构建者。英语教师在跨文化教学中扮演重要角色，他们可以通过以下方式为学生创设跨文化教学环境，增强学生的跨文化意识和能力。

（1）确定教学目标：在了解教学内容和学生情况的基础上，教师应设定合理的跨文化教学目标，并将这些目标融入教学设计中，以帮助学生发展跨文化认知、态度和行为技能。

（2）营造互动氛围：教师应积极营造师生和生生互动的氛围，促进有效学习。通过多种教学方法，如案例分析、讨论、表演、跨文化游戏等，引导学生从跨文化视角分析时事和社会热点，培养跨文化能力。

（3）精心设计活动：贯彻跨文化英语教学理念需要教师精心设计跨文化活动，熟练掌握跨文化教学方法。教师应有序组织学生参与活动，促进他们在文化认知、跨文化情感态度和行为技能等方面的全面提升。

（二）跨文化学习的引导者

在当今世界中，学生可以通过多种渠道和媒介获取信息进行自主学习。教师不再是学生获取知识的唯一途径。教师应为学生提供更多机会，以发挥其自主性，实现课堂教学从"以教师为中心"向"以学生为中心"的渐进转变。大学英语教学中教师很重要的角色就是"引导学习者沿着正确的方向，自己去学习知识、提高能力、探索学习方法"。

在跨文化教学中，教师扮演的引导者角色格外重要。教师应培养学生的跨文化敏感性和意识，不仅要引领学生学习语言知识和技能，还需要在课堂上重视跨文化内容的融入，引导学生理解、比较和反思文化差异，增强学生的跨文化敏感性。教师应利用课堂内外的机会引导学生客观分析语言文化现象，培养学生批判思维和解决问题能力。教师可采用启发式教学激发学生好奇心，提高教学活动的有效性；可结合任务型教学法

---

① 张红玲.跨文化外语教学设计与实践[M].上海：上海外语教育出版社，2023：195.

和自主学习,布置跨文化自主学习任务,促进学生活学活用知识。英语教师也应积极引导学生探索新文化,正确理解跨文化现象,促进跨文化能力发展,为未来多元跨文化环境中的有效交流和合作做准备。

(三)跨文化教育的学习者和研究者

教师不仅是授业解惑者,也是学习者,尤其是在瞬息万变的今天。鉴于文化始终处于不断发展与变化之中,大学英语教师不仅应是学习者,还应积极从学生身上汲取知识。

跨文化交际课程的教师需要不断完善专业知识体系,培养科研能力,应多关注跨文化交际领域的最新发展和研究成果,参加培训、学术论坛和会议。教师应根据兴趣或课堂问题进行研究,提升学术水平,以研究促进教学,推动专业成长和课程改革。教师也应向学生学习,因为文化知识广泛,教师难以全面涵盖。通过学生,教师能理解学生的文化观点和态度。另外,教师可以从他们的经验中获得启发,鼓励那些拥有丰富文化多样性经历的学生分享他们的观察和体验。教师应善于结合自己的知识和学生的经历,使课堂教学更加生动和有效。

教师在跨文化教学的不同阶段和不同教学层面扮演的角色也不尽相同。这就是说,跨文化英语教学中教师的角色也并不局限于以上几种,在跨文化英语教学中,教师扮演多重角色。

三、文化视角下大学英语教师的素质要求

(一)教学素质

1. 扎实的专业知识与文化知识储备

大学英语教师首先应具备高级的英语实际应用能力,包括听力、口语、阅读、写作和翻译等基本技能。教育学科要求教师的专业知识远超教材所涵盖的内容。

扎实的专业知识要求教师不仅要精通英语语言知识,还要不断更新教学内容,跟进最新的语言学研究成果以及英语使用国家的时事动态。此外,教师还需具备一定的第二语言习得理论知识,以便更好地理解学生学习英语的过程和遇到的困难,从而提供更有效的教学策略。

在跨文化交际法的教学环境中,大学英语教师的专业知识不仅局限于英语语言本身的掌握,更重要的是涉及广泛的跨文化知识储备。这是因为语言是文化的载体,只有深入了解和掌握英语国家的文化背景、历史发展、社会习俗等,教师才能在教学过程中有效地引导学生理解语言背后的文化差异,激发学生的学习兴趣,提高他们的学习效果。

在文化知识储备方面,教师需要具备跨文化交际能力,了解和尊重不同文化的差异,能够在教学中正确引导学生认识和理解英语国家的文化习俗、价值观念等,同时培养学生的跨文化交际能力。这要求教师不仅要广泛阅读相关的文学作品、历史书籍、社会学文献,还要关注英语国家的新闻、电影、音乐等流行文化,以丰富教学内容,增强教学的吸引力和实效性。

2. 多样化的教学方法

在跨文化交际视野下的教学环境中,传统的教学方法已不能完全满足教学的需求。大学英语教师需要掌握并运用多样化的教学方法,以适应不同学生的学习习惯和需求,从而提高教学效果。这包括但不限于任务型教学法、项目式学习、情境教学法、合作学习等现代教学方法。

任务型教学法强调通过完成具体的、有实际意义的任务来促进学生语言能力的发展。这种方法可以激发学生的学习兴趣,增强学习的主动性和实践性。

项目式学习则要求学生在教师的指导下,围绕一个主题进行深入研究,通过项目的完成来学习语言和文化知识,这种方法有助于提高学生的独立思考能力和解决问题的能力。

情境教学法通过创设真实或接近真实的语言使用情境,使学生在特定的语境中使用英语进行交流,从而提高语言实际运用能力。

合作学习则鼓励学生在小组合作的过程中相互学习、相互帮助,通过小组讨论、角色扮演等形式提高英语交际能力和团队合作能力。

多样化的教学方法要求教师不仅要熟悉各种教学理论,还要根据学生的实际情况和学习需求灵活运用不同的教学策略,创造有利于学生学习的教学环境。此外,教师还需要不断学习和探索新的教学方法和技术,利用多媒体和网络资源丰富教学内容,提高教学的趣味性和互动性。

3. 创造性的教学思维

创造性的教学思维是指教师在教学过程中能够不断创新教学方法、教学手段和教学内容，以适应教育发展的需求和学生多样化的学习需求。在跨文化交际视野下的教学环境中，这种创造性的教学思维尤为重要。因为跨文化交际强调的是学生在真实或模拟的跨文化交流中学习和使用英语，这就要求教师能够创造性地设计教学活动，让学生在参与中学习、在实践中提高。

具体而言，创造性的教学思维要求教师能够结合教学目标和学生的实际情况，设计具有创新性和挑战性的教学活动。例如，教师可以设计一些跨文化交流项目，让学生扮演不同文化背景的角色，通过角色扮演、情景模拟等方式进行交流，从而提高学生的跨文化交际能力。另外，教师还可以利用现代信息技术，如网络、多媒体等，创造丰富多彩的教学环境，提高教学的互动性和趣味性。

创造性的教学思维还要求教师具有不断学习和自我更新的意识。在快速发展的信息时代，教育理念、教学方法和技术都在不断变化，教师需要保持开放的心态，积极参与专业发展培训，不断吸收新的教育理念和教学方法，以适应教学的新要求。

（二）职业素质

大学英语教师在应用跨文化交际法时，除了需要具备扎实的教学素质外，还需要具备高标准的职业素质。这些职业素质是教师专业成长和教学质量提升的重要保障。以下是大学英语教师职业素质的几个关键方面。

1. 职业道德

职业道德是教师职业素质的基石。大学英语教师应该具备强烈的职业责任感和使命感，始终把学生的利益放在首位，尊重学生、关爱学生，公正无私地对待每一位学生。同时，教师应该诚实守信，遵守学术规范，不抄袭、不剽窃，为学生树立良好的榜样。此外，大学英语教师还应具备良好的职业操守，如保守教学和科研中的机密信息，尊重同行，建立和谐的同事关系。

2. 沟通协调能力

在跨文化交际教学过程中，大学英语教师需要与学生、同事及家长等多方进行有效沟通，因此教师的沟通协调能力至关重要。教师应该具备良好的听说读写能力，能够清晰、准确、有效地表达自己的观点和要求。同时，教师还需要具备一定的心理学知识，能够理解和尊重不同文化背景下的沟通习惯和方式，通过积极的沟通策略，建立起积极、和谐的师生关系和同事关系。

3. 自我管理与终身学习能力

随着教育理念和技术的不断发展，大学英语教师需要具备自我管理和终身学习的能力，以适应教育的变革和挑战。这包括自我激励、时间管理、情绪管理等方面的能力，教师要能合理安排工作和生活，保持良好的工作状态和生活态度。同时，教师应该具备强烈的学习意识和自主学习的能力，能够主动探索和学习新的教育理念、教学方法和信息技术，不断提升自己的专业水平和教学能力。

4. 团队合作精神

在大学这样一个知识密集、专业多样的环境中，英语教师往往需要与来自不同学科背景的同事合作。因此，具备良好的团队合作精神对教师来说极为重要。这要求教师能够理解和尊重团队成员的不同观点和专业背景，有效沟通、协调差异，共同达成团队目标。同时，教师还需要具备一定的领导能力，能够在必要时引领团队克服困难，推动项目向前发展。

（三）科研素质

在大学英语教学中，教师的科研素质不仅是其个人学术成就的体现，也是提升教学质量和促进学生全面发展的重要因素。大学英语教师应具备以下科研素质。

1. 科研意识

科研意识是大学英语教师科研素质的基础。这要求教师具有持续探索未知、解决问题的热情和动力。教师应关注英语语言教学和跨文化交际领域的最新发展，以及其他相关领域的前沿进展，培养自己的好奇心和探索精神。拥有强烈科研意识的教师能够主动发现教学和科研中的问题，积极寻找解决方案，不断提升自己的专业水平和教学质量。

2. 研究能力

研究能力是教师科研素质的核心，包括科研设计、数据收集与分析、论文撰写等方面的能力。大学英语教师应掌握科学的研究方法，能够独立或与他人合作开展科研项目。教师需要具备良好的文献检索能力，能够有效地获取和整合最新的科研信息和资源。同时，教师还应具备批判性思维能力，能够对现有的研究成果进行分析和评价，提出自己的见解和建议。

3. 创新能力

创新是科学研究的灵魂。大学英语教师的科研活动应当注重创新性，无论是在研究领域的选择、研究方法的应用上，还是在研究成果的表达上，都应体现出独到的见解和新颖的思路。教师应培养自己的创新思维，勇于尝试新的研究方法和技术，探索教学和科研的新领域，不断提出新的研究问题，寻求解决问题的新途径。

4. 学术交流能力

学术交流是科研活动的重要组成部分。大学英语教师应具备良好的学术交流能力，包括学术写作、口头报告、学术讨论等方面的能力。教师应能够准确、清晰地表达自己的研究成果，通过学术期刊、学术会议等渠道与国内外同行分享交流。此外，教师还应具备一定的跨文化交际能力，能够理解和尊重不同文化背景下的学术观点和交流习惯，有效地进行国际学术交流和合作。

5. 伦理意识

科研伦理是科研活动中必须遵守的基本原则。大学英语教师在进行科研活动时，应严格遵守科研伦理规范，如诚实守信、尊重知识产权、保护人类和动物的权益等。教师应培养自己的伦理意识，对科研活动中可能出现的伦理问题保持敏感和警觉，确保科研活动的正当性和合法性。

（四）信息素质

在当今信息技术迅速发展的时代背景下，大学英语教师的信息素质已成为其专业发展的重要组成部分。信息素质不仅关乎教师个人的信息获取、处理与应用能力，还涉及如何利用信息技术有效地支持教学和科研活动。大学英语教师应具备以下信息素质。

1. 信息意识

信息意识是教师信息素质的基础。大学英语教师应具有敏锐的信息意识，能够意识到信息技术在教学和科研中的重要性。这包括关注信息技术的最新发展趋势，理解信息技术在英语教学和跨文化交际中的应用潜力，以及积极探索信息技术在提高教学效率和质量方面的可能性。

2. 信息获取与评估能力

在海量信息资源的背景下，大学英语教师需要具备高效的信息获取能力，能够快速地从各种信息源中检索和获取所需信息。同时，教师还应具备信息评估能力，能够判断信息的真实性、相关性和价值，筛选出对教学和科研有帮助的高质量信息资源。

3. 信息处理与应用能力

信息处理能力是指教师能够有效地整理、分析和加工所获取的信息，将其转化为对教学和科研有用的知识和材料。信息应用能力则是指教师能够灵活运用信息技术工具支持教学设计、课堂教学、学生评价和科研活动，如利用多媒体教学软件、在线学习平台、教育 App 等。

4. 信息伦理意识

在信息技术广泛应用的背景下，大学英语教师还应具备信息伦理意识，包括尊重知识产权、保护个人隐私、避免信息滥用等。教师应培养学生的信息伦理意识，引导学生合法、合理地使用信息资源，培养健康的信息行为习惯。

5. 终身学习能力

信息技术的快速发展要求大学英语教师持续学习和更新自己的信息

技能。教师应具有终身学习的意识和能力，通过参加培训、自主学习等方式，不断提升自己的信息技术应用水平，适应教学和科研活动中不断变化的信息技术需求。

第二节　大学英语教师跨文化交际能力提升的困境

一、缺乏跨文化意识

在当前全球化加速发展的背景下，跨文化交际能力成了教育领域，尤其是大学英语教育中不可或缺的一项重要能力。许多大学英语教师对跨文化交际能力的意识仍显不足。这种缺乏意识的情况主要表现在以下几个方面。

部分大学英语教师对跨文化交际的概念理解不深，认为其仅是语言学习的附加品，而非语言学习和教学的核心内容之一。这种观点忽视了语言和文化之间不可分割的联系，导致在教学过程中过分强调语言形式的训练，而忽略了文化内涵的传递和交流。

未经过正规和系统化培训的英语教师往往难以准确界定文化。这些教师或是以一种非常抽象和空泛的方式来定义文化，认为它包含多个方面；或是通过列举一些具体的文化要素来定义，特别是那些容易观察和捕捉的文化现象，如人们的日常生活习惯以及一个国家的历史、地理、宗教和政治等。许多教师忽视了文化的其他层面，如价值观和信仰，以及文化作为一个意义体系的特征。此种片面而肤浅的文化理解极大地阻碍了深入广泛的文化教学实践。

词汇、句法等语言知识仅构成语言交际能力的一部分。虽然英语教师的语言能力极为重要，但其发展始终受到社会文化因素的影响。语言作为文化的载体，能够揭示不同文化背景下人们的行为规范和风俗习惯。语言与文化紧密相连，英语学习不仅应包括语言本身，也必须融入文化教学。脱离文化的纯语言能力在真实语境中仅是一种无法应用的虚拟能力。高水平的文化意识能够帮助教师和学生更好地理解跨文化交际中的差异，避免文化偏见和误解。然而，部分教师对此缺乏深入理解和应用，导致在教学过程中难以有效引导学生培养和增强文化意识。

部分教师对跨文化交际能力的重要性认识不足。在他们看来，只要学生掌握了足够的语言知识和技能,就能够应对各种交际场合。这种观点忽视了在实际交际中,不同文化背景下的语言使用习惯、交际礼节和思维方式的差异,这些差异往往是造成交际障碍的主要原因。英语教师必须认识到,仅具备语言能力并不足以保证交际的成功。缺乏文化和交际技能,将难以从根本上提升跨文化交际能力。此外,一些教师自身缺乏跨文化交际的经验。由于个人生活和工作的局限性,他们很少有机会接触和了解不同的文化背景,这不仅直接影响了他们对跨文化交际重要性的理解和认识,也限制了他们在教学中引导学生理解和应对文化差异的能力。

二、缺乏跨文化思维

教师在思维、视野及精神层面缺乏必要的国际认知。跨文化交际能力的另一重要维度为文化意识与思维模式,这涉及理解目标文化中塑造个体思维与行为的习俗与规范。文化意识贯穿于文化行为体系之中,如同一条主线。不同文化背景下的思维模式存在显著差异。

教师跨文化交际能力培养的重点应从具体内容的培养转向体现国家发展意志的宏大格局,宏观的集体意愿应转化为能够指导和激励个体行为的个人意志,从而引导教师实现对国际格局的理解。然而,该领域的焦点转换尚未实现。

在跨文化交际中,教师要在国际知识的学习过程中从"传授"转向问题"引入",有意引导自己关注跨文化交际中出现的问题并寻求问题的解决办法。目前,大学在培养教师跨文化交际能力方面缺乏这方面的相关培训课程。

三、缺乏跨文化交际知识结构

跨文化交际知识的覆盖范围广泛,迈克尔·拜拉姆(Michael Byram,1997)提出,跨文化交际需要两种主要知识:第一,对本国及交际对象国家的社会群体与文化的了解;第二,对群体或个人交际过程中的知识。[1] 张红玲(2007)指出,拜拉姆所述的交际过程中的知识包括"有关交际环境的作用和跨文化交际普遍规律的认识"[2]。在大学英语教学中,教师的跨

---

[1] 迈克尔.拜拉姆.跨文化交际与国际汉语教学[M].北京:外语教学与研究出版社,2017:8.
[2] 张红玲.跨文化外语教学设计与实践[M].上海:上海外语教育出版社,2023:4.

文化交际知识结构不仅直接影响着教学质量,也是学生能否有效掌握跨文化交际能力的关键因素。然而,当前很多大学英语教师在这一方面面临着明显的困境。

跨文化交际知识结构的缺失。一些英语教师在其专业学习和发展过程中,往往更多关注于语言知识和语言教学法的学习,而忽视了跨文化交际知识的积累。大学英语教师需具备扎实的英语语言知识,应拥有深厚的文化底蕴和批判性思维,对中西文化有深入的认识与理解,能够比较、筛选、借鉴及传播中西方文化,并能适时在教学中实施文化渗透与交际策略培训,明白英语教学的目的是让大学生理解、尊重英语文化,扫除文化壁垒,培养正确的跨文化交际意识、能力和文化观。大学英语教师的知识结构无疑面临新的挑战。时代局限性导致许多教师缺乏跨文化视野,对异族文化缺乏尊重与认同,对中西方文化缺少洞察力、理解力及辨别与融合的能力,导致了跨文化知识、国际意识与恰当的文化观念的缺失。在这种情况下,即便教师具备较高的语言教学技能,也难以有效地指导学生在不同文化背景下进行有效的交流。

部分教师对跨文化交际理论知识掌握不足。部分英语教师不熟悉或不理解跨文化交际的基本原则和理论,如冰山理论、文化维度理论等,因而在课程设计和教学实践中,难以将这些理论知识融入教学内容中,导致学生缺乏理论指导。

跨文化交际知识结构的片面性。部分大学英语教师虽然意识到了跨文化教学的重要性,但由于知识来源的有限,他们所掌握的跨文化知识往往是片面的,或仅限于某一特定文化区域。

缺乏系统的跨文化交际知识学习和更新机制。随着全球化的深入发展,跨文化交际的内容和方式也在不断变化,这就要求教师不仅要拥有扎实的跨文化知识基础,还要不断更新和扩展自己的知识视野。然而,当前很多大学英语教师缺乏这样的学习机制,导致他们在跨文化交际教学中难以跟上时代的步伐。

四、缺乏跨文化交际技能

跨文化交际能力是语言交际能力、非语言交际能力、跨文化理解能力、语言规则和交际规则的转化能力、跨文化适应能力等组成的综合能力。跨文化交际技能是指个体在跨文化环境中进行有效沟通和互动的能力,其不仅包括语言技能,还涵盖了非语言交际技能、文化意识、适应性和灵活性等方面。对于大学英语教师而言,掌握这些技能对于指导学生正确理解和应对文化差异、促进有效跨文化交流至关重要。然而，目前许多教师在这一领域存在明显短板。

非语言交际如肢体语言、面部表情、姿势和距离等，在跨文化交际中扮演着重要角色。不同文化对这些非语言信号的解读可能不同，可能导致误解和冲突。然而，许多大学英语教师在教学中往往过分强调语言能力的培养，而忽视了非语言交际技能的教学和实践。

有效的跨文化交际不仅需要了解不同文化的特点，还要能够灵活适应和调整自己的交际方式，以适应不同的文化环境。这种能力的缺乏使一些教师在面对文化差异时显得手足无措，难以有效地指导学生在多元文化背景下进行有效沟通。

五、缺乏跨文化交际教学新理念

跨文化交际教学的新理念强调的是在全球化和多元文化的背景下，教学不仅是语言知识的传授，更是跨文化理解、尊重和沟通能力的培养。然而，当前大学英语教师在跨文化交际教学上往往缺乏这样的新理念，具体表现在以下几个方面。

教学内容的局限性。许多教师在跨文化交际教学中依然沿用传统的教学内容和方法，重点放在语言知识和语法上，而较少涉及文化背景知识、国际视野的培养以及跨文化交流的实际技巧。这种做法忽视了语言学习与文化理解之间的内在联系，限制了学生跨文化交际能力的发展。

教师缺乏对跨文化交际能力培养科学性、先进性和适用性的系统认知，未能将全球文化及技术进展与英语学科的最新理论和方法整合进课程内容，未能依据课程改革进行科学合理规划。这直接影响了学生跨文化交际能力的培养效果，阻碍了大学跨文化交际人才的质量培养。

缺乏整合性教学策略。有效的跨文化交际教学应当整合语言学习和文化学习，通过情景模拟、案例分析、角色扮演等多种互动式和体验式学习方法，让学生在实践中学习和体验不同文化的交际风格和行为习惯。然而，一些教师缺乏这样的整合性教学策略，导致学生难以在真实的跨文化交际场景中应用所学知识。

一些教师依靠与文化相关的教材机械教学，缺乏深入讨论，导致课堂效果并不理想。一些教师虽会讲解跨文化交际教材，并安排选择题和判断题，但这种方法缺乏对学生主动参与的鼓励，对提升学生的跨文化交际能力作用也有限，学生感受到的只是教材的更换，而教学形式和内容基本未见变化。"换汤不换药"的教学策略使学生在跨文化交际能力的广度

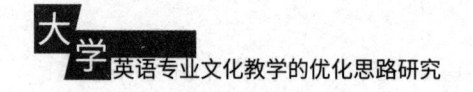

和深度上难以取得实质性提升。

六、缺乏跨文化交际能力的培训

张红玲(2007)指出,很多英语教师未受过任何培训,只能凭借感觉和经验来从事教学。由于英语教师的短缺、教学任务的繁重,教师参加在职培训的机会和时间很少,更谈不上教师的文化教学和跨文化交际能力的培训。

跨文化交际能力的培训是提升个体在多元文化环境下交流与理解能力的关键途径。对于大学英语教师而言,系统的培训能够帮助他们在理论和实践层面深化跨文化交际的知识和技能。然而,当前很多高等教育机构在这方面存在明显不足。

虽然对跨文化交际能力的重要性认识在增强,但实际可用于培训的资源仍然相对有限。这包括专业的培训人员、教材、课程设计以及实践机会等。缺乏这些资源导致教师难以获得系统和深入的培训。

许多英语教师常常缺少充分的条件,如国际交流、学者访问、专业培训等,对于最新的跨文化交际教学理论、方法和科研趋势了解有限,这导致了他们的科研能力相对较弱,使他们的教学能力未能跟上社会发展的步伐。

即使一些大学开展了跨文化交际能力的培训,内容往往偏向理论,缺乏与实际教学和生活经验相结合的环节。这样的培训难以应对教师在真实交际场景中遇到的复杂和多样化的挑战。

跨文化交际能力的培养是一个长期过程,需要不断的学习和实践。然而,当前的培训往往是一次性的或者周期性的,缺乏针对性和连续性,使教师在培训后难以持续更新自己的知识和技能。

七、缺乏体验外国文化的机会

体验外国文化是深化跨文化理解与交际能力的重要环节。对于大学英语教师来说,直接接触和体验不同的文化背景能够极大地丰富他们的教学内容和方式,提高教学的实效性。然而,在当前的教育环境中,教师体验外国文化的机会相对有限,这主要表现在以下几个方面。

(1)机会的稀缺性。由于经费、时间、政策等多方面的限制,大学英语教师参与国际交流、访问学者计划或海外研修的机会并不多。这限制了教师直接了解和体验不同文化环境的可能性。

（2）对外国文化体验的重视程度不足。在一些大学,对于教师参与国际交流和文化体验的重视程度不够,更多地侧重于教师的学术研究和教学业绩,而忽视了文化体验对于提高教学质量的重要作用。

（3）缺乏系统的国际化战略。一些大学虽然有意促进国际化发展,但缺乏明确和系统的国际化战略规划,导致教师国际交流和文化体验活动的随机性和零散性,难以形成持久和深远的影响。

八、缺乏创新和多样化教学手段

随着科技的发展,多媒体、互联网和社交平台等可以成为跨文化交际教学的重要资源和工具。这些工具不仅可以提供丰富的跨文化交流素材,还可以创建真实的交流环境,促进学生的主动学习和互动交流。然而,一些教师未能有效利用这些现代化教学手段,教师缺乏对现代信息技术的认识,缺乏对教学方法的创新和尝试。

教师在教学活动中应用现代信息技术的能力和水平显著不足,主要体现在以下三个方面:一是在熟悉课程内容基础上,未根据教学目标和要求设计有效的教学方案;二是没有熟练掌握制作课件的相关软件,未能将所有的教学设想全面落实;三是对跨文化艺术形式,如音乐、绘画等缺乏深入理解,未能妥善将各类艺术作品及形式生动地融入教学设计。

此外,作者认为,很多教师对于网络平台的跨文化教学资源未能进行深入的挖掘和开发利用,不能灵活地融入跨文化教学中。

第三节　大学英语教师文化意识培养的路径

一、文化意识与文化意识培养

（一）文化意识

"文化意识"实质上就是个体对另一个国家和另一个国家文化的认知能力,通过了解该国家的文化,对其出现的文化现象进行解释。

而作者在本书中所述的文化意识则是课程标准中提出的。新的课程标准指出,英语学科核心素养主要是由四项能力构成的,包括语言能力、思维品质、学习能力以及文化意识。其中"文化意识"是一个人或一个物在价值观念、思维方式和行为方式上所呈现的精华、气质、风格、特征和特点,它不仅是对一个人或物的文化属性的定义,同时也体现出一个人或物的价值取向。课程标准就更进一步地细化了其概念,文化意识指的是对优秀文化的认可以及对中外文化的理解,它是学生在全球化的背景下所表现出来的跨文化认知、态度和行为取向。

(二)文化意识培养

要想培养文化意识,首先应厘清文化、理解文化内涵。文化成分是英语教学、英语学习的基本内容,它涵盖了语言、文化和历史等多方面的知识。它不仅可以帮助学生更好地掌握语言知识,而且可以增强他们的文化意识,加深他们对跨文化交际的理解。尽管文化对语言的影响没有词汇那么大,但文化的一些深层次的特点,如社会文化、价值观念、传统习俗等,都会在语言中体现出来。而这些特点虽然在语言上也很容易被人忽视,却对人类的交际产生了深刻的影响。

跨文化交际素养包括语言素养、专业素养和文化素养。不同的文化之间在价值观、生活方式、思维模式和社会规范上都有明显的差别。不同的文化还会受到宗教信仰、传统习俗、宗教礼仪等因素的影响,这就使文化间的差异变得更加明显。因此,学习一门语言,培养一位英语交流人才,就是要培养其具有一种文化意识,接受一种价值观,重新塑造一种人格,形成一种思维模式,以更好地理解和融入不同的文化。只有对自己国家的文化有深入的了解,才能更好地传递出高质量的信息,以便更好地促进国家间的交流;只有对不同国家的文化有所了解,才能准确地理解不同国家所传达的信息,从而更好地把握不同国家间的差异;只有在理解了不同文化间的差异之后,人们才会在不同的文化中选择出一种共同认同的方法,以更好地达成共识。因此,在英语教学过程中,对文化教育进行渗透是非常有必要的,这可以帮助学生更好地理解不同文化之间的差异,从而培养他们的文化自信和跨文化交流意识。教师需要具备最基本的文化素质,以便能够有效地开展文化教育,并让学生能够更好地接受跨文化交流的知识和技巧。此外,教师还需要在跨文化交流过程中加强沟通和理解,以及培养学生的正确表达能力,以便学生能够有效地进行交流。

据此,理解文化内涵是培养和增强文化意识的前提和基础。要想培养和增强文化意识,首先必须理解文化的内涵,只有对文化的内涵有了深刻的理解,才能感受到文化的力量和魅力,才能更好地挖掘文化的价值。在此基础上,通过对其内涵进行深刻理解,可以帮助学生更好地继承与发扬中华优秀传统文化,使其更好地发挥作用。

二、大学英语教师文化意识的培养现状

(一)教师文化意识培养认识欠佳

在应试教育的背景下,教师在教学过程中起主导作用,教师要求学生在文化知识的学习上投入时间较少,导致学生和教师过度关注语言知识的学习和整体成绩的提升,忽视其文化知识的重要性。并且,学生先入为主地主观臆断一些中外文化,对文化本质认识不够深刻,产生文化偏差。最重要的是对中外文化的理解意识淡薄,缺乏文化差异的鉴别能力,对于一些大家耳熟能详的地名或者作家,调查反馈情况并不乐观。

1. 文化意识提升水平不够

当前,一些教师对于课程标准中的文化意识认知不足,教师未深入理解其文化意识的根本内涵,只简单讲解课文相关的文化知识或者简单地进行对比,在备课时,并未有意识地去落实文化意识的培养,并未透彻地理解课程标准中提出文化意识的三个维度,教师仅做到了感知与比较,其中关于尊重与包容、认同与传播,并未较好地去落实。教师自身的文化素养不高,文化知识储备不足,也就难以在课堂讲授中把教材里出现的文化元素进行有效渗透。

2. 文化意识培养观念不足

在目前的学习体制中,英语学习是很多学生作为弥补英语学科薄弱进行"弯道超车"的一种重要途径,导致教师对学生的英语教学也主要针对语言知识,教师的文化意识欠缺。教师在教学过程中,往往只是简单地对语言知识进行解释,而忽略了英语中蕴含的文化因素,使学生无法深入理解教材中文化意识的内容,也就无法更好地掌握英语的表达方式和表达习惯。因此,教师在教学过程中要重视文化意识的教育,以提高学生的学习效率和能力。加之很多学生现阶段的学习,只重视对语言知识的考察,而忽视了对文化知识的评价,使学生在学习过程中缺乏对文化的深入理解，也不能充分发挥自己的潜能。此外，这种情况也可能影响到学生的就业能力，使他们在未来的发展中受到一定的限制。

(二)教师文化意识培养方式单调

1. 教学模式乏味

目前，课堂的教学方式比较单一，教师上课主要是为了完成教学任务和目标，既忽略了学生的学习兴趣，也忽略了他们的自主学习。教师常常按教学大纲传授太多的知识，表面上看教学任务完成了，但是学生学习到的知识过于片面，教师对学生是否正确认识到所学知识和技能的价值漠不关心，在很长一段时间里，传统的教育方式强调的是传授知识，而不是学习知识，单纯对学生进行知识的灌输，而没有进行很好的引导。

文化教学活动多种多样，但是教师只选择了用教师讲解、学生讨论等基本的教学模式。目前，部分教师教学方式单一化，师生之间缺乏沟通交流。在大部分的英语教学中，仍然保持着以教师和教材为核心，学生只能被动地接受知识的传统教学模式。教师采用的是灌输式的教学模式，强调的是一种自我灌输，而不是一种主动的引导，虽然讲解了很多抽象的词汇、语法，但是并没有主动地进行词汇背后文化内涵的解释，这样的教学方式虽在某种程度上促进了教师的教学组织和管理工作，却忽视了对学生自主能力和创造力的培养，致使学生逐渐养成了不良的学习行为和习惯，极大地削弱了其学习的兴趣和积极性。

2. 媒体教学理解有误

(1)信息技术教学观念偏差

有些教师认为，信息技术教学就是用多媒体技术进行，只要把所学的知识转化为多媒体演示即可。但实际上，多媒体只是信息化教学的一部分，信息化教学更加注重运用信息技术，创造自主探索、合作学习、资源共享的良好氛围，以此来激发学生的学习积极性与热情，促进学生培养一定的创新创造能力与实践能力。一些一线的英语教师仅是用多媒体的形式展示知识，然后灌输给学生，那么课堂教学就会变得枯燥无味。即使教师在课堂上讲解过相关文化知识内容，学生也只是被动接受，并不会投入大量时间去学习和记忆，也很少主动地去思考相关文化知识内容。学生对中外文化的理解只停留于自己在动画片或者漫画里浅显的了解，并未理解其全貌。比如，在动漫里出现的一些词句，是在特定的情境下出现的，但是学生仅从表面简单理解其含义,只停留在只言片语,并不够全面。

(2)信息技术备课能力不足

目前,一些教师在教学时会自觉地引入文化意识,并在课堂上为学生介绍中国传统文化、中外交流等文化知识,还有有关的历史典故。然而,这一课程的内容和形式都很单调,使学生在学习过程中产生了一种"浅尝辄止"的现象,从而影响了学生对传统文化的理解。所以,有些教师在信息技术方面的能力不足导致不能对信息资源和课程进行有效地整合,造成了课件内容集中,仅对课本内容进行简单的复制,在图片与声像等方面存在着不足。还有极少数教师过分注重课件的外观华丽,没有切实准确地反映出教材的重点和难点,从而会直接影响到实际的教学效果。

受社会、家长对学生的升学压力的影响,教师在开展文化意识的教学时有一种"心有余而力不足"的现象,即教师要花更多的时间和精力去探究、去了解学生的文化意识。如果时间长了,学生就会丧失学习文化意识的兴趣,从而使他们在教室里无法进行有效的学习,这必然影响到他们的学业成就和未来的发展。

(三)教师文化意识培养程序功利化

1. 教学目标虚化

当前,一些教师不能遵循教育的规律,不能遵循自己的信仰,不能遵循自己的教育理念。而阻碍教师遵从教育规律开展教学工作的最大因素则是教育过程中普遍存在的功利目的。人的全面发展要求创造更为复杂的情境与环境,这就要求教师在教学中以"迂回"的方式进行,以培养学生的思维与能力,但教师往往为了教出成绩好的学生,而忽视学生背后文化意识的培养。

2. 教学行为僵化

教师教学行为的功利性体现在"重结果,轻过程"。教师认为学生的任务就是学习,学习成了唯一。教师将教学重点集中在单词、语法知识点的讲解上,主要通过语法的解读、课文的翻译进行授课,注重词汇、语法等知识点的学习,很少与文化知识相结合。即使一些教师会对文化知识有所讲解,但是也只是单纯地通过口述,或者使用简单的图片做成PPT进行放映,并未形成良好的学习迁移,导致学生缺乏对中西方文化理解的差异性思维。

3. 教学评价功利化

所谓"功利性教学评价",是指短期教育效能和效果的教育评价。评价具有导向功能,发展性评价会导向学生的发展,而功利性评价则一定会导向短期功利性的目标追求。功利性的教学评价给英语教学造成了很大的影响,使英语教学工作成为一场考试数据的竞赛。面对强烈的功利主义评价,许多教师会感到一种强烈的无力感,所以他们一边高呼"追求学生发展的素质教育",一边追求成绩,急功近利,强调做题训练等。家长和学生以及教师更看重卷面的成绩,其中各个知识点占比的分值也成了教学和学习的重点,即使在英语试卷上涉及文化常识,但也只有较少的分值,比重过低,其出题视角仍然以语言知识为主。这会使学生甚至教师形成一种错误的观念,即使平时不用学习过多的文化知识,对最终的卷面成绩也不会有太大的影响,教师也自然而然地忽视文化意识培养的重要性。此外,学习语言最终的目的是交流,但高考不重视口语考试,学生及教师也并不会过多地练习口语,虽然很多学生拥有跨文化交际的意识,但是由于他们的文化水平有限,很难实现跨文化交际。

三、大学英语教师文化意识的培养策略

随着全球化进程的不断深入,在英语教学过程中,语言文化意识的培养对于提高学生的跨文化交流能力具有十分重要的意义。培养学生文化意识需要教师在教学中重视对学生进行相关方面的语言和文化知识教学,在学习语言知识时也要学习相关的文化知识。

(一)设计丰富的文化活动

教师在进行教学时,应转变传统思维方式,围绕"文化意识"开展多元的教学活动。教师可以从听、说、读、写等多元感知方面出发,设计丰富的教学活动。

在"听"的方面,可以举办英语听力比赛,可以设计多样化的活动,不一定局限于课文中的语言知识,可以丰富学生精神上的活动,如听歌识曲、听歌词填空等。在"说"的方面,可以举办英语演讲比赛、英语脱口秀等,或者根据单元教学的模式,让学生自行进行课文会话的演绎,或者在单元中以戏剧形式出现的课文,可以让学生分角色进行表演。在"读"的

方面,可以举办英语朗诵比赛,丰富学生的表达能力,提升其语感能力。在"写"的方面,可以举办英语书法大赛、英语写作大赛等,弘扬中华传统书法,深刻理解中华优秀传统文化。

开展多元化课外活动,提升学生文化意识的感知与比较、尊重与包容、认同与传播等能力。通过设计多情境教学,可以提升学生的跨文化交际能力,使学生在学习过程中对各种文化之间的差异有一个全面的了解,从而得到更多的经验和学习的机会。通过情景教学,可以使学生更好地了解并感受到不同的文化背景所带来的差异,使他们更好地把所学到的东西运用到实际生活中去,进而提高他们的跨文化交际能力。

(二)树立正确文化观念

第一,教师应从历史传统、红色革命、民族民俗、现代中国文化等方面进行理性思考。教师应正确地看待自己的文化,也就是说,要对自己的国家和民族的优秀文化传统抱有足够的尊重和骄傲,要对自己的文化生命力量和文化发展前景抱有坚定的信念。对于传统文化的合理性要素与内在价值,要有一个科学的评判,简而言之,就是看得开、不自傲、善梳理。

第二,教师应包容地吸收世界历史文化,吸收外国文化,吸收各国的文明成果。接纳、吸收、借鉴,也是对自己文化信心的一种表现。教师应尊重多元文化,促进学生学习文化知识,帮助学生了解不同国家和地区的文化,培养学生的国际意识和文化敏感性。掌握文化知识能使学生认识到各种文化的差别,并对其发展的历史与现状有一个清晰的认识;了解文化的含义,能使学生从社会、历史、经济、宗教等方面对文化的影响有深刻的认识;通过对两国文化差异的对比,可以对两国文化特点有一个全面的认识,并从中吸取有益的东西;在此基础上,通过对不同文化的吸收,学生可以更加深刻地认识到不同文化之间的差异性和复杂性。中华文化之所以能够长盛不衰,除了由本身的性质与活力所决定外,还有一个很重要的原因,那就是它所具有的包容的胸怀与包容的精神,这些都是它所具有的一种独特的自信气质。实质上,文化意识就是一种意识、一种文化价值的觉醒。增强文化自觉,要求学生对文化的重要性、地位和作用有深刻的认识,并对文化建设、发展和进步有强烈的责任感。

第六章

大学英语专业文化教学评价的优化

在全球化的浪潮下,跨文化交际能力的培养成了高等教育领域不可或缺的一部分。在大学英语专业教学中,优化教学评价手段非常重要。但大学英语专业教学评价的优化是一个系统工程,需要教师从教学内容、教学方法、评价体系以及教师队伍建设等多个方面入手,不断完善和丰富大学英语专业课程体系,以满足新时期人才培养的需要,培养出更多具有跨文化交际能力和国际视野的复合型人才,为全球化进程和国际交流作出更大的贡献。

第一节 大学英语专业文化教学中的测试与评价

高校外语教学中的测试与评价这一环节不可或缺,主要是对学生的学习成果进行评估,并向教师提供教学反馈,从而促进教学方法的改进。有效的测试与评价体系能够真实反映学生的学习状况,提高教学效果。

第六章 大学英语专业文化教学评价的优化

一、大学英语专业文化教学测试与评价的要求

（一）评价的目的要明确

教学测试与评价作为教育过程中的重要环节，不仅是为了简单地了解学生的学习情况，更是为了全方位地指导教师的教学工作，促进教学方法和策略的改进，以整体提升教学质量。因此，教师在进行教学测试与评价时必须清晰地认识到评价的目的，并努力保证评价结果的准确性和有效性。

教学测试与评价有助于深入洞察学生的学习情况，包括学生的知识掌握程度、学生的学习态度、方法和兴趣等方面。经过对学生学习成果的量化与质化分析，教师能够更准确地把握学生的学习状态，为接下来的教学调整提供有力依据。如果教学测试与评价结果显示学生对某一知识点的掌握率普遍偏低，教师就应及时调整教学计划，加强对该知识点的讲解和练习。

教学测试与评价的结果可以直观地反映出教师的教学效果，帮助教师识别教学中的优点和不足，这样教师就能够参考评价结果，及时调整教学策略、优化教学方法，更好地满足学生的学习需求。同时，教学测试与评价还能激发教师的自我反思和成长动力，推动他们不断提升教学水平和专业素养。对于学校和教育部门来说，深入分析教学测试与评价数据可以了解整个教育系统的运行状态，发现教学中存在的问题和短板，从而制定更有针对性的改革措施，这样不仅能提升学生的学习效果，还能够推动整个教育系统的持续发展和进步。

为了保证评价结果的准确性和有效性，教师需要建立科学、合理的教学测试与评价体系。这一体系应包括问卷调查、课堂观察、学生作业分析等多样化的评价方法和工具，以便从多个角度全面评价学生的学习情况和教师的教学效果。教师也需要重视评价结果的反馈和应用，保证评价结果能够真正指导教师的教学工作，促进教学质量的提升。

（二）评价的内容要全面

除了学科知识外，在评价过程中要关注学生的情感态度、学习策略、创新能力等方面的发展。在当前的教育体系中,对于学生的评价已经不再是单一的学科知识测试,而学生的情感态度、学习策略以及创新能力等方面的发展同样至关重要。这些非认知因素不仅影响着学生的学术表现,更在某种程度上决定了他们未来的职业发展和人生轨迹。

情感态度指学生在学习过程中展现出的积极或消极的情感倾向。一名拥有积极情感态度的学生会更加热爱学习,乐于探索新知识,面对困难时也能保持坚韧不拔的精神。相反,消极的情感态度则可能导致学生对学习失去兴趣,甚至产生厌学情绪。因此,在评价学生时,教师需要关注他们的情感态度,鼓励他们保持积极向上的心态,及时帮助他们调整消极情绪。

学习策略是学生在学习过程中采用的方法和技巧。一名拥有良好学习策略的学生能够更高效地学习,更准确地掌握知识点。在评价学生时,教师要关注他们的学习策略是否科学、合理,是否适合自己的学习特点和需求,还要引导学生不断尝试新的学习策略,帮助他们找到最适合自己的学习方法。

创新能力是指学生在面对问题时能够提出新颖、独特的解决方案。创新能力是衡量一个人综合素质的重要标准。在评价学生时,教师要关注他们是否具备创新意识,是否能够独立思考、解决问题,还要积极为学生提供创新实践的机会,让他们在实践中锻炼自己的创新能力。

(三)评价的方式要多样

除了传统的笔试、口试等方式外,还可以采用课堂观察、作品展示、自我评价等多种方式进行评价。多样化的评价方式能够更好地反映学生的综合能力和学习特点,也更能激发学生的学习兴趣和动力。传统的笔试和口试虽然能够评估学生对学科知识的掌握程度,但它们很难全面反映学生的能力和素质,因此教师需要采用更多的评价方式,以更全面、更准确地了解学生的学习情况。

1.课堂观察:深入洞察学生学习状态的重要方式

在教育领域中,评价方式的选择与实施对于教学效果的提升至关重要。其中,课堂观察作为一种直接而深入的评价方式受到了广大教育工作者的青睐。教师经过细致入微的观察,可以全面地把握学生在课堂上的表现,深入了解学生的学习态度、参与度、合作能力等多方面的情况。

具体而言，课堂观察不仅能够捕捉到学生是否积极参与课堂互动、是否能够独立思考并发表见解，还能够洞察学生在小组合作中的表现。这些观察有助于教师及时发现学生的学习困难和问题，为他们提供更有针对性的教学指导。当教师发现某名学生在课堂上表现出消极的态度时，可以及时与其沟通，了解背后的原因，并提供相应的帮助和支持。

2. 作品展示：激发学生创造力与自信心的有效途径

除了课堂观察外，作品展示也是一种极具实效性的评价方式，学生将自己的学习成果以作品的形式呈现出来，可以充分展示自己的创造力和才能，从而激发学生的学习兴趣和动力，培养他们的表达能力和自信心。在实际操作中，教师可以参考学科特点和学生实际情况，设计多样化的作品展示形式。

3. 自我评价：帮助学生自我认知与提升的重要工具

自我评价有助于培养学生的自我意识和自我管理能力，让他们在学习过程中更加主动和自主。通过自我评价，学生可以更加深入地了解自己的优点和不足，从而制订更合适的学习计划和目标。为了引导学生进行有效的自我评价，教师可以设计具体的评价标准和指导性问题，如在评价自己的学习效果时，学生可以思考以下问题：我在哪些方面取得了进步？我在哪些方面还存在困难？我该如何调整自己的学习策略以取得更好的成绩？从而让学生可以更加全面地审视自己的学习状态，并制订出更具针对性的学习计划。

除了以上几种评价方式外，小组讨论、实践活动、调查研究等多种方式也能够为学生提供更加全面而深入的评价。在小组讨论中，教师可以观察学生在团队合作中的表现，了解他们的沟通能力、领导力和协作精神；在实践活动中，教师可以评估学生的动手能力和解决问题的能力；在调查研究中，教师可以考查学生的研究能力和批判性思维。这些评价方式不仅能让学生在多样化的学习活动中充分展示自己的才能和特长，还能够帮助教师更全面地了解学生的学习情况和需求。

二、大学英语专业文化教学测试与评价的必要性

语言与文化是密不可分的，脱离文化去评价语言教学是不现实的。作为大学英语专业教学的主要目标和内容之一，文化测试与评估应得到

充分体现,这样才能督促教师和学生关注文化能力的培养,才能对整个教学过程和教学结果作出正确、全面的评价。

(一)传承与弘扬传统文化

今天,教师面临着外来文化冲击和本土文化传承的双重挑战。高校作为文化传承与创新的重要阵地,肩负着培养具有全球视野和本土情怀的复合型人才的重任。在这一背景下,大学英语专业教学中进行文化测试与评价不仅是对传统文化的尊重与传承,更是对青年学生精神世界的丰富与提升。

大学英语专业教学中进行文化测试与评价有助于增强学生的文化自信和民族自豪感。在全球文化交融的大潮中,保持对自身文化的认同和自信是每个民族和国家安身立命之本,学生通过学习中华优秀传统文化可以更加深刻地理解中华文化的独特魅力和深厚底蕴,增强对自身文化的自豪感和自信心。大学英语专业教学中进行文化测试与评价也有利于培养学生的爱国情感和民族精神。爱国主义是中华民族精神的核心,是中华民族生生不息、发展壮大的强大精神支柱。学生学习中华优秀传统文化可以更加深刻地理解中华民族的伟大历史和民族精神,从而激发他们的爱国情感和民族责任感。

(二)提高学生文化素养和跨文化交际能力

大学英语专业教学中进行文化测试与评价对提高学生的文化素养和跨文化交际能力具有深远的意义,这种融合不仅有助于学生在学术上取得更好的成绩,更能够培养他们的综合素质,使他们在全球化的背景下更具竞争力。大学英语专业教学中进行文化测试与评价可以帮助学生更深入地了解各国的历史、文化、价值观等,了解到不同国家的哲学思想、道德规范、艺术风格等。此外,大学英语专业教学中进行文化测试与评价还能够促进学生的全面发展,不仅可以提高学生的文化素养和跨文化交际能力,更能够培养他们的道德素质、审美情趣、创新能力等。

第二节　大学英语专业文化教学评价的多元路径

随着全球化进程的加深,大学英语教学日益重视跨文化交际能力,旨在培育具备全球视野及跨文化交际能力的人才,大学英语专业教育应积极寻求将跨文化交际融入教学评价的多元化路径。

秦君婵(2022)提出,培养大学生英语跨文化交际能力受到三方面因素的影响,即跨文化交际的教学内容、评价方法以及教师的跨文化意识。[①]在大学英语专业跨文化交流教育中,对交际能力的测试与评估既主观又复杂。因此,采取一种客观和公平的评价方法成为教学框架的一个关键部分。构建多元教学评价体系的重要意义体现在:首先,对于学生而言,通过对大学英语专业课程的全方位、立体化评估,为学生的英语学习提供客观评价与有效反馈,为他们今后的英语学习提供学习的动力和努力的方向;其次,对于教师而言,该评价体系为教师的英语专业教学提供教学反思和改进教学方法的重要素材和依据;最后,对于大学英语专业教学管理者而言,多元教学评价体系是推动英语专业教学改革的重要推动力。

一、构成多元教学评价体系的要素

(一)评价主体多元化

为了实现教学评价的客观性和公正性,应鼓励多元评价主体的参与。除了教师和学生外,还可以邀请行业专家、用人单位等外部评价主体参与评价,以提供更全面的反馈和建议。多元主体的共同参与可以更好地促进大学英语专业教学与实际应用的结合。目前,高校中参与评价的主体

---

① 秦君婵.大学英语教学指南指导下的大学英语跨文化交际教学模式构建研究[J].才智,2022(02):92-95.

主要包括以下三种评价：自我评价、同伴互评、教师评价。

1. 自我评价

自我评价是教学评价的重要环节，是教师引导学生反思自己的学习过程，总结经验和不足，并提出改进措施的过程。自我评价的理论基础是认知建构主义理论和元认知理论。从认知建构主义的视角来看，自我评价被视为认知建构主义学习及动机理论中的一个核心要素；在认知建构主义理论框架内，学生对其学习过程和思维方式的自我监督是知识形成的关键环节。而元认知理论则强调了包括监督、评价及激励行动在内的能力，具体而言，其涉及了审视理解程度、预测可能的结果、规划具体任务与进行时间管理，以及在不同的学习情境中切换策略的技巧等方面。

帕里斯与帕里斯（Paris S. G. 与 Paris A. H., 2001）强调，自我评价使学生能够提升对学习目标和期望的认识，实施对学习进程的监督和对目标及课程要求的评价，以便有效选择合适的学习策略。此过程还为学生提供了反思自我学习的机会，有助于培养学生积极的学习态度和增强他们的学习动机。[①]

在外语教育领域，对自我评价的探讨仍不充分。自我评价旨在积累对个人学习能力、信仰、动机、目标、策略和成效等方面的充分信息，并通过这些数据来发现最匹配的学习方法，进而增强学习效率。自我评价有助于明确学习目的和评价准则，引导学生执行学习策略，并依照这些准则发现并纠正自我行为的缺点，从而提升自身学习的效能和水平。

此外，国内学界已经深度探讨了学生对自身不同语言技能的自评，以及这些自评对其语言学习成效的影响，涵盖多个方面。例如，在写作技能方面，研究者对大学生的英文写作自我评价进行了详细分析；在英语阅读能力方面，研究了大学生的自我评价；在口语技能方面，探讨了自我评价在增强学习者的自主性和学习兴趣上的作用。

2. 同伴互评

同伴互评是一种有效的评价方式，可以帮助学生从不同角度了解自己的学习状况。通过同伴之间的交流和比较，学生可以发现自己的优势和不足，并借鉴他人的优点，从而提高自己的学习效果。

维果茨基（Vygotsky）的社会文化理论支撑了在第二语言学习中采

---

① Paris S. G., Paris A. H. Classroom Applications of Research on Self-regulated Learning [J]. Educational Psychology, 2001, 36 (02): 89-101.

用同伴评价的理论基础。国内学者对于同伴互评做了较深入的研究。国内高校的研究者将同伴互评这一评价方式用于英语写作教学研究中,也有的学者将同伴评价用于翻译教学实践与研究中或大学英语读写课程教学与研究中。国内相关研究显示,将同伴互评融入写作教育会带来诸多益处,如提升作为作者的学生对读者视角的认识,有效减轻学生写作时的紧张感,并能激发学生学习的兴趣,增加他们参与写作的热情。

3. 教师评价

教师评价是传统的也是使用最广泛的评价形式,是教学评价的重要组成部分。在当前大学英语专业教学中,教师评价主要体现为过程性评价。教师应全面了解学生的学习情况,基于学生的学习态度、课堂表现及作业完成情况进行评价。同时,教师还应关注学生的个体差异,采用多样化的评价标准,以激发学生的学习动力。

在不断推进的大学英语专业教学改革过程中,教师的评价能力对于充分发挥形成性评价的潜力至关重要。教师的评价素质成了设计和开展评价活动的重要依据,是提高教学质量、促进学生学习成效的关键因素。因此,教师的评价素养也逐渐受到国内外学者的关注。

国外学者的研究起步较早。斯蒂金(Stiggins,1991)提出了评价素养的概念。一些国际学者认为,语言评价素养定义了外语教师所必须具备的评价知识与技能。泰勒(Taylor,2009)对该领域进行了深入探讨。其他研究者主要关注外语教师必须了解的课堂评估知识、相关技能及其背后的理论基础,包括语言测试和评价课程的构建以及所采用教学材料的开发等议题。也有一些研究人员专注探讨教师的教学评估素质。

国内学者也研究了提升教师教学评价素养的策略。贺红艳(2020)研究了混合式教学模式下的课堂评价体系改革,指出教师评价素养的提升需高校、教师及社会多方共同投入与努力[①]。学校可以有计划地利用培训、在线资料和专家演讲等手段来强化教师课堂评价方面的知识。教师需要积极地钻研评价和测试方面的文献,并通过参与相关的研讨会来增进自己的理论与实践知识。同时,线上教学平台应开发专门针对课堂评价的慕课资源,以便外语教师在混合教学中能够参考和学习。

耿峰和于书林在2021的研究旨在探究教师在设计及执行课堂评价活动方面的策略和方法,同时识别出教师评价能力中的不足之处。基于

---

① 贺红艳. 混合式教学模式下课堂评价体系改革对高校英语教师评价素养的挑战[J]. 国际公关,2020(05):41-42.

该研究,他们对于教师课堂评价提出三个建议:(1)基于学生的先验知识和学校特色,教学和评价活动应沿着真实情境的语言应用任务设计,有效激发教师和学生的活跃性与参与感;(2)教师需要增强自身对学生学习效果的评估能力,准确识别学生的需要与问题,并作出适当反馈;(3)应加强评价方法的合理性和实施性,深入开发和利用线上平台的评价潜力。

(二)评价内容多维化

传统的大学英语专业课程评价内容包括对英语听、说、读、写、译五个英语语言技能的考查。动态评价体系则应关注学生的全面发展,即评价内容应多元化,不仅包括传统的笔试,还应包括口试、小组讨论、角色扮演等形式,以便全面评估学生的跨文化交际能力,因此融入跨文化交际的大学英语专业课程评价需要摆脱固有的思维,除了对语言技能的考查和评价外,还需要增加以下两个维度的内容评价。

1.情感态度与价值观的评价

情感态度和价值观对学生学习效果具有重要影响。在大学英语专业教学评价中,教师应该关注学生的情感态度和价值观,如学习动机、兴趣和自信心等方面。教师对学生的情感态度和价值观的评估能更好地了解学生的学习需求和心理状态,从而为个性化教学提供依据。同时,积极价值观和情感态度能够有效激发学生的学习热情与动力,因此教师应注重情感态度与价值观的评价,并将其纳入教学评价体系中,如学生是否了解中华优秀传统文化、是否可以客观理智地分析比较中外文化差异、学生是否表现出民族自信。

2.跨文化交际意识、跨文化交际知识与跨文化能力评价

在大学英语专业教学中,应将跨文化交际能力的评价纳入教学评价的重要内容之一。教师应设计多样化的跨文化交际活动,对学生的跨文化交际意识、跨文化交际知识进行评价,还可以利用跨文化交际能力测试量表及模拟跨文化场景进行角色扮演、组织跨文化能力大赛等方式,对学生的跨文化交际能力进行量化评估。

(三)评价方式多样化

1. 形成性评价与终结性评价相结合

形成性评价侧重学生的学习过程,以及时发现问题并提供指导;而终结性评价注重学生的学习成果,以全面了解学生的学习情况。动态评价体系则应关注学生的学习过程,及时提供反馈,帮助学生发现问题并改进。评价过程应从静态的期末考试转变为动态的过程性评价,包括课堂表现、作业完成情况、小组项目等多个方面。将形成性评价与终结性评价相结合,从而更全面地反映学生的学习情况。

2. 线下评价与线上评价相结合

随着现代信息技术的发展,教学评价手段也日益多样化。除了传统的线下自我评价、学生互评和教师评价,教师还可以借助在线评价系统、智能评估软件等工具进行数据收集和分析,从而提升教学评价的效率和准确性。

二、构建多元教学评价体系的策略

基于以上分析,作者认为各高校为了做好融入跨文化交际的大学英语专业课程的测试与评价,应在以下几方面着手努力。

第一,大学英语专业教学管理机构可以采用集中培训与个人自学相结合的形式进行教师评价素养的提升。在集中培训中,可以召开外语教师教学评价素养专项培训,运用专家专题讲座、学术研讨会或读书会等形式进行教学评价知识及技能提升;教师个人可以主动阅读与语言测试与评价方面相关的书籍或学术文章,或利用网上资源进行课程自学,以提升自己的教学评价理论水平,并在教学实践中将所学理论应用在实践中,以提升自身的实践水平。

第二,针对不同的课程内容,让不同的主体参与课程评价。在融入跨文化交际的大学英语专业教学评价体系中,教师可以参考具体任务设定评价标准,让学生参考自身情况,对照评价标准进行自我评价。同时,也可以运用问卷调查、自我小结等方式,让学生及时了解自己的学习状况,合理调整学习计划。在融入跨文化交际的大学英语专业教学评价体系中,教师可以将同伴互评用于跨文化交际项目相关的合作性表现性的评价项目中,并结合校本特色和大学英语专业课程教学内容,以真实情境下的语言产出任务为导向设计多样化的活动,并以任务为教师评价的主要对象,依据详细的评价标准进行评价。

第三,教学评价的目的不仅在于发现问题和不足,更重要的是为教学改进提供依据。因此,教师应注重评价结果的反馈与应用,及时向学生和家长反馈评价结果,有助于学生明确努力方向;同时,基于评价的反馈,教师需持续地审视并调整其教学策略和方法来提升教学的成效。此外,学校管理层也应关注教学评价结果的应用,将其作为教师绩效考核和课程优化的重要依据。

第三节　大学英语专业文化教学中动态评价体系的建构

一、动态评价的理论框架

动态评价(dynamic assessment)又称"学习潜能评价(learning potential assessment)",是对在评价过程中经过评价者和学生的互动,尤其是在有经验的评价者的帮助下探索和发现学生潜在发展能力的一系列评价方式的统称。

动态评估理论最初由苏联心理学巨匠亚历山大·卢里亚(Alexander Luria)于1961年提出,深受其同僚维果茨基的社会文化理念影响。此理论认为,个体的心理功能是其长期学习过程、文化背景以及社会联系的内化作用的直接产物,特别强调了社会与文化因素在推动人类认知进步方面的重要角色。继承并发扬了维果茨基的观点,该理论突出了社会环境、文化价值观以及传统习俗对于儿童认知成长的深远影响,并引入了诸如中介、发展近区与支架等关键性概念。其中,最近发展区指个体潜在的认知发展方向,是动态评估的方法的核心思想。韩宝成(2009)指出,简单关注已达成的发展水平以全面理解个体能力的提升是远远不够的;相反,对发展区的深入研究有助于预见个体未来能力的形成与演变。应在掌握评估对象的个性特征及其实际能力水平后,采用动态的评估手段,如介入与互动,从而极大地促进学习者能力的超越。

二、动态评价的特点

王湘玲和沙璐(2021)认为动态评价具有过程导向、评教整合和多元互动三大特点。

首先,学习者的能力受到自身学习影响,并在评价过程中得到发展,动态评价侧重于从学习者能力成长的过程中监测其认知能力的变化,并指导学习者能力的进步。

其次,在动态评价中,教学与评估紧密结合,它通过预测、诊断以及矫正措施与教学活动的有机融合,介入并调整学习过程,以全面观察学习者"最近发展区"的变化。

最后,动态评价着重评估者、受评估者以及评估环境之间的有效互动,这不仅涉及教学场所,还涵盖了技术等多元环境。这种评价方式与传统的定量测试形成鲜明对比,尤其在评价的目标、参与者和方法上表现出独特差异。对于评价目标来讲,传统评价更多地关注特定时期知识或技能的掌握程度,集中于完成某项任务之后的学习结果;反观动态评价,则侧重追踪学生潜力的发展,着重考查学生如何面对并克服学习上的挑战,以及他们在克服这些挑战后能力提升的情况,强调对学生"最近发展区"的重视。就评价过程而言,静态评价坚持统一规范,评价与教学过程相独立,忽视了评价中的互动作用;而动态评价则注重教育干预与评估的整合,利用互动挖掘学生的成长潜能,并帮助他们解决学习上的困难。

动态评价注重能力培养的过程,强调教师的干预和多元化互动,采用多维评价方式,关注知识、技能和态度的发展变化,这在很大程度上符合跨文化外语教学评价设计的要求。然而,目前在国内外的语言教育中,动态评价的理念主要用于写作、阅读理解、翻译以及语言学研究等多个方面,而在跨文化英语教学方面仍需进一步探索。

三、大学英语专业文化教学中动态评价体系的构建

(一)多维度的考核目标

在大学英语专业文化教学中,构建一个多维度的考核目标至关重要。这样的考核体系应当覆盖语言知识、文化理解、沟通能力等多个方

面,以全面评估学生在跨文化交际中的英语运用能力。据特拉姆(1997)的跨文化交际能力模型,跨文化能力涵盖三个核心要素:技能、知识、态度。[①]

1. 技能的全面评价

技能评价不应仅限于传统的听、说、读、写、译五项基本技能,也应涵盖语用能力、语言适应性、跨文化技能等更深层次的能力。这些深层次的能力能更准确地反映学生在真实跨文化交流场景中的应对与沟通能力。跨文化技能维度指的是解决跨文化交流中遇到问题的行为技能,不应仅限于语言方面,也应包括其他行为技能,如文化意识和敏感性;交际策略,如如何礼貌表达、如何避免文化冲突、如何进行有效的非言语交流等;不同文化背景下使用英语进行有效沟通的实践能力,包括语言的流畅度、恰当性,以及在特定文化语境中的有效沟通;在面对文化差异和不确定性时的适应能力和灵活性等。此模块在评价系统中的引入标志着评价系统向着科学化发展迈进,从表层的语言技能转向探索新的语言技能维度。

2. 跨文化知识的掌握

在学术领域,学生不仅应对中国文化有深刻的理解,还需要广泛地探索不同国家的文化背景,同时获得基本的交际技能。知识领域不应仅限于传统英语教育中的语言学习,而是应扩展到更广阔的领域,如学生需要了解和识别不同文化之间的差异;学生掌握与目标语言相关的地理、历史、政治、经济、艺术等方面的基础知识;学生不仅要了解和掌握单一文化的特点,还要能进行跨文化比较,找出相似性和差异性,从而形成更全面的文化理解和认识及对不同文化中价值观和信仰的了解等。

3. 态度的培养

态度层面在评价体系中是一个新兴的模块,主要涉及对外来文化与本土文化态度的评价。态度的考核目标主要是培养学生对不同文化的开放性、尊重和敏感性。

教育过程应鼓励学生对不同文化持开放态度,具有探索和了解新文化的好奇心。这种心态使学生愿意接触和学习新的文化观念,能够更容

---

① Byram, M. Teaching and Assessing Intercultural Communicative Competence[M]. Clevedon: Multilingual Matters, 1997: 116.

易地适应不同的文化环境。

尊重不同文化的价值观和习俗是跨文化交际中的基本原则。教学中应强调尊重和包容的重要性,培养学生在交际过程中认识文化差异的同时,能够接受和尊重这些差异。

培养学生在跨文化交流中的敏感性,意味着让他们能够识别和理解文化差异对交流的影响。同时,也包括增强学生的自我意识,让他们了解自己的文化背景如何影响他们的观点和交流方式。

(二)真实的考核任务

在构建大学英语专业文化教学动态评价体系时,设计真实的考核任务能够模拟真实世界中的跨文化交流情境,促进学生将课堂学习与实际应用相结合。

1. 项目式学习任务

项目式学习(Project-Based Learning,PBL)能够为学生提供深入研究特定文化现象或问题的机会。教师可以让学生选择一个特定国家的文化节日或社会问题进行深入研究,并用英语进行演讲或报告,要求学生不仅要有深入的文化理解,还要有能力用英语清晰、准确地表达自己的观点。

2. 模拟跨文化交流情境

通过模拟跨文化交流情境,学生可以在类似真实环境中练习和提高自己的英语交流能力。教师可以让学生扮演不同文化背景的人,在特定的交流场景下互动,这不仅考查了学生的语言技能,也考查他们对文化差异的理解和适应能力。

3. 真实案例分析

选择真实的国际交流或跨文化合作案例,让学生进行分析和讨论,是另一种有效的考核方式。学生需要用英语提出自己的见解,分析文化差异对交流或合作的影响,提出解决方案。这种任务可以增强学生的批判性思维能力,同时也能提高他们解决实际问题的能力。

4.利用数字媒体与社交平台

在现代社会,数字媒体和社交平台是跨文化交流的重要渠道。可以让学生使用这些平台进行跨文化交流项目,如制作有关特定文化主题的视频博客、参与国际论坛的讨论等,不仅能提升学生的数字素养,也能增进他们的跨文化沟通能力。

(三)线上线下融合评价

在现代教学环境中,线上线下融合评价已经逐渐成为大学英语专业文化教学中不可或缺的一部分。这种评价模式结合了传统的面对面教学评价和利用信息技术的线上评价,旨在更全面地反映学生的学习成果和学习过程。线上线下融合评价的主要特点和实施方式如下。

1. 特点

灵活性与便捷性:线上评价提供了时间和空间的灵活性,学生和教师可以在任何时间、任何地点进行互动和评价。

多样化的评价工具:结合了线上多媒体资源、自动化测试、互动论坛、电子投票等多种工具和平台,使评价内容更加丰富和多元。

即时反馈与互动:线上平台能够提供即时反馈和互动,增强学习动机,同时促进师生、生生之间的即时交流。

2. 实施方式

设计融合评价任务:结合线上与线下环境,设计实践性、互动性强的评价任务,如在线论坛讨论、小组协作项目、网络研讨会等。

应用多种评价工具:利用在线测试、电子投票、自动评分系统等工具进行知识与技能的评价;同时,通过视频会议、在线展示等方式评价学生的表现和参与度。

促进互动与反馈:通过线上评论、同伴评价、教师反馈等方式,建立一个即时反馈和持续互动的评价环境。

整合评价结果:将线上与线下的评价结果进行综合分析,形成全面的学习成果记录,以指导学生的学习进程和改进。

线上线下融合评价通过有效结合传统和现代评价方式,不仅增加了评价的多样性和互动性,还提高了评价的效率和准确性。在跨文化英语专业教学中,这种评价模式能够更好地适应教育技术的发展趋势,满足现代学生的学习需求,同时也为教师提供了丰富的教学和评价资源。

四、大学英语专业文化教学中动态评价具体方法的实施

(一)文化知识的测试

文化知识指的是对文化信息、模式、价值观念及文化差异等的认知与理解能力。文化知识包括宏观文化知识和微观文化知识两大类。

1. 宏观文化知识的测试

宏观文化知识也可称为"被动文化知识",指的是那些学生可用来更好地理解一种外国文化,但在与该文化群体的人进行实际交际时不直接起作用的知识。

宏观文化知识的测试是跨文化英语专业教学动态评价的重要组成部分,旨在评估学生对不同文化背景下的基本知识和理解。这种测试不仅关注学生对于特定文化事实的掌握,如历史、地理、政治和经济等方面,还包括对文化价值观、社会制度、信仰和行为习惯等更深层次的理解。

实施宏观文化知识测试的策略应当多元化,包括但不限于客观题(选择题、判断题)、主观题(简答题、论述题)和案例分析等形式。客观题可以快速评估学生对文化知识的广泛掌握情况,而主观题和案例分析则能够深入考查学生对文化现象背后深层含义的理解和分析能力。

作者认为在设计宏观文化知识测试时,要注意以下几个方面。

(1)平衡不同文化领域的内容:保证测试内容覆盖广泛的文化领域,避免偏重某一特定领域。

(2)结合实际情境:经过案例分析等形式,将文化知识与实际情境结合起来,提高学生的实际应用能力。

(3)鼓励批判性思维:设计的题目应当鼓励学生进行批判性思考,而不仅是记忆和重复。

(4)多元化评价方法:采用多种评价方式,既评估学生的知识掌握程度,也对其应用能力进行评估和分析。

2. 微观文化知识的测试

微观文化知识是一种主动文化知识,它直接影响人们的语言交际和非语言交际行为。

微观文化知识的测试聚焦于更为具体和日常生活层面的文化现象,如语言习惯、饮食文化、礼仪习惯等。这种测试旨在评估学生对日常跨文化交往中可能遇到的具体情况的理解和应对能力。

实施微观文化知识测试的策略应当注重实用性和互动性,可以通过角色扮演、模拟对话、情景反应等形式进行。这些形式不仅能帮助学生在安全的环境中实践和体验跨文化交往,也能够促进学生对文化差异的深入理解和尊重。

作者认为在设计微观文化知识测试时,要注意以下几个方面。

(1)强调互动性和体验性:通过模拟实际交流情境,让学生有机会亲身体验和练习跨文化交流。

(2)强调对文化差异的理解及尊重:通过模拟具体情景,促进学生理解不同文化背景中的行为习惯与价值观,培养学生对不同文化的尊重与包容性。

(3)提供即时的反馈:帮助学生及时了解自身的表现以及需要改进之处。

(4)结合学生的实际经验:设计的情景和问题应当尽可能贴近学生的实际生活经验,增加其参与度和兴趣点。

(二)情感态度的评价

在跨文化英语专业教学中,情感态度的评价是一个至关重要的环节。它不仅涉及学生对不同文化知识的理解,还包括他们对这些文化的情感反应和态度倾向。情感态度的评价可以帮助教师了解学生对跨文化学习的接受程度、兴趣以及可能存在的偏见或误解,从而更有效地调整教学策略。

在20世纪初,学者们在情感态度测评领域取得了显著成果。1925年,博加德斯(Bogardus)首次提出社会距离的等级法。1934年,格赖斯(H. P. Grice)介绍了陈述判定法。1957年,奥斯古德(Osgood, Willam Fogg)发明了语义级差法。至1998年,哈默尔(Michael Hammer)设计了跨文化发展模式,这些研究方法为情感态度的测量和评价奠定了坚实的理论基础。

1. 社会距离等级法

社会距离等级法是通过询问学生他们愿意与不同文化背景的人在何种程度上进行社交互动来评估其情感态度。这些社交互动可以是工作、学习、居住等不同层面。学生的回答将揭示他们对不同文化群体的接受程度和潜在的社会距离感。实施此方法时，教师可以设计一系列情景问卷，让学生表达他们与不同文化背景人士进行各种社交活动的意愿。

2. 语义级差法

语义极差法是一种通过一系列对立的形容词来评估学生情感态度的方法。例如，学生可以使用一组形容词对如"友好—不友好""有趣—无聊"来描述自身对特定文化的感受。学生需要在这些对立形容词之间的连续尺度上作出选择，以表达他们对不同文化元素的情感态度。这种方法可以揭示学生对特定文化现象的直观感受和倾向性评价。

3. 陈述判断法

陈述判断法要求学生针对一系列特定文化观点的陈述给出他们的同意或不同意的程度。这些陈述可能涵盖特定文化习俗、价值观、社会行为等方面的观点。通过使用李克特量表（如从"强烈同意"到"强烈不同意"），可以量化学生的情感态度，并分析他们对不同文化的接受度和潜在的偏好或抵触。

观察学习者在不同文化背景下的交际表现有助于评价他们的情感态度，而情感态度和交际行为是紧密相关的，因此为了准确地衡量他们的态度和技能水平，制定一套全面而可信的评估准则是必需的。

作者认为在实施情感态度评价时，要注意以下几个方面。

（1）保证多样性与包容性：在设计评价工具时，应保证覆盖多元文化视角，避免文化偏见。

（2）鼓励开放和诚实的反馈：创造一个安全、支持的环境，鼓励学生表达真实的感受和态度。

（3）进行深入的讨论和反思：评价结果应作为引发深入讨论和反思，帮助学生理解和调整他们的态度。

（4）定期评价与跟踪：情感态度的评价应定期进行，以监测学生态度的变化并调整教学策略。

(三)文化行为的评价

文化行为是指交际过程中参与者所展示的、受文化影响的行为。该行为经过语言和非语言方式表现。评估文化行为虽然可以采用传统的笔试,但行为表现评价法被认为是一种更为有效的评价手段。

行为表现评价法是一种更加专注于学生实际行为和表现的评价方法,它通过观察学生在特定情境中的行为表现来评价其技能、知识和态度。这种方法特别适用于评价学生的跨文化交际能力、团队合作能力、解决问题的能力等。

1. 交际情景模拟

交际情景模拟是一种经过模拟真实世界情境,让学生扮演特定角色并执行相关任务的教学方法。在跨文化交际课程中,教师可设计国际谈判模拟活动,学生在此情境中可扮演不同国家的代表来进行谈判。通过这样的模拟活动,教师可以观察学生如何运用跨文化交际策略,如何解决文化差异带来的挑战并进行评估。

2. 项目式学习

项目式学习是一种将学习过程与实际项目紧密结合的教学方法。此方法要求学生在具体项目完成过程中,应用已掌握的知识与技能。学生的评价通常基于项目规划、团队合作、问题解决能力及项目完成质量等方面。通过参与实际项目的设计和实施,学生可以在真实的工作环境中展示自己的能力。

3. 口头报告和演讲

口头报告和演讲是一种评价学生表达能力和沟通技巧的有效方法。教师可以要求学生就某一主题进行研究,并在班级进行口头报告或演讲。在这一过程中,教师可以评价学生的信息搜集能力、内容组织能力、语言表达能力以及非语言沟通技巧等。

4. 教师反馈、同伴评价和自我评估

在行为表现评价中,提供及时和具体的反馈对学生的学习至关重要。教师可以在课堂活动、角色扮演和小组讨论等多种情境中,观察学生的交

际行为,包含语言使用、非语言沟通(如肢体语言、面部表情)以及对文化差异的适应策略。通过记录这些观察结果,教师可以对学生的跨文化交际能力进行具体的评价。教师可以通过一对一交流、书面评语或反馈会议等多种形式,就学生的表现向其提供反馈。

同伴评价是一种通过学生之间的互评来进行的评价方式。在跨文化交流活动中,学生可以参考预先设定的评价标准来评价同伴的表现,如沟通能力、文化敏感度、适应性等。同伴评价不仅能够促进学生之间的相互学习,还可以增加评价的多样性和客观性。

同时,激励学生自我评价以及反省自己的行为和学习,不仅有助于他们认识到个人的长处和需改善之处,还有助于提高他们的自律和调整能力。通过填写自评问卷或撰写反思日志,学生可以审视自己的行为、识别自身的强项和改进点。可见,自我评价有助于提高学生的自我意识和责任感,是个人成长和学习的重要部分。

第七章

大学英语专业文化教学中中华优秀传统文化的优化

中华优秀传统文化源远流长,博大精深,是中华民族的宝贵财富。其蕴含着丰富的哲学思想、道德观念、艺术审美等,这对于培养学生的综合素质和跨文化交际能力具有重要意义。将中华优秀传统文化融入大学英语专业教学,不仅能丰富教学内容,提高学生的学习兴趣,还能够弘扬和传播中国优秀传统文化,加强学生的民族自豪感和文化自信。正因如此,本书主要探讨大学英语专业文化教学中中华优秀传统文化的优化。本章首先分析现阶段大学英语专业文化教学在中华优秀传统文化传承方面的意义与"中华文化失语"现象的出现,探讨中华优秀传统文化在英语专业教学中的应用方式以及怎样通过教材编写、教学方法创新等途径实现中华优秀传统文化的渗透,期望能够为大学英语专业教学改革提供参考,促进英语专业教学和中华优秀传统文化的有机结合,培养具有国际视野和文化自信的新时代人才。

第一节　中华优秀传统文化融入大学英语专业文化教学的意义

一、中华优秀传统文化概述

（一）中华优秀传统文化的内涵

传统是一个社会的文化遗产，是延续三代以上影响当代人生活的，并被赋予当代价值和意义的文化。其中，精神层面是传统的核心，是传统得以延传的血脉和灵魂。

文化传统与传统文化二者是互动的关系，普遍认为，任何文化传统都是在传统文化的背景中塑造出来的。在没有传统文化的背景下，文化传统的形成是不可能的。然而，这并不意味着每一种传统文化都能在时间的积累和传承中逐渐演化为文化传统。因此，"文化传统"的定义较为狭窄，而"传统文化"涵盖的领域更加广泛。更进一步来说，文化的持续演进可以被视作一个过程，即将固化的"传统文化"通过时代的重塑和融合，转化为鲜活的"文化传统"。如果缺乏这样的转化，某些文明的传统文化可能会逐渐凋零，或甚至完全消失。例如，汤因比在其著作《历史研究》中指出，古代叙利亚、米诺斯、古代苏末和古代巴比伦等文明，因未能有效地演化为"文化传统"而渐次消亡[1]。因此，必须明确"传统文化"与"文化传统"两者之间是相互关联且不可分割的，在"推进中华优秀传统文化的创新性转化及持续发展"这一议题中，不仅突显了"传统文化"的稳定性和持久性，同时暗示了"文化传统"的动态性与变迁性。转化和发展并不是简单地将过去的文化遗产加以改造，而是将其中包含的"现代性"激活，并使其在当代文化中继续施展其影响力，进一步在不断的演化、整合、聚合和合并中，促进中国文化的前进脉动。

---

[1] 汤因比.历史研究:插图本[M].上海:上海人民出版社,2019:115.

在五千多年的历史演进中,中华民族铸就了优秀的文化传统,这一文化不仅是中国人智慧与劳动的凝结,还在其成长中融汇了外部文化的优秀元素,进而推动其深入演化。然而,中华传统文化的主干是在封建时代下构建的,难免地受到了当时社会结构和知识水平的影响,其中也蕴含了一些已不适应现代的观念。在对待这一传统文化时,应提炼其核心价值,摒弃那些不合时宜的部分,并对其进行现代化的调整与革新,以持续引领新文化的创造与发展。在长时期的历史演进中,中华优秀传统文化逐渐积累并凸显出其价值,为中华民族和世界文明进程注入了宝贵的力量。这一文化不仅对培养个人道德品质、提升国家及民族的凝聚力起到了至关重要的作用,还对维护国家的一致性、增进民族团结关系以及为中华民族的伟大复兴营造稳固的社会基础具有深远意义。中华优秀传统文化也构成了中国特色社会主义文化的核心组成,为中华民族融入全球文明的波涛中提供了坚实的文化支撑。进一步强化对中华传统文化的教育能促进民族自信和自尊,为中华民族持续发展注入精神动力。

而对于对中华优秀传统文化的定义,很多专家学者运用抽象概念或具体罗列等方式进行了比较全面的阐述。其中被广泛认可的一种阐述,即中华传统文化中的精华部分就是中华优秀传统文化。在中华文化的庞大体系中,这一形容词指的是"优秀的"或"杰出的"。因此,中华优秀传统文化可以理解为中华传统文化中的杰出和积极元素。此"优秀"并非单纯的"好",而是指向那些能够促进社会进步、和谐发展并适应时代变迁的文化精髓,如在治国理政的智慧中,《尚书》载:"民为邦本,本固邦宁",明确地指出人民是国家的基石,只有人民安宁,国家才能稳固。[1]再如,《道德经》中所述:"人法地,地法天,天法道,道法自然。"[2]这表明,古代的哲人强调人们的行为应与自然相协调,顺应客观规律,实现人与自然的和谐,体现了天人合一的哲学观点,为今日我国的生态文明和现代化建设指明了方向。再者,在中华文明的漫长历史中,众多古代先贤凭借其优秀的德行留下了令人敬仰的印迹,这些由传统文化所孕育的美德不仅在当时展现出其价值,而且在今天仍旧散发着魅力与光彩。以岳飞为例,其"精忠报国"的崇高精神在国家面临危机之际,表现为英勇战斗,为国家立下了不朽的功绩;而匡衡虽家境贫寒却志存高远,他的"凿壁偷光"的故事描述了他借邻家之光致力学术,最终成为博学者,这些文化传统不仅与时代进步的需求相契合,而且对于国家和社会的持续发展有着积极的

---

[1] 孔子.尚书[M].长春:吉林文史出版社,2017:34-38.
[2] 老子.道德经[M].上海:上海古籍出版社,2023:96.

促进作用,为人们在人际交往、国家治理等层面提供了宝贵的启示。

(二)中华优秀传统文化的内容精髓

1. 源远流长的语言文字

文字与语言在人类文化中占据关键地位,它们不仅为文化提供了一个传递和继承的媒介,而且是文化的核心要素。汉字与中华文化之间的纽带特别紧密,其对中华文化的继承、弘扬和进一步发展都作出了显著贡献。作为多民族国家——中国的官方语言,汉语拥有着深厚的历史底蕴。与其他语言相似,汉语在其发展轨迹中,词汇、语音、语法等关键要素都展现了其阶段性的变革与发展。一般的观点认为,一个文明的语言主要由语音和文字两个符号系统组成。然而,由于汉语包含了众多方言,跨越了不同地理区域,使文字难以简单地代表某一种语音符号。尽管如此,汉字的形态在面对语音的演变、方言的差异或语言结构的变革时,仍能保持其相对稳定性。正因为如此,只要一个人接受了充分的文字教育,无论其使用哪种方言,都能够对文意有一个清晰的解读。从这一角度分析,可以得出结论:"文字是汉语真正的实体。"

(1)汉字凝结厚重历史和光辉思想

汉字的起源可溯至公元前 6000 年的新石器时代,甚至更早。众所周知,商代时期,甲骨文已是一个成熟的文字体系。《尚书·多士》中的记载:"惟殷先人有册有典,殷革夏命。"证实在商代灭夏之时,已经利用文字在典籍中记录历史,展示了文字所具备的深重意义。[1] 在中国文化中,人们经常提到"人言为信",意指人们在交往中应恪守承诺。字母"信"的构造——左为"人"与右为"言"——恰当揭示了"言行不符,何以为人?"的理念,展现了汉字在表达中的独特魅力。又如,"仁"这一字作为儒家哲学的关键概念,它呼吁人们应行"仁爱"之德。该字由"人"与"二"组成,简洁地强调人与人之间的基石是"仁"。因此,《孟子·离娄章句下》中所云:"爱人者,人恒爱之。"从中可以看出,汉字不仅是沟通的纽带,还深深地承载了中华优秀传统文化的思想。[2]

---

[1] 孔子.尚书[M].长春:吉林文史出版社,2017:165-175.
[2] 孟子.孟子[M].哈尔滨:北方文艺出版社,2019:130-132.

（2）汉字饱含丰富的情感

汉字始于甲骨文的4000余字形态，历经或会意或指事或形声或转注或假借等方式，如今已蜕变为数万字的庞大体系。在漫长的历史长河中，中国的文人学士为其赋予深厚而真挚的情感。以《长歌行》为例："青青园中葵，朝露待日晞。阳春布德泽，万物生光辉。"春，为四季之始；晨，表示一日之端；朝阳，代表着生命的朝气。此诗以"青青"为主调，展现了生命的旺盛。考察字源，"青"的原型源于"生"，甲骨文中的"生"是草木繁茂的形态，这进一步印证了"青"与生命的紧密关联。《楚辞·大招》载："青春受谢，白日昭只。"[①] 此外，如杜甫的诗篇："白日放歌须纵酒，青春做伴好还乡。"[②] 和李大钊的言论："一生最好是少年，一年最好是青春。"[③] 均展现了"青春"意指人生最充满活力的时期。因此，"青"不仅代表着生命、东方、春天等文化象征，更是人类对永恒生命的美好追求。

（3）汉字具有优雅的形体

汉字的构形之魅力部分得益于其流动的线条特质。这种特性使其能在简洁的笔触中展现丰富的物象，相较于古埃及的象形文字，更显其独特的表现能力。在篆书的历史脉络中，大篆主要出现于春秋战国时的秦国，而小篆则是秦始皇统一六国后，推广"书同文"政策所采用的文字形式。图标系列"篆书之美"巧妙地利用篆书文字的均衡与齐整性，展现出简约而纯粹的美感，充分融合了古典的优雅韵味与现代的律动氛围，为观者带来丰富的审美体验。

作为世界上最古老的文字之一，汉字承载着中华民族悠久的历史和文化。而中国书法作为汉字的艺术表现形式，更是将汉字的韵味和神韵展现得淋漓尽致。随着全球化的发展，汉字和文化传播的范围逐渐扩大，如何将笔墨之间的艺术完美地呈现在世界舞台上，成为外宣翻译工作者面临的一大挑战。

2. 丰富多彩的文学艺术

在五千年的中华历史文化中，传统文学艺术展现了独特的魅力与价值，如同中华优秀传统文化高原中的一座巍峨之峰。衡量一个民族取得的文学艺术成果，可以以其是否丰富多彩，是否具备变革的特性为准绳，基于这一标准，中华民族在长达五千年的时间里，在文学艺术领域所获得

---

① 全上古三代秦汉三国六朝文 第一册 上古至前汉[M].石家庄：河北教育出版社，1997：137.
② 刘兰英.中国古代文学词典 第5卷[M].南宁：广西教育出版社，1989：181.
③ 李大钊.李大钊散文[M].上海：上海科学技术文献出版社，2013：104.

的辉煌成就,无疑令世界各国和其他民族为之赞叹。然而,古代中国在艺术领域的各个分支并不是同等的。具体评价其重要性,本书认为文学居于首位,随后是绘画与书法,最后是建筑和雕塑等。以下将对中国传统艺术的关键领域进行简要探讨。

(1) 文学

每个时代,中国的传统文学都呈现出"一代胜于一代"的特色。在这漫长的历史中,从先秦的《诗经》和《楚辞》,到诸子的散文,以及汉代的赋、魏晋的诗篇、唐代的诗歌、宋代的词、元代的曲艺、明清时期的小说,各式文学形态逐一显现,相继独领文坛,共同织成了一部令人震撼的文学历史长卷。值得注重的是,在众多文学样式中,诗歌始终被视为最早兴起且最为繁荣的,它一直被视为中国传统文学的核心。到了南宋,有些学者甚至简单地认为词只是"诗余",即诗歌的次要衍生品。

(2) 书法

在众多艺术形式中,书法最能代表中国的独特韵味。在中华文化背景下,书法不仅反映了个体的美学追求,更是宇宙美的体现。根据字体的不同,中国书法可被划分为篆、隶、楷、草、行五种主要风格。其中,篆书继承了古代象形文字的形态,并进一步细分为大篆和小篆;隶书的特点是稍显宽扁,展现出一种庄严的气质;楷书则因其结构方正和笔画整齐而受到尊重;草书以其简洁的结构和流畅的笔触,呈现出自由奔放的特性;而行书则既具有实用价值,又有审美意趣。书法不仅是墨迹留于纸上的艺术,它与书写者的心灵流动、情感传达都息息相关。书法与中华的文化"道"有着不可分割的联系,都源于对"自然"的观察与领悟。所有万物在"致虚极"之后都能够"并作",进而形成动与静的平衡。能够历久弥新的书法佳作如《兰亭集序》与《祭侄文稿》,都是书法大家在深入领悟中华文化之"道"的基础上完成的。

(3) 绘画

中国的绘画艺术可追溯至上古的彩陶及青铜纹饰。鉴于书画均以线条为核心,它们彼此之间有着紧密的关联,因此有学者认为绘画可视为书法的一种延伸。经过历史的长河洗礼,中国绘画形成了宫廷、文人、宗教、市民和民间五大流派,这些流派在其核心上都秉承了共同的美学理念。首先,它们采纳了散点透视的观察法,被称为"游目",即摒弃固定的观察视点,转向"仰观俯察、远近往还"的多角度观察,如顾闳中的《韩熙载夜宴图》、张择端的《清明上河图》、夏圭的《长江万里图》等均为此法的代表。其次,他们追求"遗貌取神",意在通过形与神的完美结合,使作品既超越了物象的形态,又能捕捉到其内在神韵。最后,游目式的笔法、色调与墨色相辅相成,通过线条、色彩和水墨的有机结合,构建了富有动态和空间感的视觉平面。

(4)建筑

相较于西方以石材为主的建筑风格,古代中国的建筑结构大多基于木材。关于这一选择背后的原因,学界尚无确切共识。从《诗经》中的"如翚斯飞"与"作庙翼翼"可推断,早期的木结构建筑不仅规模宏大,而且强烈地体现了审美价值。这种建筑在设计初期便注重整体布局,目的是实现建筑群的有机整合,而不仅是单一建筑的构建。此类建筑准则在明清时期仍然被遵循。

3. 开近代文明先河的科学技术

在天文学、地学、数学、生物学及医学等领域,古代中国科学技术均达到了世界领先的成果。

在公元105年,蔡伦在继承和完善先前纸张制作技术的基础上,以树皮、废布与麻头作为主要原料,创造出成本较低且质感上乘的轻质纸张。此种纸张标志为世界首份以植物纤维为主的纸质制品。其创新不仅让纸张逐渐替代了传统的竹简与帛书,蔡伦因此发明被封为龙亭侯,人们称此纸为"蔡侯纸"。

在公元7世纪,中国创造了雕版印刷术,并且进入11世纪中叶,基于对前代雕版印刷技术的深入研究,毕昇成功创新并发明了胶泥活字印刷术,其后,这项划时代的技术传至欧洲,并被广泛应用。可以认为,中国印刷技术在欧洲的应用,为西方近代文明的崛起和发展提供了重要动力。

火药的早期历史可以追溯到中国的古代,最早的火药制作方法被认为出现在公元9世纪的唐代,早期的火药被用于医学和炼丹术,配方包括硫磺、炭和硝石(硝酸盐),这些成分被混合并点燃,产生爆炸性反应。随着时间的推移,火药被用于军事用途,如制造火箭、炮弹和火药武器。在唐代的文献资料中,已经提及了火药在攻城战中的应用。而到了宋代,火药技术进一步发展,诸如霹雳炮和铁火炮这样的强大军械应运而生,使火药在军事领域中的应用日益广泛。到了13世纪,蒙古国建立,其势力范围扩展到了亚洲和欧洲的大片土地,在他们的征服过程中,将火药通过丝绸之路传播到阿拉伯地区。针对火药在人类历史发展中的核心地位,恩格斯认为,当火药在14世纪初期通过阿拉伯人传入欧洲,传统的战争策略也随之发生了根本性的变革。这一变革不仅导致骑士阶层的没落,而且间接加速了整个贵族在军事上的衰退,为资产阶级的崛起奠定了基石。恩格斯进一步明确指出,随着火器的广泛应用,对于落后的欧洲封建制度,其衰落的钟声已然敲响。不可否认,火药成为标志欧洲封建社会结束的"警告",并且是资产阶级社会即将到来的"先驱"。

中国古代的技术成就以"四大发明"为核心,为世界进步奠定了坚实的基石。中国的古代科技发明在推进人类历史的脉络中,发挥了引领近代文明的关键性作用。

(三)中华优秀传统文化的价值意蕴

1.道德思想的价值

在历史长河中,优秀的儒家伦理观念对中华民族的持续繁荣起到了不可或缺的作用,特别是当下对塑造社会主义核心价值观与引领主流思想方面仍具有深远的意义与应用价值。

(1)向善思想的价值

自古以来,人性善与恶的问题在哲学领域中持续受到关注,这不仅是中外哲学的核心议题,也为伦理道德体系的构建提供了根本出发点。

孔子早先提及:"性相近也,习相远也"[1]。在孔子之后,孟子深化了这一观点,他强调:"恻隐之心,人皆有之;羞恶之心,人皆有之;恭敬之心,人皆有之;是非之心,人皆有之。恻隐之心,仁也;羞恶之心,义也;恭敬之心,礼也;是非之心,智也。仁义礼智非由外铄我也,我固有之也"[2],这就是孟子的性善论。值得注意的是,尽管孟子坚信人具有先天的伦理概念,但他也强调了后天修养的重要性,并认为每个人都有向善的潜能,"人皆可以为尧舜"。

荀子深化了孔子关于"习相远"的思想,进而构建了"人性恶"的哲学论述。他论述,人类天生具有强烈的欲望驱使,这些欲望如果未得到适当的满足和引导,容易导致社会冲突和纷争。从这个角度出发,荀子认为人类天生有"好利"、"疾恶"之性及"耳目之欲"。如果仅按照人性的天然倾向和欲望来行事,"争夺"和"暴力"的行为模式必然会出现。荀子进一步阐述:"人之性恶,其善者伪也",真正的善和有价值的品质是后天通过不懈努力和培养形成的。荀子引用:"尧舜与桀跖,君子与小人,其天性是相同的",这进一步强调了后天培育和修炼的关键性。《三字经》中也

---

[1] 孔子.论语[M].西安:三秦出版社,2018:131.
[2] 孟子.孟子[M].哈尔滨:北方文艺出版社,2019:216.

有提及:"苟不教,性乃迁"①,后天的教育和环境在塑造和重塑人性上具有决定性的角色。荀子强调,"其礼义,制法度",意味着通过人的努力可以修正其天生的"恶"性。如此,"涂之人亦可能成为禹"②。在此基础上不难看出,孟子与荀子的思考在某种程度上是相似的,二人皆注重内心的修炼,主张惩恶扬善,持续地完善自己。

孟子与荀子就人性论探讨时,各自形成了一套相对完备的哲学理论构架。后世的思想家们在此基础上继续对人性的善与恶进行了深入的辨析。例如,韩愈将人性划分为上、中、下三层次,而李翱则主张性之为善、情之为恶。这些思想家都为探究人性的善恶提供了深入的洞见。当李翱提出其"复性"论述之后,大众对于人性的本善观点形成了共鸣,李翱的"复性"理念强调人的天性是向善的,但普罗大众经常因情欲而使其本善之性受到干扰,相对地,圣贤之人能免于情欲的束缚,从而保持其原始的本善。为此,普罗大众应努力摒弃情欲,追寻"弗思弗虑"的心态,以达到"至诚"的高度。随后,在宋代,儒家对人性的理论进行了完善,提出了"天理至善""存天理,灭人欲"以及"天命之性纯善无恶"等观点,进一步强化了人性本善的理念。

儒家思想强调"性本善"的观念,对中华民族精神和道德伦理建构具有深远影响。从儒家的价值观出发,向善的观点可以概括为三大核心要素:第一,认为人的本性向善为其作出善良选择提供了哲学基础;第二,利益的诱引与鼓舞为实现向善提供了积极因素;第三,对于不良行为的惩戒和对外部评价的敬重则形成了向善的制约机制。孟子曾言:"君子莫大乎与人为善"③;荀子亦有"积善成德,而神明自得,圣心备焉"的观点④;而孟子则提出:"勿以恶小而为之,勿以善小而不为"⑤……这些经典的论述为人们揭示了善的深刻内涵,儒家思想渗透至中华民族文化的深层,向善之德成为中华传统的美德之一。

(2)仁爱思想的价值

在中华优秀传统文化中,"仁爱"一词不仅具有深厚的历史背景,而且代表着一个核心的价值观念。孔子为中华文明确立了充满人文精神的"仁"学体系,将"仁"视为道德的最高境界、标准和原则。从孔子的"泛爱众而亲仁"到孟子的"仁者爱人",进一步展现了仁者从"爱亲"到"爱

---

① 王应麟.书香童年改编.三字经[M].福州:福建少年儿童出版社,2012:2.
② 荀子.荀子[M].曹芳,编译.沈阳:万卷出版有限责任公司,2020:25.
③ 孟子.孟子[M].哈尔滨:北方文艺出版社,2019:52.
④ 荀子.荀子[M].曹芳,编译.沈阳:万卷出版有限责任公司,2020:31.
⑤ 陈寿.三国志[M].北京:团结出版社,2017:173.

民"的儒学发展趋势,突显了博爱的核心思想。古籍《礼记》中庸篇中有云:"仁者人也,亲亲为大。"① 而在《孟子》尽心下篇,更是明确指出:"仁也者,人也。"② 这些经典著作中的论述解读了"仁"的深意,即人与人之间的深厚情感与关怀。而董仲舒在《春秋繁露》之仁义法中进一步明确了"仁"的道德定位:"仁之为言人也……仁之法,在爱人。"由此可以理解,"仁爱"不仅是一种道德观念,更是一种对他人的关心、宽容和同情的情感表达③。

在儒家思想中,"仁爱"被誉为核心理念。《论语》这本记载孔子及其学生言行并深入阐述孔子思想的经典著作,对"仁"进行了论述,"仁"一字在文中出现了109次,足以证明"仁"的概念是孔子价值观中不可或缺的一部分。进一步探究孔子对"仁"的定义,发现其核心思想和基础理念均指向"爱"的概念。孔子是首位明确将"仁爱"视为礼乐文明的精髓,并进一步将"仁"的含义解释为"爱人"的思想家。他曾告诫樊迟:"樊迟问仁,子曰:'爱人'。"此外,孔子还提出了"讥(即泛)爱众而亲仁"的理论。综合孔子的各种观点可以明确的是,要真正实现"仁"的德性,关键在于实践中的"爱"。

在儒家思想中,"仁爱"被赋予了至高无上的地位,它起始于每个人对亲情的真挚情感,具体表现为对父母的孝敬和对长辈的尊重,这种情感不仅停留在家族关系的界限内,而且扩展至更广阔的社会领域,从关爱身边之人逐渐延伸至对所有人的关怀,乃至对大自然、山水、动植物的深厚情感。孟子曾深刻地指出"老吾老以及人之老,幼吾幼以及人之幼",以及"亲亲而仁民,仁民而爱物",这些观念凸显了仁爱之于儒家的核心地位。随着历代的传承和深化,儒家对"仁"的理解也日益丰富:在广义上,其融合了"五常",即仁、义、礼、智、信;而狭义上的"仁"仅为五常中的一环。此外,"仁爱"的精神也融入"孝悌忠信,礼义廉耻"的四维八德基本原则中。把"仁爱"视为道德的高尚目标,对于社会的进步具有至关重要的推动作用。秉持并传承"仁爱"这一优良传统,能够更好地实践社会主义核心价值观,进而塑造和谐的社会环境。与此同时,"仁爱"的传统不仅与社会主义核心价值观高度吻合,还能促进公民培育文明和谐的社会氛围。此外,为了应对现代设计思想道德领域内的一系列挑战,弘扬并实践"仁爱"的思想显得尤为重要。通过这种价值观的推广,可以为公众设立一个明确的价值取向,帮助他们建立合理的道德评判准则,并增强其道

---

① 戴圣.礼记[M].张博,编译.沈阳:万卷出版有限责任公司,2019:295.
② 孟子.孟子[M].哈尔滨:北方文艺出版社,2019:280.
③ 董仲舒,周琼.春秋繁露[M].呼和浩特:远方出版社,2005:70.

德实践能力,特别是自主实践的能力,从而塑造出一个仁爱善良的精神文化环境。

(3)义利思想的价值

在探讨义利观念的深层次内涵时,可以定义其为"对于义与利的根本性理解以及对其关系的态度"。在先秦儒家思想中,其关于义利的观点主要强调了"重义轻利"的原则,呼吁人们看到义与利在一定条件下的辩证统一性。例如,经典文献中所提:"义者,宜也。尊贤为大",此语从侧面反映了儒家视"义"为适当和合理的行为,即代表了符合道德和公正的意义。在儒家思想体系中,将"义"与"仁、礼、智、信"并列,共同构成了儒家君子所应遵循的五常,这是儒家道德观和人格典范的基石。另外,"利"在儒家的思想体系中同样占有一席之地。此外,儒家对"利"的解读也颇为深入,将其解释为人类的需求和利益,在儒学中对"利"有细致的划分,如将其区分为正当与不正当的利益,或是天下的公共利益与个人的私利等。

在中华民族上千年的道德观念与价值观的形成过程中,儒家的义利思想展现了其深远的影响。面对当前市场经济的发展环境,必须准确把握义与利的辩证统一性。基于儒学视角,要坚定地遵循"以义为上"理念,并在实践中践行"见利思义"。儒家对于义利的独到理解,为后世抵御拜金主义、利己主义及享乐主义的浸润提供了有力的支撑。同时,为社会在合理、合法框架内追求利益提供了引导,有助于维系社会的稳定和谐,确保公民的合法权益得到保障。

2. 政治思想的价值

儒家政治思想展现了深厚的学术内涵,涵盖了如民本思想、仁政思想、廉政思想及大同思想等关键议题。在这套思想框架中,"民"被视为基石,"仁"则被赋予了中心地位,所追求的理想目标是"大同"与"大一统"。儒家政治哲学不仅将伦理、法律、教育与政治融为一体,而且在政治实践中坚持民本原则,倡导仁政与德治,并强调礼的重要性于治国策略中。

(1)民本思想的价值

在中华传统文化的发展史上,民本思想自国家初创便已存在,起源于商周时期,历经漫长的岁月,它始终融入国家的政治进程与制度变迁中,起到了至关重要的作用。该思想在儒家教义中被赋予了深厚的内涵,不仅体现了"民惟邦本"的理念,更传递出尊崇生命、人文主义的精神传统。孔子将民本思想深嵌在"仁"的定义中,认为"仁"的真谛即"爱人",

而这里的"人"特指广大的百姓。翻阅儒家古籍,便能察觉民本思想的光辉。

（2）仁政思想的价值

在儒家政治思想体系中,"仁"的理念始终居于核心位置,其在政治行为中的表现被称为"仁政"。孔子倡导"为政以德",主张统治者应持有仁爱之心治理国家,以此达到对民众的道德教化。孟子不仅继续弘扬了孔子对"仁"的理解,更进一步将这一思想延伸至政治、经济和文化等领域,形成了一套更为完整的仁政学说。他将人性本善的论点作为其政治理论的基础,主张通过实施体现同情与怜悯的策略来管理国家。孟子提出:"以不忍人之心,行不忍人之政,治天下可运之掌上",明确指出应当推行对民众持同情与怜悯态度的政策,也即所谓的"不忍人之政"[①]。

在儒家政治思想体系中,"仁"与"礼"形成了核心与外延的关系。其中,"仁"为基础,而"礼"则是其具体的表现形式。如果缺乏"仁"的内核,那么"礼"的外壳很快就会瓦解;而在没有"礼"的指导下,"仁"的实现变得极为困难。因此,要想实现仁政,两者需要相互补充、共同作用。孔子在他的思想中强调,为了达到政治的道德化,需要依赖礼的规范和实践,从而主张"为国以礼"。孟子进一步指出:"而或以无礼节用之,则必有贪利纠纷之名,而且有空虚穷乏之实矣。"[②] 这清晰地揭示了礼的重要性。孔子与孟子虽有各自的哲学侧重,但他们的思想都致力于重塑社会的伦理秩序。在政治实践层面,儒家主张仁政的实现必须通过礼的具体化,进而强调"为国以礼"的重要性。当每个人都能恪守礼义,国家才能真正地实施仁政,那么民众将会更加富裕,国家也将更加强大。此外,礼法不仅是对民众的教育和管理手段,同时也是对官员的行为准则。

第一,儒家所主张的仁政思想对于我国现代的政治建设和社会治理具有重要的参考价值。仁政思想为当下中国关于"依法治国"与"以德治国"策略的整合提供了理论基础。传统的儒家思想高度重视道德政策和道德教育,尊崇道德对个体和社会的引导力,从而为"以德治国"策略赋予了核心动力。另外,仁政在儒家思想中与"礼"是相辅相成的,确保了完整的礼仪制度,使民众得以遵循法规,生活井然有序,为"依法治国"的实施建立了坚实的理论框架。在当今多元文化与多种价值观共存的社会背景下,法治与德治都应得到平等重视,使二者相互补充、相辅相成。

第二,仁政思想为当代领导干部提供了可资借鉴的为官之道。领导

---

① 孟子.孟子[M].哈尔滨:北方文艺出版社,2019:55.
② 孟子.孟子[M].哈尔滨:北方文艺出版社,2019:67.

干部应当秉持正确的权力观,始终将人民的根本利益视为行动指南;应该全心全意为人民服务,权力应用于造福人民,而非私利。更为关键的是,领导干部应深切关心人民的需求和困境,始终保持与人民的紧密联系,倾听他们的声音,切实解决他们的实际问题,并确保社会的持续稳定和健康发展。

3. 教育思想的价值

在儒家思想中,教育、教化天下被视为治理国家的核心要素。作为中华历史上最杰出的教育思想家,孔子始终强调人口、财富与教育三者对国家的建设意义,并将其中的教育元素视为"立国"的根本。孟子进一步阐释道:"善政不如善教之得民也。善政,民畏之。善教,民爱之。善政得民财,善教得民心",揭示了在治理策略中,教育被认为是赢得人民心意的关键手段。总体来说,儒家教育观点涵盖三个方面,即"有教无类""因材施教"以及"尊师重道"等核心思想。

(1)"有教无类"思想的价值

《论语·卫灵公》中的"有教无类"思想深刻地反映了孔子的教育思想。在孔子时代,社会正在经历从奴隶制向封建制的转型。[①] 在这个历史节点,奴隶制的影子仍然盘旋,教育依然是"学在官府,民间无学"的模式,只有社会上层的贵族有权接受教育。随着时间的推移,社会生产工具和经济结构的变革导致井田制度的瓦解,王权和奴隶主贵族的势力随之衰退。孔子察觉到这一变革,提出"有教无类"的思想,意在通过扩大教育接受者的范围来缓解社会矛盾并稳定治理格局。在此教育观念下,教育的受益者不再受种姓、贫富或地域的限制,只要有学习的愿望,均可享有受教育的机会。

"有教无类"的教育哲学在现代教育改革中仍然具有深远的意义。自改革开放以来,中国的教育事业迅速发展,实施了九年义务教育制度,大大减少了文盲率,同时,中高等教育也取得了显著进展,并在教育资金方面持续增投。尽管如此,在教育的普及与公平性方面,仍有许多待完善之处。因此,"有教无类"的理念不仅在理论上为确保我国教育公平提供了有力支撑,也在实践中对促进社会主义核心价值观的传播和深化具有不可替代的作用。

(2)"因材施教"思想的价值

孔子主张"因材施教",意指针对不同的学生特性采用相应的教育策

---

① 孔子. 论语[M]. 福州:海峡文艺出版社,2012:166.

略。如《论语》中所记,子路询问:"闻斯行诸?"孔子回答:"有父兄在,如之何其闻斯行之?"冉有同样提问,孔子答:"闻斯行之。"公西华进一步指出:"子路提出'闻斯行诸'的问题,子称'有父兄在';而冉有提问'闻斯行诸',子答'闻斯行之'。此处所引起的疑惑,敢问何解?"孔子解释称:"冉有因其谦逊之性格而退缩,因此应鼓励之;仲由因其胜过于人之性,所以应适当地制衡。"由此,孔子的"求也退,故进之;由也兼人,故退之"揭示了其因应学生性格差异而施教的理念。[①] 在教育实践中,这种个性化的教育策略承认了学生的独特性和差异性。当代教育特别是在弹性学习制度的构建中,应重视"因材施教"的理念,不仅有助于满足个体与社会的发展需求,还为教育改革提供了理论支撑。

(3)"尊师重道"思想的价值

在儒家的核心思想中,尊师重道占据了至关重要的地位。孔子深知学术的海阔天空,主张"学无常师",并尊崇那些拥有深厚学识和崇高道德的人们。他的经典言辞"圣人无常师。孔子师郯子、苌弘、师襄、老聃。郯子之徒,其贤不及孔子。孔子曰:'三人行,则必有我师。'是故弟子不必不如师,师不必贤于弟子,闻道有先后,术业有专攻,如是而已。"表达了他的学习观点与尊师思想。孔子持有的"三人行必有我师"的教学哲学,不仅为教育职业确立了崇高的标准,而且在历史长河中获得了广泛的认同与赞誉。此外,儒家对于尊师重道的倡导对后代产生了深远的影响,为我国的科教兴国战略和建设教育强国提供了宝贵的思想指引。

二、中华优秀传统文化与大学英语专业文化教学融合的意义

教师将中华优秀传统文化渗透到英语教学中,让学生在英语视角下对中华优秀传统文化有深入的了解,增强学生的民族自豪感。中国有着上下五千年的历史文化,学生肩负着传承传统文化的重任。因此,学生在英语课程学习中也应该多了解传统文化。一般情况下,大学英语专业课程教学主要是以西方文化为主的教学内容,忽视了中华优秀传统文化的教学渗透。教师应该站在辩证的角度认识西方文化,引导学生学习更多的中华优秀传统文化,激发学生的民族情怀,让学生能够深刻认识到不同语言中蕴含的文化,从而做好中外文化交流,向世界传播中华优秀传统文化。在大学英语专业教学中,如果教师不渗透本国的文化,当学生想要向外国人展示自己的民族文化时,却不知如何介绍,缺乏语言能力,导致中

---

① 孔子.论语[M].福州:海峡文艺出版社,2012:107-111.

国传统文化不能传递出去。因此,新时期的大学英语专业教学需考虑实际发展情况,为学生建立良好的教学环境,使学生能够接触到西方文化的同时,对本国的文化进行深化研究,不断提高自身的语言能力,将传播中国文化作为己任。

全球化的浪潮使跨文化交流更频繁,英语是国际通用语言,在其中扮演着重要角色,但是单纯的语言技能已无法应对复杂的跨文化场景。学生应该深入理解并尊重差异文化,只有这样才能在多元文化的世界中有效沟通。中华优秀传统文化承载着深厚的哲学思想、道德观念、艺术审美等,将上述元素融入大学英语专业教学能够帮助学生更深入地理解中西方文化的差异,培养其文化敏感性和跨文化交际能力。

大学英语专业教学和中华优秀传统文化的结合是教育改革和创新的必然趋势。这种结合可丰富教学内容、创新教学方法并激发学生的学习兴趣和动力。通过挖掘英语教材中的文化元素,引导学生进行跨文化比较和思考,以提高学生的批判性思维能力和创新能力。

第二节 大学英语专业文化教学中的"中华文化失语"现象

一、"中国文化失语"现象

"中国文化失语"现象指的是在英语专业教学中长期以来存在的过度强调西方文化、忽视本土文化的现象,教师在英语专业教学的过程中过度重视目标语言及其文化的输入,忽视了母语文化的输出,导致许多中国学生虽然已经具备了较强的目标语言表达能力,仍然难以正确、自然地使用目标语言在开展跨文化交际活动的过程中阐述、解释中国文化。

近年来,"中国文化失语"现象已经引起了学术界诸多专家的重视。从丛(2000)率先提出,教学改革要求教师在教学中加大英语国家的文化量,却忽视了跨文化交际过程中作为交际主体的中国文化的英语输入。[①]

---

① 从丛.中国文化失语症:我国英语教学的缺陷[N].光明日报,2000-10-19(C1).

郭敏(2014)认为,英语教师的教学目的是帮助学生在跨文化交际的过程中,既能应用英语理解英语国家的文化,也能应用英语表达中国文化,后者却在大学英语教学中明显缺失。[①]

周岐晖、陈刚(2015)通过调查高校英语教学中中国文化缺失的现象发现,中国文化在跨文化交际的教学过程中存在严重的缺失,高校英语教学几乎变成了西方文化的单向输入,而非交际双方文化的交互过程。[②]

乔文静(2020)通过调查研究发现,英语教学中也存在较为严重的中国文化失语现象,学生面对较为专业、生僻的中国文化时明显感觉比较陌生,较难使用英语对中国文化进行表达。[③]尤其是自全国大学英语四级、六级考试中加入与中华优秀传统文化相关的内容后,学生在完成翻译、写作等项目时,普遍感受到一定的困难。

二、大学英语专业文化教学中的"中华文化失语"的原因

大学英语专业教学中的"中国文化失语"现象产生的原因是多方面的,主要可以归纳为以下几个方面。

(一)英语专业教学中的西方文化主导

由于西方文化在全球范围内的影响力和地位较高,大学英语专业教学一般更注重西方文化和英语语言的教学,强调西方文化价值观、历史、文学和社会制度等方面的学习,一定程度上忽略了本土文化和本土语言的教学。例如,在教授 Where Computers Defeat Humans, and Where They Can't(计算机的过人与不足之处)时,教师会在阅读开始前为学生补充 AlphaGo(谷歌公司旗下的人工智能程序)的相关信息,而不会专门介绍课文中出现的中国文化关键词——围棋,学生在阅读文章后只知道在围棋领域战胜人类的人工智能具备了强大的运算能力,而不知围棋这一中国传统棋类竞赛所蕴含的中华文化底蕴。这种以西方文化为主的导向,可能会导致学生在课堂上更多关注对西方价值理念和文化知识的学

---

① 郭敏.中国文化融入大学英语教学的必要性及实现路径[J].内蒙古师范大学学报(教育科学版),2014,27(11):135-137.
② 周岐晖,陈刚.高校英语教学中的母语文化缺失现状调查及应对策略[J].外国语文,2015,31(04):139-145.
③ 乔文静.独立学院大学英语教学中"中国文化失语"现象的调查与分析[J].中国多媒体与网络教学学报(上旬刊),2020(06):97-99+25.

习，对本土文化的关注度不足，从而产生"中国文化失语"现象。

（二）英语教师的认知与教学方法

一些大学英语教师可能对中国文化缺乏了解，或者将中国文化视为次要的知识点，因而未将中国文化融入大学英语专业教学中。譬如，少数英语教师在讲授关于中国传统节日的翻译时，不对节日习俗进行讲解，而是简单地把一些关键词的译文列出来让学生记忆，导致学生翻译出来的内容也只是将关键词拼凑成句子，既不匹配中文原文的含义，也不符合英文的表达方式。此外，一些教师在大学英语专业教学过程中，采用较为传统的翻译教学法，没有要求学生直接使用英语表达，而是采取将中文翻译为英文的方式，导致学生习惯使用中文的思维方式进行英语表达，学生只会输出生硬且不自然的英语语句、段落，无法进一步提高英语的语言组织和表达能力。由于无法准确、顺畅地表达出中国文化，学生往往选择回避相关话题，这进一步加剧了大学英语专业教学中的"中国文化失语"的现象。

（三）英语教材和课程设计

许多英语教材和课程设计更注重西方文化和英语语言的学习，而忽略了本土文化和本土语言的学习。刘艳红（2015）等学者指出，大学英语教材中存在西方文化主导、中国文化边缘化以及文化国别不清的现象。[1]例如，一些大学英语专业教材中的每个单元有三篇阅读材料，其中的精读材料和泛读材料均是以西方文化为主的文章，而中国文化为主导的只有一篇补充阅读材料，大学英语教师基于此类教材进行课程设计，这样的课程设计必然出现过度重视西方文化的输入和忽视中国文化的情况，教师在授课过程中也较少针对补充阅读材料进行讲解，导致学生对本土文化缺乏了解和认同，从而产生"中国文化失语"现象。此外，少数大学英语教师虽然在课程设计中融入了中国文化的相关内容，但并没有结合学生的学习特点和学习需求，没有对中国文化元素进行解释和讲解，导致课堂教学效果并不理想。

---

[1] 刘艳红, Lawrence Jun Zhang, Stephen May. 基于国家级规划大学英语教材语料库的教材文化研究[J]. 外语界, 2015（6）: 85-93.

第三节 大学英语专业文化中"中华文化失语"的改善策略

一、大学英语专业文化教学中"中华文化失语"的常见策略

大学英语专业教学既具备英语教学的一般特征，又存在更注重培养应用型人才的特殊性。大学英语专业教学中更关注学生的英语应用能力和通过全国测试的能力，教师在教学过程中也会有意识地对学生的相关读写译能力进行训练。但仅止于此是不够的，大学英语教师更应重视"中国文化失语"的问题，并采取相应的补救措施。

（一）加强英语专业教学与中国文化的融合

教师可以将中国文化元素融入大学英语专业教学中，如通过用英语介绍中国传统节日、讲授中国历史、使用含有中国文化的多元化教学资源等，使学生更容易理解和表达中国文化。这样的教学活动一方面能够丰富课堂教学形式，吸引学生的学习兴趣；另一方面能够潜移默化地将有关中国文化的英语表达传授给学生，增强学生的跨文化交流意识。

（二）提高英语教师的中国文化水平与中国文化意识

大学英语教师不能仅提高自身的英语学术水平，还要适当学习中国文化知识，通过阅读中国文化典籍、听取专家讲座、参与同行交流会等方式，逐步提高自身的中国文化水平，增强中国文化意识和学术素养。教师还需要与学生互动交流，了解学生所接触的现代中国文化，在交流过程中加深自己和学生对中国文化的理解，同时进一步强化双方的跨文化交流意识。

（三）提高学生的文化自信心与文化认同感

对母语文化的自信心和认同感是产生跨文化交际意识的基础，教师可以通过多种途径增强学生对中国文化的理解和认同感。例如，引导学生用英语讲授中国文化、激励学生参与各类文化体验活动、鼓励学生用英语写作或演讲中国文化的相关内容等，帮助学生看到、感受到中华文化的精髓。

（四）改变传统教学观念，树立正确的教学目标

中华优秀传统文化传承着千年的历史文化内涵，大学英语教师应该肩负起传承中华优秀传统文化的责任，做好英语与传统文化的融合性教学，将其作为重要的教学任务。教师需要结合实际教学发展趋势，不断改变自身传统教学理念，多进行教学创新，加强学生课程学习思考能力。教师通过创新教学理念，可为学生提供良好的课程教学环境，加强学生主动学习的意识。教师不能仅将成绩作为教学的最终目标，而应该从学生的角度进行探究，加强对学生综合性的教学思考，使英语教学焕发新的生机。教师对学生进行耐心的教学指导，助力学生的学习进步，使学生坚定自己的爱国信念，成为社会需要的人才。

教师需要创新英语专业课堂教学形式，将主动权还给学生，通过合理的引导，强化学生的主体学习意识，增强学生的课程学习认知。因此，在当前的教学环境下，教师应该加强对传统文化的深入了解，帮助学生不断提升自身的学习认知，增强学生的语言思维能力，提高学生的英语素养，同时，加强学生对中华优秀传统文化的了解，激发学生在英语专业课堂中学习传统文化的兴趣。

（五）整理教学资源，拓展优秀传统文化

大学英语专业课堂中对传统文化的渗透，对学生的学习发展有着积极的影响。教师需要整合教学资源，拓展课堂教学内容，深入挖掘中华优秀传统文化内容，提高英语专业课程教学的质量，丰富学生英语专业课程内容的学习，加深学生的学习印象。教师在挖掘中华优秀传统文化时，需要在词汇、阅读、写作等多个方面寻找传统文化要素，整理综合性的教学

资源,为学生创建丰富多样的英语专业课程教学。不仅如此,教师还可以通过其他渠道搜集相关的教学资源,借助网络教学方式,为学生提供有趣味、娱乐形式多样的教学引导。比如,教师可以结合一些英语教材中涉及的节日和风俗文化,对学生进行拓展教育,引导学生自主观看一些具有教育意义的节目,像《中国诗词大会》《中国成语大会》《风华国乐》等,让学生能够在蕴含传统文化特色的氛围下,探寻英语语言文化与中华优秀传统文化之间的关系,加强学生对英语知识的学习理解,丰富学生的情感认知。

由于大学英语专业教材中的教学资源有限,因此教师应积极探索多样化的教育资源,丰富学生学习条件,增强学生的自主学习理解能力,建立更为完善的课程教学制度,从而推动新时期课程教学的发展。教师需明确传统文化教学传播的目标,积极探索趣味高效的教学模式,学会进行资源整合,寻找中华优秀传统文化与英语之间的关系,学会运用英语将传统文化表达出来。

(六)挖掘传统文化价值,丰富英语专业课堂要素

大学英语专业课堂受应试教育的影响,教学内容主要是词汇和阅读。教师需要重视传统文化教学的渗透,在高素质的教学环境下,提升学生的英语学习水平。教师需要在英语专业教学中深入挖掘传统文化的教学价值,使课程教学更加丰富多样,不断提升学生的英语学习素养。教师通过提高学生的英语学习质量,可引导学生对当前所学习的知识进行学习探索,让学生了解更全面的学习内容,加强学生的课程学习思考,丰富英语专业课堂的教学要素。比如,教师在课程中渗透传统文化的目的是培养学生的民族文化意识,使其明确跨文化交流意识,加强学生的课程学习思考,充分锻炼学生的学习能力,加深学生对课程的深入研究和了解。

(七)提高教师职业素养,开展高质量英语专业课堂教学

大学英语教师在英语专业课程教学中渗透中华优秀传统文化,对自身的教学能力有着巨大的考验。教师需要不断提高自身的教学能力,形成高质量的英语专业课堂教学模式。首先,教师需要有丰富的传统文化知识储备,并且在日常教学中合理引入传统文化,具备较高的职业素养。教师既要有较高的英语职业素养,还应该具备跨文化教学能力。教师需

要用辩证的能力开展英语专业课程教学,充分分析中西方文化之间的差异,不能片面地判断好坏,影响学生的整体学习。教师需要学习更多的传统文化内容,在大学英语专业教学中合理渗透,提高学生的课程学习兴趣。比如,很多学生都很了解十二星座,那么大家对于十二生肖的了解又有多少呢?教师应通过合理的教学渗透,帮助学生更多地了解我国的传统文化,不断增强学生的学习认知能力,丰富学生的学习思维。教师只有不断地学习更多的文化内容,提高自身的文化素养,才能在大学英语专业课程教学中为学生渗透更全面的传统文化内容,从而推动现代化英语专业课程教学的发展,呈现出丰富多样、趣味高效的教学模式,让学生在学习英语的过程中感悟传统文化的魅力。

(八)设计趣味活动,形成寓教于乐

大学英语教师让学生将某一首诗直译出来,然后根据翻译出的汉字猜测这是哪首诗。虽然最后学生都猜出来这是李白的《静夜思》,但是翻译出来以后却少了诗词中原有的意境,英语翻译出来表面的意思,却无法将诗中的情感体现出来。教师可以让学生自行尝试一下用英语来翻译唐诗,看看谁翻译得更准确。学生通过这个活动能够将所学习的知识更好地应用起来,不断提升自身的英语学习能力,加强自身对英语知识的了解。不仅如此,学生在翻译唐诗的活动中发现,汉语有着独特的魅力,其他的语言难以表现出来。大学英语教师在英语专业课上渗透传统文化,有利于提高学生的民族自信感,丰富学生的情感认知,让学生愿意主动进行英语专业课程的学习,提升学生的学习水平。学生对英语专业课程的学习越深入,对传统文化就越热爱,从而强化自己的民族责任感,提升自己的文化认知,并学会利用英语知识将传统文化进行传播,让世界感受到中华优秀传统文化的魅力。

(九)在英语写作中渗透中华优秀传统文化

大学英语专业课程学习的最主要目的是加强中西方文化的交流,从而借鉴优秀的教学经验,服务于社会主义文化建设。大学英语专业课程中传统文化教学的渗透是为了让学生从中发现不同文化的独特魅力,同时增强学生传统文化积累。大学英语专业课程属于一门语言学科,而语言是文化传承与交流的工具,但是在英语教学中教师会忽略语言的运用。

第七章 大学英语专业文化教学中中华优秀传统文化的优化

我国大学英语专业课程教学更多的是注重学生的英语答题能力,很少会对学生的语言交流进行考核,所以教师应该从学生的角度出发,对其进行综合性的教学引导,转变传统的教学观念,提升学生的语言交流能力。因此,大学英语教师应该丰富英语的功能,不仅在语言交流上,还有传统文化的传承上。大学英语教师通过渗透传统文化,让学生感悟文化的多样性。大学英语专业写作是语言交流的书面表达,是渗透传统文化的有效途径。教师首先需要选择适合的主题,让学生进行研究。教师需要给学生列出几个要点,加强学生课程学习思考,提高学生的英语运用能力。因为学生对于传统文化的了解更多的是传统节日,所以教师可以让学生选择春节、端午节、中秋节等节日进行描写。其次,学生在写作过程中也会搜集很多的资料,从而更了解这些传统节日背后所传递出的情感。最后,学生通过写作训练,明白应该如何运用英语知识进行传统文化的传播,这对自身英语能力的提升有积极作用。

(十)将传统节日融入英语专业教学

中国传统节日文化和学生日常生活有着非常密切的关系,而且学生对这些内容很感兴趣。素质教育的推广能够增强学生对传统文化的学习感知,加强学生理解传统文化在大学英语专业教学中的作用,培养学生的英语学习能力。传统文化教学渗透对学生课程学习有着不同的教育意义。学生在感兴趣的主题下能够强化自身的情绪意识,加深自己对大学英语专业课程的学习与了解,并积极参与到课程学习中。教师应当多与学生进行互动交流,运用英语进行交流,培养学生的实践能力。比如,教师以传统节日为讨论的主题,大家可以根据自己的想法进行表达,但是需要用英语。学生在传统节日交流活动中,将自己的需要用英文表达出来,感受到丰富的文化内容所呈现出的精神,这样的活动有利于学生心理健康的发展,加强学生的语言学习能力,增强学生对传统文化的学习。教师与学生之间的交流互动可有效强化学生对英语课程的学习感知能力,增强学生的逻辑学习意识,快速加深学生的课程学习认识。传统节日在英语教学中的合理渗透,有利于激发学生的学习热情,构建完善的教育体系,加强学生对所学知识的深入理解,呈现出新时期英语专业教学的多元化,培养学生具备良好的学习素养。

二、课程思政背景下大学英语专业课堂融入国学经典教学研究

中国特色社会主义教育的根本任务是立德树人。2016年12月,全国高校思政工作会议上强调要充分利用课堂教育主阵地优势,做好高校思想政治工作,各门课都要守好一段渠、种好责任田,使各类课程与思想政治理论课同向同行,形成协同效应。①

我们要读经典国学名作,读《老子》,悟天之大道,明人之至德;读《论语》,知礼义廉耻,做谦谦君子;读《庄子》,超然物外,安顿身心;读《孟子》,成阳刚之骨,养浩然正气;读《坛经》,修心合道,明心见性;读《近思录》,明天理,正道统;读《传习录》,致良知,知行合一。这几部中华经典,绝不只是几本书而已,而是中国文化的几个面向和高度,中国人的几种修行与境界。

党的十九大报告指出:"文化是一个国家、一个民族的灵魂""文化兴,国运兴""没有高度的文化自信,没有文化的繁荣昌盛,就没有中国民族的伟大复兴"。在此指导思想下,我国的基础教育已经开始在各科渗入了传统文化教育,特别是文史类科目,不乏看到摘自经典国学中的名作片段。但遗憾的是,在大学英语专业教学中,传统文化特别是经典国学名篇译作在英语专业教学中的渗透和研究都比较匮乏。

(一)融入中国经典国学的大学英语专业教学实践

鉴于国内外学者一致观点,作者尝试在某院校进行相关的教学研究,以验证优秀传统文化中经典国学对于学生英语能力的有效提升作用。本次行动研究中选取本校会计专业两个班级进行比较研究,首先对两个班(实验班和对照班)进行了英语水平总体摸底考试(四级模拟题),两个班(每班50人)的英语水平总体平均分接近。在实验班每一节课的课前十分钟设置国学英文赏析栏目,由教师进行导入讲解,随后学生进行深入学习。学习的内容选自国学经典里的英文佳作(论语经典引文及《道德经》《孟子》《中庸》《大学》《庄子》《传习录》等名篇)。为了让实验尽可能更少受到其他因素的影响,实验班的教学内容与进度必须保证与对照班

---

① 习近平.习近平在全国高校思想政治工作会议上发表重要讲话[EB/OL].中国网, http://www.china.com.cn/newphoto/news/2016-12/08/content_39878764.Html.

保持一致,学习时间也保持一致,教师尽可能统一教学方法。最后在为期四个月的实践教学后,期末进行了教学效果测评和问卷调查与访谈,其典型的教学过程与反馈如下:在第一次课堂上,采用了《论语》中的孔子对颜渊的赞誉"贤哉回也! 一箪食、一瓢饮,在陋巷,人不堪其忧,回也不改其乐"("Admirable indeed was the virtue of Hui—he didn't allow his joy to be affected by it")。通过英文对照,学生可以感悟到孔子对颜回的高度评价,学习颜回的淡泊物质享受的刻苦精神。

在融入《大学》开篇中"古之欲明明德于天下者,先治其国,——欲诚其意者,先致其知,致知在格物——"(wishing to rectify their hearts, they first sought to be sincere in their heart)。教师可以更好地用英文简单的词汇深入理解《大学》核心思想"至诚""格物致知"等理念。用英语来理解深奥的古汉语也是一个学习中英文的好办法,因其得益于英语的简洁明快,可以当作对古汉语的最好的释义,从而一举两得,真正掌握这两门语言。这可从期末对学生的回访中得到印证。学生非常认同这种教学方法,认为可以获得汉英语言和文化理解上的双赢。有同学会议说"以前总听说什么'格物致知',但不能真正地理解它们,在英语专业课堂上的经典国学板块中才算真正的茅塞顿开,教师的教学方法让自己受益匪浅。"这些也得益于英文与生俱来的自我解释功能。又如,在《中庸》篇中"凡事预则立,不预则废"(In all things success depends on previous preparation, and without such so doing, there is sure to be failure)。在教学过程中,几乎所有的学生都能熟练背诵此文,但只有少数同学能够用汉语解释此文,更不用说用英语作解释了。在比较学习英文译文后,所有的同学不但能用中英文对此名句作出释义,而且此种教学方式还具备课程思政的功能,使学生在学习英语的同时深入对国学精髓的理解,并完善学生的思想政治境界。在教学实验完成后,学生反馈认为这种教学方式比传统的单语教学方式多了很多新意,不仅可以有效提高学生的英语水平,而且可以更好地结合英语来学习我国优秀传统文化和国学经典的精髓,可谓一箭双雕。

在以中国经典国学为氛围的双语教学环境下,期末对两个班级的实际教学效果进行了测评。测评分为客观题测试和问卷调查与访谈,客观题测评依然采用了四级模拟题,结果反映实验班的总体平均成绩比期初提高了37%,对照班的成绩比期初提高了5%,反映出在融入经典国学的英语专业教学中,教学效果显著得到了提升,没有融入此种教学的对照班成绩也稍有提升但不明显。问卷调查中87%的实验班学生认为融入经典国学的双语教学非常有效地提高了他们的英语水平;91%的学生反映此种教学模式非常有效地提高了自己的思想政治觉悟；84%的学生认为自己的道德与思想深度得到了一定提升。在访谈中，学生良好评价颇多，如学生认为"这种教学给我耳目一新的感觉"；"我没想到自己英语在这学期进步这么大"；"以前对传统文化和国学不感兴趣，现在非常感兴趣，也对英语感兴趣了"；"我没想到英语和中国经典国学可以互补学习，以前总是要么排斥英语，要么排斥国学"；总体上，一个学期的英语专业课堂教学中融入了中华经典国学后，学生不论是英语水平还是思想政治境界都得到了有效提升。当然在教学实践中因实验方法和统计原因也会不可避免地存在一些影响实验结果的因素，如摸底考试和期末考试的效度和信度误差、教师在教学过程中可能存在的潜意识的教学倾向、实验人数样本数量有限等。但总体来看，这种新的教学模式还是对学生的英语水平和德育有着显著的提升效果。

（二）国学经典进入大学英语专业课堂的意义

改革开放以来，我国英语教学历经了四十多年的改革与实践，已经在基础教育和高等教育中取得了一定成效。从最初的语法教学法到听说教学法到现在的混合教学法，虽然英语教学中学生总体英语水平得到了显著提升，但不可避免的在这场语言与文化的拉锯战中，我国的传统文化和国学素质教育却逐渐处于这场文化角逐的下风。在大学英语专业教学的过程中，其实最好的效果就是双赢，即学生提升了英语专业水平的同时国学素养也得到提升。大学英语专业教学应该培养德才兼备、德艺双馨的人才。但是目前国内很多的学者认为我国的英语专业教学在各个阶段都存在"中国文化失语"现象。由于以往大学英语专业教学中中西方文化含量的缺乏，导致了学生在国际交往中的多层面交流障碍（主要是理解障碍），同时大学英语专业教学中的中国文化含量存在几近于空白的状况，对于国际交流的负面影响更为严重。

作者发现目前大学英语专业教学中确实普遍存在中国优秀文化元素欠缺的问题，这不仅体现在学生上，甚至很多大学英语教师都对国学经典知之甚少，更不用说在教学中融入国学经典了。语言是文化的载体，学习语言的过程中会不可避免地吸收其文化的营养，并在今后的学习生活中会影响学生的一言一行。大学生在学习西方语言与文化的同时，应该培养批判学习和善于鉴别西方文化精髓与糟粕的能力，应在学习英语和西方优秀文化的同时，加强对中华优秀传统文化和工艺技术知识的学习，努力做到德才兼备、德艺双馨。因此，在大学英语专业教学中，不忘传承发展国学文化,大力弘扬仁、义、礼、智、信等优秀传统文化,利用好外语工具向世界讲好中国故事、传播好中国声音、阐释好中国特色、展示好中国形象。

三、英语专业中国文化课程翻转课堂教学的开展

在大力弘扬中国文化的大背景下,《普通高等学校本科外国语言文学类专业教学指南(上):英语类专业教学指南》(2020)指出高校英语专业要将立德树人作为英语教育的根本,不断完善具有中国特色、中国风格、中国气派的英语教育体系。所以,在英语专业开设中国文化课程或将中国文化融入英语专业课程教学势在必行。目前,已有近60%的高校英语类专业开设了中国文化相关课程。该课程的教学研究也成了很多学者关注的重点。下面将以英语专业中国文化课程为研究对象,探讨如何将游戏化理论运用于该课程的翻转课堂教学实践中,期望提升教学效果,并为同类课程授课教师提供教学改革思路,为国家培养出更多的优质英语人才。[1]

(一)游戏化教学

游戏化是将游戏、游戏元素、游戏设计和游戏理念应用到一些非游戏类情境中,如教育培训、人力资源开发、市场营销等。从狭义角度来说,游戏化教学是将游戏,尤其是将电子游戏运用到教学中;广义的游戏化教学是将游戏或游戏元素、理念或设计应用到教学过程中。在本书探讨的游戏化教学主要采用广义的定义。在研究领域,游戏化教学与学习已经成为教育领域的研究热点,国内外都组织了许多重要学术会议专门讨论和发布游戏化学习的最新成果。在实践领域,国外尤其是欧美发达国家比较重视将游戏化学习广泛应用到教学中。但在国内,游戏化学习在教育中的应用发展相对缓慢。不过,近年来,国内很多教育工作者也逐渐认识到了游戏化教学的积极作用。他们发现这种游戏化的体验和感受让学生学习更有愉悦感和成就感,在课堂中更积极主动,真正实现了学生的主

---

[1] 教育部高等学校外国语言文学类专业教学指导委员会,英语专业教学指导分委员会,普通高等学校本科外国语言文学类专业教学指南(上):英语类专业教学指南[M].北京:外语教学与研究出版社,2020:1.

体性作用。所以,有更多的教育管理者、教师愿意去积极尝试。①

(二)游戏化教学在翻转课堂中的应用思路

翻转课堂是教师将传统课堂中讲授的课程内容转移至课前,让学生自主完成学习,然后在课堂中帮助学生巩固所学知识点,有针对性地解决学生问题,给予学生更多机会参与课堂活动。在传统课堂中,教师讲课,学生被动听课,学生学习往往处于被动消极的状态。而在翻转课堂中,学生转变为积极主动的探索者,真正成为学习的主体,能主动且愉快地进行探索学习,从而实现了课堂真正的翻转。所以,在游戏化的翻转课堂教学中,翻转的不仅是教学环节,更重要的是翻转了学生的角色。②

根据翻转课堂教学模式的特点,教学可以分为课前、课堂、课后三个阶段。首先,翻转课堂教学可以整体游戏化,即利用前面说的第二种游戏化教学方式,将整个课程加入游戏元素,让学生把课程当成一场好玩的游戏,在"玩中学",提高课程参与度,提升学习效果。其次,游戏化教学的两种方式还能应用于翻转课堂的每个阶段。例如,在课前阶段,教师可以把以往用于检测学生自学情况的测试题设置为 Flash 或 Scratch 开发的一些小游戏。或者可以运用游戏化元素,将测试题设置成游戏关卡的形式,让学生答题闯关,赢得闯关奖章。在这样愉快的形式中学习,既解决了学生被动学习的局面,又帮助教师了解了学生自学的情况及问题所在,为后阶段课堂教学设计做好准备。在课堂教学阶段,教师同样也可以设置一些独立的小游戏或游戏活动来检测学生线上的学习情况。或者设置一些游戏活动来帮助学生巩固知识点。例如,在单次教学活动中加入游戏元素,教师通过竞赛、积分、奖章等游戏元素的加入来调动学生的学习热情。在课程结束时,教师可以查看游戏化教学设置的排行榜,以了解学生整个学期的学习情况,可以给学生提供学期末的学习奖励来增强其学习成就感,以保持他们的学习热情。

(三)游戏化教学在翻转课堂中的具体应用

将中国文化融入英语专业翻转课堂的游戏化设置过程中,首先,可

---

① 王和玉,郑嘉欣,戴晖.高校英语专业中国文化课程开设的现状分析[J].韶关学院学报,2022,43(05):75-80.
② 尚俊杰,曲茜美.游戏化教学法[M].北京:高等教育出版社,2019:3.

以让该课程整体游戏化,即将该课程翻转课堂作为一个整体来进行游戏化教学的设计,将课程总的教学目标按照课前、课堂、课后三个部分分解成三个子目标;然后,再根据三个部分的子目标,利用小组称号、奖章、积分、排行榜、小组竞赛等游戏元素为子目标设计一系列游戏任务;最后,各部分的教学活动都结束后,教师在学期末公布游戏排行榜的最终结果,根据结果对学生进行奖励。除了将该课程翻转课堂教学整体游戏化外,教师还可以将游戏化教学的两种方式分别应用于翻转课堂的每一个部分,尤其是课前和课堂部分。比如,在该类课程中有很多中国文化词汇的英文表达需要记忆,有些词汇让学生理解记忆起来特别枯燥,教师可以在课前学生自学阶段和课后复习阶段设置一些 Flash 小游戏,或者借用现有的在线游戏来提升学生的学习兴趣和学习效率。第二部分课堂阶段的游戏化教学体验可以更为丰富。比如,课堂初始阶段,教师可以通过利用课前准备的"中国文化词语英文翻译大比拼"游戏(利用希沃互动教学平台设置),帮助学生巩固每个章节相关中国文化词汇的英文表达。通过小组或个体之间的比拼增加竞争机制,提升学生的学习热情和记忆速度。这种活动的设置能很好地在课堂开始前调动气氛,提高学生的课堂注意力,同时还帮助其内化中国文化词汇的英文表达知识点。

其次,教师可以根据章节内容设定游戏化活动,如主题为"中国旅游"的章节,教师可以将传统游戏《猜谜》改编成《猜中国著名景点》的课堂游戏活动:在全班中挑选一个小组,该组学生每人每次用一句英文描述与该景点相关的内容,让其他组学生抢答;答不对或没答出,该组成员继续补充信息,直到大家能猜出为止。猜对的学生将为自己所在组获得一枚奖章。几轮游戏结束后,哪组获得的奖章最多,哪组就取得本场活动的最终胜利,获得奖励。

最后,教师还可以设置模拟游戏,如角色扮演、情景再现等。例如,在讲解"中国教育"时,学生在课前线上已经完成了基本内容的学习及小组活动的准备活动。课堂上,教师依照教学游戏的设置带领学生进入现场情境。情景设置的背景是两名英国教育工作者来到中国某所中学进行教育考察,该中学的校长和教师接待了两位外宾。活动要求:各小组根据情境背景安排接待活动。每组的活动设置中必须含有介绍我国中学教育特点的内容(本章节的教学内容),同时鼓励学生在活动对话中加入前几章节关于中国文化的内容(如中国概况、地方概况、中国饮食特点等)。小组内部决定人物角色的设置和活动对话等内容。在此活动中,教师将作为观察者的角色记录各组的表现,在活动结束后给予积分奖励和活动点评。

以上这些课堂活动都是按照游戏化的第一种方式来设定的,接下来根据重点按照游戏化教学的第二种方式来设置课堂教学活动。以该课程《中国传统艺术——书法》这一节的教学为例,学生同样也是在线上课程平台完成了本节课基本内容的学习。学生已经明确了本节课的重点词汇和课堂任务,所有学生和小组也已经为线下课堂做好准备。线下课堂上,首先,每个小组为自己的小组起一个响亮的称号进行游戏闯关。接下来完成三个任务。

任务一:重点词汇检测。本任务按照"击鼓传花"的传统游戏开展。教师将课前提前准备的小玩偶当作"花",用音乐代替"鼓声"。教师闭眼播放音乐,当随机按下暂停键时,小玩偶落在哪名学生手里,这名学生就得说出教师指出的中国文化词汇的英文表达,说对一个得一分。"击鼓传花"游戏轮流在各组开展,平均每组2分钟时长。在该环节积分最多的小组获得一枚"词汇通关王"奖章。

任务二:书法展示。本环节中,教师为学生准备了笔墨纸等写字工具,各小组在本环节需要派出一名代表现场进行毛笔书写,书写内容为"中国书法"四个字,限时5分钟。然后全班对所有小组的书法作品进行在线投票,最终获得票数最多的一组获得一枚"书法大师"奖章。

任务三:"中国书法"英文介绍。各小组被要求在本环节派出另一名小组代表结合自己的书法作品用英文介绍中国书法(这里也可以是教师随机抽选组员进行展示,游戏难度增加,对学生的课前准备要求更高),限时3分钟。教师根据各组展示情况进行评分,最高分的组获得一枚"中国书法艺术传播大使"奖章。

(四)游戏化教学在翻转课堂教学应用中的注意事项

巧妙地应用游戏的课堂教学可以让学生学在其中、乐在其中。但是在游戏化教学的应用过程中,教师也要关注以下几点。

1. 游戏设置不能背离教学目标

将游戏和游戏元素运用到教学实践中,教师需要时刻牢记将实现教学目标摆在第一位。所有游戏和游戏化的设置一定是为教学目标服务的,真正目的在于帮助学生深化和巩固知识。教师不能只顾"好玩",而忽略了"助学"。任何只强调游戏体验而背离教学目标的游戏都不适合用于教学活动。

2. 游戏不宜过大,操作不能过于复杂

教师在设置游戏或游戏元素时要考虑时间占比。如果游戏考查的内容过多或游戏难度过高,会使很多学生压力过大,对课堂失去信心,失去游戏的愉悦体验。另外,游戏活动的操作不能过于复杂,要让学生在短时间内明白游戏设置,提高课堂效率。教师的游戏指令也要简洁明了,让人一听就懂。教师可以在游戏设置完毕后,在小范围内进行游戏测试,提升游戏的有效性。

3. 翻转课堂的游戏化体验需兼顾完整性

为了让学生在翻转课堂模式的全阶段都有游戏的体验感,教师应该在课程游戏化设置时进行全盘考虑。将游戏及游戏元素有机地融入课前、课堂、课后阶段,使学生在整个学期的过程中都能持续保持学习热情和动力。

4. 注重游戏体验过程的同时,还需注重活动反思

在游戏化教学过程中,教师除了注重游戏活动实施的过程之外,还需要注重活动完成之后的反思。教师可以针对线上学生的表现和课堂观察记录进行分析,甚至还可以通过问卷和访谈的方式了解学生对游戏体验的感觉和反馈,针对游戏体验反馈进行更全面的综合反思。通过反思,不断优化游戏活动的设置,充分发挥游戏化教学的积极作用。

将游戏化教学融入翻转课堂是一种效果优于传统授课方式的新教学模式,将其运用于中国文化教学中,不仅有利于提高教师的教学效果,还有利于提升学生的学习兴趣,使英语专业学生在跨文化交流过程中传播好中国声音,讲好中国故事。

第八章

大学英语专业文化教学的信息化技术应用

当前,跨文化交际能力的培养已成为高等教育的重要目标之一,而将信息技术应用于大学英语专业文化教学显得尤为重要,信息技术为大学英语专业文化教学提供了有力的支持,它不仅能提供丰富的大学英语专业文化教学资源、创新大学英语专业文化教学模式,还能够为大学英语专业文化教学评估提供便捷的方式,因此教师应该积极运用信息化技术,探究大学英语专业文化教学的创新方式,从而培养出更多具备跨文化交际能力的应用型英语人才。

第一节　AI 技术在大学英语专业文化教学中的应用

一、AI 技术概述

AI 技术（Artificial Intelligence）即人工智能技术，主要是一种研究、开发和实现使计算机具有智能行为的算法和技术。AI 技术包括计算机科学、心理学、神经科学、数学、工程学等多个学科，目的是使计算机能够模拟、理解和实现人类的智能。AI 的内涵非常丰富，包括如下几个层面。

（一）知识表示与推理

AI 技术的核心在于知识表示与推理，其主要关注如何将人类的知识转化为计算机可以理解的形式、如何让计算机根据现有知识进行推理和解决问题。知识表示的方式有框架理论、语义网络等；知识推理的方式则包括基于逻辑的推理、基于搜索的推理、基于概率的推理等。

（二）自然语言处理

自然语言处理（Natural Language Processing，NLP）主要研究如何让计算机理解和生成人类语言，包括语法分析、语义分析、情感分析、机器翻译等多个领域。自然语言处理的目标是让计算机能够像人类一样进行自然语言沟通，从而实现人机交互的高效与自然。

二、AI 技术在大学英语专业文化教学中的应用优势

现如今，AI 技术在大学英语专业文化教学中得到了广泛的应用，其使教学模式发生了深刻的变革，从原先单一的传统教学方式逐渐转型智能、高效、泛在、精细的教学方式。在大学英语专业文化教学中融入 AI 技

术,可以为大学英语专业文化教学赋予全新的内涵和外延,让学习变得更加便捷、个性化和富有成效。

(一)使大学英语专业文化教学更加智能

随着科技不断进步,大学英语专业文化教学不断改革与创新。自然语言处理、语音识别等技术手段为大学英语个性化教学提供了可能。AI技术使教学系统具有强大的智能分析能力,使教师能够自动分析大学生的学习需求、学习进度以及学习成果,从而为大学生量身定制个性化的学习方案。

(二)使大学英语专业文化教学更加高效

在传统的大学英语专业文化教学中,教师往往会遇到课堂管理、作业批改、学生答疑等问题,但是AI助手的引入能够自动化处理这些任务,从而减轻了教师的负担,使他们能聚焦于学生的个体差异与深度辅导。

1.AI辅助课堂管理

教师可以运用智能识别与行为分析技术,精确辨识学生的课堂行为,自动记录学生的出勤情况与参与度等信息,从而大幅提升课堂管理的效率与便捷性,也可以为教师提供详尽的数据支持,帮助他们更深入地了解学生的学习状态与需求。

2.AI辅助作业批改与答疑

与传统大学英语专业文化教学方式相比,教师运用自然语言处理与机器学习技术能够自动完成作业的批改与反馈,同时也能实时解答学生的疑问,为他们提供个性化的学习建议,从而助力学生更好地掌握知识。此外,智能教学系统还能够实时监控学生的学习状态,如果学生遇到学习问题时,能够对学生进行及时的干预,教师运用大数据分析与学习路径推荐,精准掌握学生的学习进度与难点,为他们提供针对性的学习资源与辅导。

(三)使大学英语专业文化教学更加泛在

移动互联网和云计算等技术的发展为大学英语专业文化教学带来革命性的变革,这些技术不仅突破了传统的时间和空间束缚,更极大地提升了学生学习的便捷性和效率。在移动互联网的助力下,学生的英语文化学习变得更具个性化,他们可以根据自身需求和兴趣,自主选择学习内容和进度。只要有网络连接,学生就可以随时启动移动设备,开始英语学习。这种学习方式不仅节省了时间,更提高了学生的自主性,使学生更加主动地投入学习。

(四)让大学英语专业文化教学更加精细

当前,大数据分析和机器学习算法为大学英语专业文化教学带来了便利,使教学系统能够关注学生的学习需求、学习习惯和兴趣爱好。通过挖掘学生的学习数据,精准地推送最适合每一位学生的学习资源,满足他们个性化的学习需求。

三、AI技术在大学英语专业文化教学中的应用策略

(一)引导教师提升自我,重塑角色

当前,教师的专业知识水平、数字素养和智慧教学能力对于大学英语专业文化教学的发展至关重要,而且AI技术的应用不仅为教师提供了更多的学习资源,拓宽了他们的知识获取渠道,也使英语专业文化教学资源更加公平和高效。但是,这也对教师的专业水平提出了更高的要求,教师需要夯实专业基础,拓宽跨学科知识,扩大知识储备,具备名副其实的授业能力。

AI技术赋能大学英语专业文化教学使教师可以更方便地获取和利用各种学习资源。以往很多被教育、科研机构垄断的如优质的教育教学视频、丰富的电子书籍等大学英语文化学习资源,也逐渐变成了易于获取的社会公共资源。这些资源的开放共享为教师提供了更多的学习机会,使他们能够更加全面地了解大学英语专业文化教学的最新发展动态,提

高他们的大学英语专业文化教学水平。

(二)注重培养学生的自学与创新能力

在人工智能时代,学生的学习理念需要正确认识自己在学习中的主体地位,树立起自主学习的意识,认识到智能技术更新迭代带来的变革与冲击,并提升自己的信息素养,以适应这个日新月异的时代。而且,教师的角色也发生了变化。传统的教师是知识的传授者,而人工智能时代背景下的教师需要成为学生学习的引导者和指导者,帮助学生理解新的学习方式,引导学生利用 AI 技术展开自主学习。但是需要注意,AI 技术并不能完全替代人类教师的地位,在大学英语专业文化教学中,教师的人格魅力和崇高德行是无法被机器学伴取代的,这就要求教师给学生树立榜样,激发学生的学习热情,帮助学生提升人文素养。此外,AI 的本质是人类编写的冰冷程序,缺乏创新力与创造力,因此在大学英语专业文化教学中,教师需要重视培养学生独立思考、探索创新的能力,帮助学生更好地理解和利用 AI 技术,培养他们的创新思维和创造力。

第二节　AR/VR 技术在大学英语专业文化教学中的应用

一、AR 技术在大学英语专业文化教学中的应用

(一)AR 技术概述

AR 技术(Augmented Reality)即增强现实技术,是将虚拟信息无缝融合到真实世界中,为用户提供沉浸式的交互体验。这项技术实时计算摄影机的位置和角度,并在真实场景中叠加相应的图像,使用户能够感知到原本不存在的信息。

1. 虚实结合

AR 技术运用计算机技术生成图像信息,并通过传感器映射到现实场

景中的特定位置，最终透过屏幕呈现给用户。这种呈现方式将真实环境的实际存在与虚拟信息的灵活性相结合，不仅简化了传统场景构建的繁琐过程，还使虚拟与现实之间的结合更加紧密。在教育领域，AR 技术为教学资源的制作提供了更多样化的形式，拓宽了教学资源建立的渠道，如利用 AR 技术，教材中的图片可以被识别并转化为三维模型，学生可以通过调整模型在 AR 相机中的位置，实现实时、全方位的观察，从而培养学生的空间思维能力。

2. 实时交互

AR 技术能够将虚拟世界与现实世界实时同步，使用户能在 AR 构建的世界中实时交互，如 AR 导航功能允许用户运用智能移动设备旋转位置或进行其他触屏操作，获得道路的指引信息。这种交互特征使教学过程中的互动更加自然和直观，有助于提高学生的专注度和学习效果。

3. 沉浸式体验

AR 技术的沉浸式体验让用户仿佛置身于一个真实却难以分辨的虚拟世界中，使学生的学习过程更加生动和有趣。在教学领域，教师可以运用 AR 技术为学生创造一个专注学习的情境，因为传统的情景式教学法往往需要教师运用图像、视频、语言描述等复杂方式构造学习情景，而 AR 技术则能构造更加直观、逼真的学习情景，避免了传统方式构造的学习情景进入学生思维后还需要二次加工的步骤。

（二）AR 技术在大学英语专业文化教学中的应用策略

AR 技术在大学英语专业文化教学中的具体应用为教师和学生提供了一种全新而富有创意的教学和学习工具。它不仅为学生创造了一个更加真实和互动的学习环境，也进一步提高了教学质量和学习效率。

1. 词汇学习方面

在词汇学习的广阔天地中，AR 技术以其独特的魅力为学习过程注入了新的活力。通过将英语单词和短语以三维的形式呈现在学生面前，AR 技术让学生能够通过直观的方式理解单词的含义和用法，这无疑为词汇学习带来了革命性的变革。

例如，当学生在学习关于动物或植物的词汇时，不再是单调乏味的书本知识,而是通过 AR 设备,真实的动物或植物模型跃然眼前。学生可以看到一只栩栩如生的狮子或者是一朵盛开的玫瑰。这种沉浸式的体验让学生仿佛置身于大自然之中与这些生物亲密接触,从而更加深入地理解单词所代表的含义。不仅如此,AR 技术还能为学生提供与单词相关的例句和翻译。这种利用 AR 技术进行词汇学习的方式,不仅增加了学习的趣味性,也显著提高了学生的学习效果。与传统的词汇学习方式相比,AR 技术所带来的沉浸式体验让学生更加投入,更加愿意主动探索和学习。同时,通过直观的方式理解单词的含义和用法,学生更容易形成深刻的印象,从而更好地记忆和运用这些词汇。

2. 语法和句子结构的学习方面

AR 技术可以帮助教师构建一个生动、真实的虚拟英语环境,让学生沉浸其中,仿佛置身于真实的英语对话场景中。通过佩戴 AR 眼镜,学生进入了一个充满异国风情的英语世界,在这一世界里,他们可以遇到各种各样的英语母语者,与他们进行实时的对话交流。这些对话场景丰富多样,可以涵盖日常生活中的各个方面,学生在与这些虚拟角色的互动中,不仅能够锻炼自己的听说读写能力,还能深入了解英语国家的文化和习俗。更重要的是,AR 技术能够即时显示学生在对话中出现的语法错误和句子结构问题。AR 系统可以准确地识别出学生的语法错误,并在屏幕上以醒目的方式显示出来,同时系统还会提供正确的修改建议,帮助学生纠正错误,掌握正确的语法和句子结构。

3. 用于模拟国际会议和商务谈判等场景

在模拟国际会议和商务谈判等场景中,AR 技术可以让学生身临其境地参与角色扮演和模拟实践,从而更加深入地了解英语在国际交流中的重要性和应用价值。利用 AR 技术,教师可以为学生构建一个高度逼真的国际会议场景,学生在其中扮演着来自不同国家的代表,围绕某个议题展开激烈的讨论,这样的模拟实践不仅让学生有机会运用英语进行实际交流,还能让他们深刻体会到在国际舞台上英语作为一种通用语言的重要性。模拟国际会议可以让学生锻炼自己的英语听力、口语和表达能力,同时还能够让学生学会如何在多元文化背景下表达自己的立场。

除了模拟国际会议,AR 技术还可以用于模拟商务谈判场景,学生在其中将扮演谈判双方的代表,就某个商业项目或合作事宜展开磋商,这样的模拟实践不仅让学生有机会运用英语进行商务沟通,还能让他们了解到在实际谈判中如何运用英语来争取自己的利益。模拟商务谈判可以让学生更加深入地了解英语在商务领域的应用价值,学会如何用英语准确地表达自己的需求、分析对方的立场以及提出合理的解决方案,并且也能学会如何在谈判中保持礼貌和尊重。

二、VR 技术在大学英语专业文化教学中的应用

(一)VR 技术概述

VR 技术(Virtual Reality)即虚拟现实技术,自 20 世纪诞生以来,便引领着科技潮流,它运用数字的方式构建出一个与真实世界高度相似的虚拟空间,让人们在其中沉浸、体验、感知。VR 技术的核心在于它运用计算机技术、电子信息技术、虚拟仿真技术等多领域的知识与技术创造出一个超越现实的虚拟世界,人们运用头戴式显示器、手柄等交互设备,与虚拟世界进行互动,获得前所未有的沉浸式体验。

(二)VR 技术在大学英语专业文化教学中的应用策略

1. 创设三维教学情境

将 VR 技术融入大学英语专业文化教学创新中,突破了传统课堂的局限性,创建立体、非空间的教育情境。这种创新教育模式不仅能提升学生的学习体验,还能够帮助他们更好地掌握和应用英语知识。大学英语专业文化教学中应用 VR 技术可以为教师提供具体的教学环境,实现模拟的视觉、听觉和触觉体验,学生运用这种身临其境的教学方式可以更轻松、快捷地感受和学习英语。学生运用 VR 技术还可以不断提升自己的沟通技巧。在 VR 环境中,学生可以在模拟的真实场景中锻炼口语表达能力,为他们在实际生活中运用英语奠定基础。对于不同水平的学生,教师可以运用 VR 技术设置不同难度的教学内容,使每一位学生都能在 VR 环境中找到适合自己的学习进度。

2. 构建基于任务的英语模型

教师运用 VR 技术设备可以构建一个连接虚拟与现实的大学英语专业文化教学模式,在这种教学模式下,教师可以设计各种富有挑战性和趣

味性的学习任务,以类似于沉浸式游戏的方式分配给学生,学生需要在虚拟世界中与NPC进行英语对话,寻找必要的物品或线索,逐步完成剧情任务,这不仅能激发学生的学习兴趣,还能使他们积极参与,提高他们的英语实践能力。教师利用VR技术构建大学英语专业文化教学模式能够充分调动学生的积极性、主动性和创造性,提高学生的英语学习效果。

3. 提供分层化教学资源

大学生的兴趣爱好、知识基础和学习习惯不同。为了能满足不同学生的学习需求,大学英语教师可以尝试根据学生的学习兴趣、学习能力、知识储备和考试成绩等指标,将学生进行合理分级,这样的分级并非为了区分优劣,而是更有针对性地进行教学,让每一位学生都能在适合自己的教学方式和进度下进行学习,从而提高他们的学习效果。

第三节 大学英语专业文化教学中学习者画像勾勒

一、学习者画像的定义

交互设计领域的权威人物艾伦·库珀(Alan Cooper)首次提出了用户画像(User Persona)这一概念,为设计者和开发者提供了一种全新的理解和满足用户需求的方法。[1] 用户画像作为"真实用户的虚拟代表",以可视化的手段揭示了用户的各项特征和要素,有助于人们更精确地把握用户特性,并为用户提供更优质的服务,增强用户的满意度。

用户画像的实用性不仅体现在识别用户上,更在于其能洞察用户需求的能力。例如,Miaskiewicz利用用户画像为产品设计师和开发者提供了满足用户期望的设计指导。[2] 通过用户画像,设计者和开发者能够深入了解用户的需求和期望,为他们提供更加精准和符合用户需求的产品和

---

[1] Cooper A. The Inmates Are Running the Asylum: Why High Tech Products Drive Us Crazy and How to Restore the Sanity[M]. London: Pearson Higher Education, 2004: 21.

[2] Massanari A. L. Designing for Imaginary Friends: Information Architecture, Personas and the Politics of User centered Design[J]. New Media & Society, 2010, 12(3): 401-416.

服务。

随着教育大数据的快速发展,教育领域也开始引入用户画像的概念,并将其命名为"学习者画像"(Learner Persona),即描绘和分类学习者的特征和属性,形成多样化的学习者群体,进而为不同类型和群体的学习者提供精准且有效的个性化学习服务。但关于学习者画像的定义,目前在国内外教育技术研究领域中尚未形成共识。多位学者从不同角度对其进行了阐述。例如,Ryu & Baylor 认为,学习者画像是展现学习者特性的标签体系,涵盖学习投入程度等多方面的子结构。[1]而 Dinh 则将学习者画像视为在特定环境下描述学习行为的虚拟形象。[2]余明华等人定义学习者画像是基于学生学习数据的分析,全面提取和描述学生信息的模型。[3]李光耀等人则认为,学习者画像是分析线上学习行为数据,构建含有学习者特征与属性的模型。[4]

综合以上观点,本书作者将学习者画像定义为:通过对学习者相关学习数据进行分析后形成描述与评价,并以可视化方式呈现,目的在于帮助学习者明确自身学习状况,为教师提供精准化、个性化的教育教学和干预支持。学习者画像的引入有助于教师更好地了解学习者的特点和需求,为学习者提供更加个性化的教学服务,提高教育教学的效果和质量。

二、智慧学习环境下的大学英语学习者画像流程

G. Siemens 在关于学习分析的论述中,强调了学习者及其学习环境的数据测量、收集、分析和汇总呈现的重要性。[5]这一过程是学习分析的重要组成部分,包括学习者画像的构建,但为确保画像的准确性和有效性,构建过程需要遵循一定的步骤和原则,如图 8-1 所示。

---

[1] Ryu, J., Baylor, A. L. The psychometric structure of pedagogical agent persona[J]. Technology Instruction Cognition and Learning, 2005, 2 (4): 291.
[2] Dinh D. P., Harada F., Shimakawa H. Directing All Learners to Course Goal with Enforcement of Discipline Utilizing Persona Motivation[J]. IEICE TRANSACTIONS on Information and Systems, 2013, 96 (6): 1.
[3] 余明华,张治,祝智庭.基于可视化学习分析的研究性学习学生画像构建研究[J].中国电化教育,2020 (12): 36-43.
[4] 李光耀,宋文广,谢艳晴.智慧校园学生画像方法研究[J].现代电子技术,2018, 41 (12): 161-163+167.
[5] Siemens G., Long P. Penetrating the fog: Analytics in learning and education[J]. EDUCAUSE review, 2011, 46 (5): 31-40.

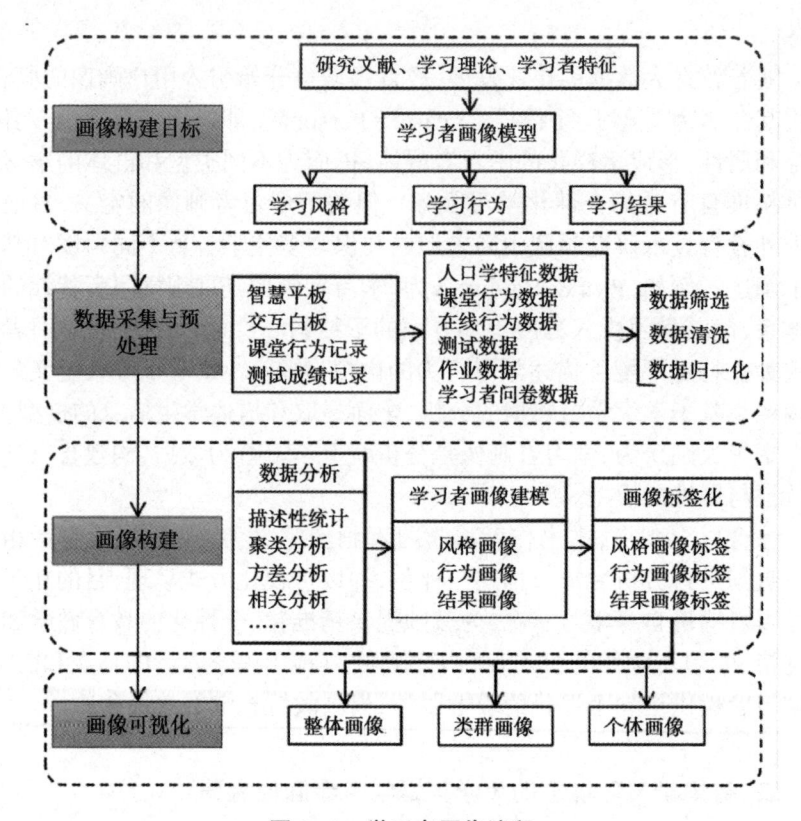

图 8-1 学习者画像流程

(一)确立清晰的目标导向

清晰的目标不仅引导着画像构建中各要素的划分,还规范着画像的输入与输出标准。有了这一基准,教师可以确保整个画像构建流程的有序进行,并赋予画像以实际的教学意义。学习者画像构建的核心目标是实现对学习者客观而全面的评价,为精准化和个性化的教学提供坚实的数据支撑。

(二)数据采集与预处理

数据采集与预处理环节涵盖了与学习分析相关的数据收集与初步处理,为后续画像构建提供了高质量的数据基础。数据的质量直接关系到画像的精确性,因此这一步骤至关重要。也就是说,在明确学习目标后,教师应利用画像模型收集学习者在学习过程中产生的多维数据,包括但不限于学习习惯、学习时长、学习效率及课程偏好等。对这些数据进行深度挖掘与分析,有助于教师更精准地把握学习者的学习状态与需求,但是在实际操作中,收集的数据往往混杂着大量噪声与无效信息,因此教师必须经过筛选、清洗与归一化处理,以提高数据的纯净度与准确性。

（三）画像构建

完成数据处理后,便进入学习者画像的构建阶段。此阶段主要涵盖数据分析、学习者画像建模及画像标签化三个关键环节。数据分析旨在挖掘数据间的关联性与规律性;学习者画像建模则是基于分析结果,构建反映学习者特征与需求的模型;而画像标签化则是对建模结果进行精细化分类与标注,为后续分析与应用提供便利。在这一阶段,教师需要运用学习分析的理论与研究成果,对收集的数据进行深入分析整合,以形成具有代表性的学习者画像。在此过程中,教师应关注各要素间的关联性,确保画像的整体性与一致性。

（四）画像的可视化

在画像构建完成后,教师应提取出具有代表性的标签,这些标签有助于更精准地描述学习者的特征。随后,将这些标签与学习者的目标进行匹配,输出与目标高度契合的画像结果。为增强画像的直观性与易懂性,教师还可以采用图表、图形等多种形式进行呈现。通过图表或报告等形式,将画像直观呈现给学习者、教师及相关人员,有助于他们更深入地了解学习者的特征与需求。画像的可视化不仅提高了教学效果,促进了教育资源的合理配置,同时也帮助学习者增强自我认知,提升学习效率。

第四节　大学英语专业文化教学中学生知识图谱构建

一、知识图谱概述

知识图谱也被称为知识域可视化或知识领域映射地图,是图书情报领域的重要工具。[1] 其主要涵盖三个层次:信息提取层、知识整合层和知识处理层。换句话说,知识图谱是运用图形化方式展示某一领域的知识点及其相互关系,其中知识点以节点形式呈现,而它们之间的联系则以边的形式展现。

自 2012 年 Google 提出并将其应用于搜索引擎以来,知识图谱在工业界和学术界均受到了广泛关注。诸如百度、搜狗等互联网公司也纷纷将其开发的中文知识图谱融入自身搜索引擎中。在医学领域,知识图谱的应用能显著提升病症诊断的速度,并可用于药物研发。而在教育领域,知识图谱则可用于文本分析,揭示文本主题,尤其在 K12 领域,它能有效提高中小学生的学习效果。[2]

依据其覆盖范围,知识图谱可分为通用知识图谱和行业知识图谱两大类。在中国,百度、搜狗等互联网公司率先开始了知识图谱的研究与应用,随后各大高校和企业也纷纷涉足此领域。近几年,知识图谱在教育行业的应用呈现出逐年增长的趋势。

在构建知识图谱时,存在两种主要方式:自顶向下和自下向上。自顶向下的方式先确定数据模型,再填充数据,这种方式适用于领域知识图谱的构建,因为领域的数据类型、范围和存在形式相对明确。而自下向上的方式则是先收集数据,再提炼数据模型,它更适用于通用知识图谱的构建,因为这类图谱涉及的数据量大且复杂,难以在初期确定数据模型。例如,百度、谷歌等公司所构建的知识图谱便属于通用知识图谱。

---

[1] 秦长江,侯汉清.知识图谱——信息管理与知识管理的新领域[J].大学图书馆学报,2009,27(1):30-37+96.
[2] 徐增林,盛泳潘,贺丽荣,等.知识图谱技术综述[J].电子科技大学学报,2016,45(4):589-606.

二、大学英语专业文化教学中知识图谱的构建

对于大学英语专业文化教学来说,构建一个全面、精准的知识图谱是实现个性化教学和提升学习效果的关键。

（一）数据源

大学英语知识图谱的数据主要来源于两个方面。一方面,学校内部数据,包括学生的电子化数据和图文形式的非结构化数据,如学生的测试成绩通常以结构化表格形式储存,这些数据经过简单的预处理后可直接作为构建知识图谱的基础数据。此外,非结构化的图文数据,如教材、教案和课堂记录等,也提供了丰富的教学和学习信息。另一方面,公开的外文文章网络数据,主要以网页形式的非结构化数据存在,包含大量的英语知识和相关信息,但由于这些数据具有非结构化特性,需要借助自然语言处理等技术手段来提取其中的知识信息。

（二）知识抽取

对于上述两种数据源,知识抽取是构建知识图谱的核心环节。对于学校内部数据,由于已经具有一定的结构化特性,因此可以通过简单的数据预处理和清洗,提取出实体、关系和属性等信息；对于非结构化的网络数据,知识抽取则需要借助自然语言处理技术,如实体识别、关系抽取和语义分析等。在知识抽取过程中,需要遵循自然语言中的主语、谓语、宾语的语法结构,以准确地提取包括实体、关系、属性和事件在内的各类知识信息。为了构建高质量的知识图谱,还需要对抽取的知识进行融合和标注,以确保知识的准确性和一致性。

通过对两个数据源的数据进行预处理、清洗、抽取、融合和标注,最终可以建立起大学英语知识图谱和学习者用户画像。[1] 知识图谱不仅包含了丰富的英语知识,还体现了知识之间的关联和层次关系,为个性化教学和推荐提供了基础。而学习者用户画像则通过对学习者的学习记录、成绩和偏好等信息的分析,刻画了学习者的知识水平和需求,为个性化学习

---

[1] 王冬青,殷红岩.基于知识图谱的个性化习题推荐系统设计研究[J].中国教育信息化,2019(17):81-86.

路径和内容的推荐提供了依据,如图8-2所示。

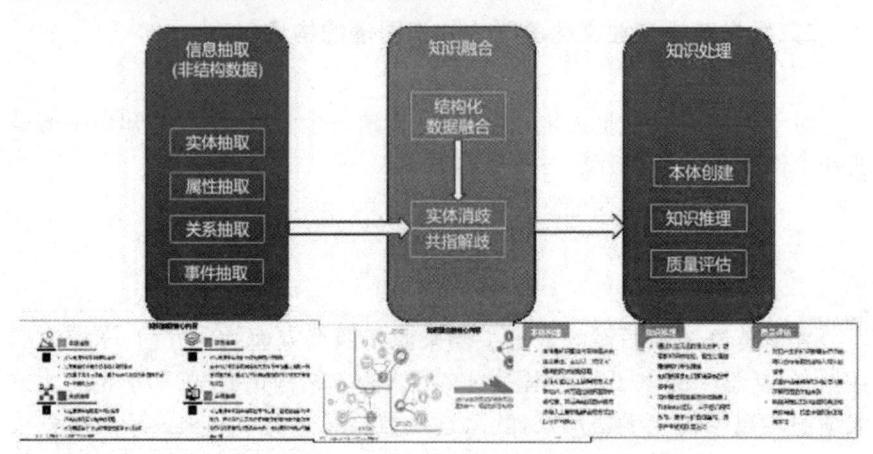

图 8-2　知识图谱的数据库结构设计

在数字化时代,信息抽取和知识图谱构建成了关键的技术手段,它们能够将海量的数据转化为结构化、易于理解和利用的知识。一个精心设计和实施的信息抽取流程是这一转化的核心,这一流程开始于对数据源的深入分析和理解,确保能够准确地识别和提取出其中的关键信息。在数据源的选择上,通常会选择那些具有权威性和广泛性的数据,通过对这些数据的深度挖掘,可以得到大量的实体、关系和属性等关键要素。

(三)知识融合

知识融合是一个全面且系统性的过程,涉及概念层面的深度整合与数据层面的精细处理。在信息化社会中,各种知识图谱和信息源层出不穷,如何将这些分散的知识有效地整合起来,实现知识的共享与再利用,成了亟待解决的问题。这就使知识融合应运而生。

在概念上,知识融合需要对不同知识图谱或信息源中的本体、类别和属性进行深入的匹配、映射和整合。由于不同的知识图谱或信息源可能采用不同的本体表达,导致概念、类别和属性的不一致。为了解决这一问题,教师需要应用先进的本体匹配工具,并辅以人工操作,对这些概念进行整合,从而形成一个统一且兼容的本体框架,这样不同的知识图谱或信息源就可以在这一框架下进行有效的交流和互操作,消除信息孤岛现象,为知识的共享与再利用奠定坚实的基础。

在数据上,知识融合需要对不同知识图谱或信息源中的相同或相关实体进行识别和处理。通过实体消解、实体链接等技术手段，系统可以将这些实体关联起来，合并成同一实体，从而丰富实体的数据描述和关系网络。例如，对于同名但来自不同源的实体，系统可以通过实体消解技术将其合并为一个实体，同时保留各个源的信息，形成一个更加全面和准确的实体描述。此外，系统还需要对来自不同源的属性、关系与事件等信息进行整合，以构建出一个更加全面和准确的知识网络，这样用户就可以通过这个知识网络获取到更加全面、准确和丰富的信息，提高知识的利用率。

在知识融合的过程中，教师需要根据实际需求和应用场景对知识融合的结果进行评估和优化，保持知识的准确性和有效性，严格遵循知识的原始含义和逻辑关系，避免信息的失真和扭曲。

（四）知识处理

虽然自动化技术能够支持其规模化实现，但人工干预和评估仍是不可或缺的。知识处理的全过程包括三个关键环节：本体创建、知识推理和质量评估，并且每一个环节都需要人工的细致参与和精确判断。[①]

本体库是知识图谱的核心组成部分，它定义了知识的结构和语义关系。本体库构建可以通过人工创建方式，即基于领域专家的知识和经验，构建出符合实际需求的本体库；也可以利用大量数据进行自动创建。以当前大学英语专业教学的实际情况为例，核心本体库可以从实体（课程、知识点、词汇等）、服务（教学方法、学习资源等）、方式（学习方式、评估方式等）和用户（学生、教师等）四个方面入手构建，为后续的知识推理和质量评估提供坚实的基础。

知识推理主要依赖于语义分析方法，通过对存储的三元组进行深度解析，发现新知识或得出新结论。例如，在大学英语专业教学中，可以通过对学生的学习行为和成绩进行语义分析，发现学生的学习习惯和难点，为教师提供针对性的教学建议。这一环节对于知识的创新和扩展至关重要，它能够帮助人们从海量的数据中挖掘出有价值的信息，为决策提供有力支持。

---

① 上海艾瑞市场咨询有限公司.艾瑞咨询系列研究报告[R].上海：上海艾瑞市场咨询有限公司,2020：863-907.

质量评估可以通过对生成的知识数据进行打分评价,筛选出符合要求的数据并将其存入知识图谱中。在评估过程中,可以采用人工评估、自动评估等多种方法。人工评估可以邀请领域专家对生成的知识进行逐一审查和评价;自动评估可以利用相关算法对生成的知识进行自动评分,保证知识图谱的质量和可靠性,为后续的应用提供可靠的支撑。具体如图 8-3 所示。

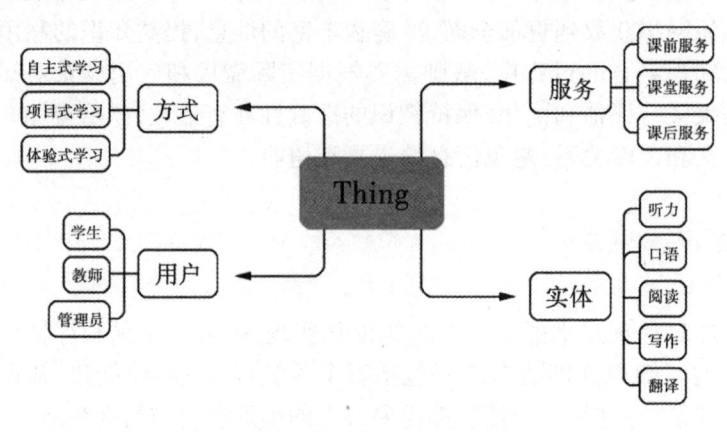

图 8-3 本体库的设计

三、基于知识图谱的大学英语个性化智能学习系统个性化在线学习

(一)用户画像

用户画像是对用户进行全方位、多维度的描述和刻画。采集用户属性,获取用户的年龄、性别、学籍等基本信息;跟踪用户行为,了解用户的浏览历史、点赞行为、学习时间等;评估用户知识水平,判断用户的知识结构和掌握情况;分析用户学习经历,挖掘出用户的兴趣偏好、价值观、性格特征等。这些多维度的数据融合后就形成了全面准确的用户画像。用户画像的构建并不是一蹴而就的,而是一项综合性的工作。

(1)数据采集。为了确保数据的准确性和完整性,需要采取用户注册、问卷调查、网站跟踪等多种采集方式,这些方式各有优劣,需要根据实际情况进行选择。

(2)数据分析。对采集到的数据进行挖掘和分析,发现用户的潜在需求和偏好,如对用户的浏览历史进行分析能发现用户的兴趣点;对用户的学习时间进行分析,发现用户的学习习惯,这些分析结果能够为用户画像的构建提供有力支持。

(3)数据融合。由于数据来源多样,数据格式和质量也各不相同,因此需要进行数据融合和清洗。数据融合能将不同来源的数据进行整合,形成全面准确的用户画像,而对数据进行清洗和去重,能够避免数据冗余和误差。

(4)用户画像。基于用户画像的推荐算法即根据用户的兴趣和需求,为用户推荐更加精准的内容和服务。这种个性化的推荐方式不仅能够提高用户体验,还能够帮助平台提高用户粘性和转化率。除了推荐算法外,用户画像还可以应用于其他场景,如在教育领域,用户画像能够为学生提供更加个性化的学习计划和学习资源;在社交媒体领域,用户画像能够为用户推荐更加合适的社交圈子和朋友。

(二)个性化学习路径推荐算法

个性化学习推荐算法根据用户兴趣推荐相关知识实体,按知识点进行深入挖掘,为用户提供精准、高效的学习路径。

(1)深入了解用户需求。要求细致分析用户画像,把握用户的知识缺口、学习习惯和兴趣需求,这要求算法具备强大的数据处理能力,能够从海量数据中提炼出用户的关键信息,如分析用户在平台上的学习行为、成绩进步以及互动反馈,精准地识别用户的学习需求和问题所在,从而为用户推荐符合其需求的学习内容。

(2)构建与学习场景相匹配的推荐模型。协同过滤、内容推荐等算法可以从用户画像和学习资源出发,为用户生成个性化的学习路径。这些模型需要不断优化,以提高推荐的准确性和满意度。算法经过引入深度学习、强化学习等先进的机器学习技术,逐步提高对用户行为的预测能力,为用户提供更加精准的学习资源推荐。

(3)提供丰富而全面的学习资源。为满足不同学习者的需求,算法需要整合视频、文字、音频、图片和习题等多种形式的学习内容,要求平台具备强大的资源整合能力,关注学习内容的质量和更新速度算法结合其他优质教育资源提供者,为用户带来更多元化、更具价值的学习内容。

在个性化推荐过程中,算法需要持续分析用户对推荐结果的响应和评价,以便不断优化用户画像、推荐模型和学习资源,要求算法具备自我学习和自我调整的能力,能够考虑用户反馈和行为数据来不断优化推荐策略。算法经过不断的迭代和优化,逐步提高个性化推荐的准确性和满意度,为用户提供更加高效、便捷的学习体验。

为了实现这一目标,算法还需要提供用户交互界面,实现推荐结果的显示、用户管理和互动以及学习记录跟踪等功能,要求算法具备强大的交互设计能力,能够为用户提供友好、易用的操作界面。算法引入了先进的交互设计理念和技术,让用户更加方便地查看推荐结果、管理自己的学习计划和进度,并与算法进行实时互动和反馈。

(三)个性化学习知识问答

当今,知识问答平台已成为人们获取知识、解决问题的重要途径。人们运用先进的自然语言处理技术,理解用户的查询意图,并结合用户的学习风格和习惯,提供个性化的回答和学习建议。

知识问答平台超越了传统的关键字匹配技术,实现基于语义理解的搜索与互动问答。这意味着平台不再仅依赖关键词的匹配程度来返回结果,而是经过分析用户查询的上下文和语义,给出更加准确、相关的回答,其不仅提高了搜索的准确率,还为用户提供了更加丰富、多样的信息。

知识问答平台利用知识图谱将多模态的课程(文本、音频、视频)与题目、竞赛等相结合,实现了自动化生产课件与学习计划。知识图谱是一种用于表示实体间关系的图形化数据结构,能够将各种类型的信息进行关联和整合,运用这种知识图谱,平台可以自动分析课程内容,提取关键信息,并结合用户的学习需求和水平,生成个性化的学习计划和课件,其不仅大大减轻了教师的备课负担,还为学生提供了更加高效、便捷的学习体验。

基于知识图谱化的学习内容,知识问答平台能实现免人工干预的智能题目生产。平台对课程中的知识点和难度进行自动分析,生成符合教学要求的题目,供学生进行练习和巩固,这种方式不仅节省了教师的时间和精力,还能结合学生的实际情况进行动态调整,确保题目的难度和适应性。

知识问答平台对用户的行为进行分析,基于用户的个性化习惯、学习记录及考核成绩等,智能推荐课程学习。平台对用户的学习数据进行深入挖掘和分析,了解用户的学习偏好、能力水平和学习进度,为用户推荐更加符合其需求的学习资源和课程,这种方式不仅提高了用户的学习效率,还能激发用户的学习兴趣和动力。

参考文献

[1] 包小丽. 混合式学习在高校英语专业教学中的应用研究 [M]. 北京：现代出版社，2020.

[2] 毕继万. 跨文化交际与第二语言教学 [M]. 北京：北京语言大学出版社，2009.

[3] 蔡基刚. 新时代视野下专门用途英语教学研究——40年回顾、反思与对策 [M]. 上海：复旦大学出版社，2019.

[4] 岑海兵，陈曼. 地方高校英语类专业教学改革与实践探索 [M]. 武汉：武汉大学出版社，2022.

[5] 陈素花. 专门用途英语理论应用与实践 [M]. 厦门：厦门大学出版社，2018.

[6] 教育部高等学校大学外语教学指导委员会. 大学英语教学指南（2020版）[M]. 北京：高等教育出版社，2020.

[7] 李芊权，陈卓，陈韫韬. 英语翻译的跨文化视角转换探究 [M]. 北京：中国商务出版社，2017.

[8] 高云柱. 跨文化交际与高校英语教学融合发展研究 [M]. 北京：新华出版社，2021.

[9] 顾明远，石中英. 国家中长期教育改革和发展规划纲要（2010~2020年）解读 [M]. 北京：北京师范大学出版社，2010.

[10] 胡文忠. 跨文化交际学概论 [M]. 北京：外语教学与研究出版社，1999.

[11] 贾玉新. 跨文化交际学 [M]. 上海：上海外语教育出版社，1997.

[12] 李超慧. 高校英语专业基础英语课堂教学探究 [M]. 长春：吉林出版集团股份有限公司，2021.

[13] 李慧君. 高校专门用途英语教学理论与实践 [M]. 长春：吉林人民出版社，2017.

[14] 秦希贞. 中美跨文化交际误解分析与体演文化教学法 [M]. 北京：外语教学与研究出版社, 2017.

[15] 孙有中. 跨文化外语教学研究 [M]. 北京：外语教学与研究出版社, 2021.

[16] 唐昀. 智慧时代下的专门用途英语教学研究 [M]. 长春：吉林人民出版社, 2020.

[17] 外国语言文学类专业教学指导委员会. 普通高等学校本科外国语言文学类专业教学指南 [M]. 上海：上海外语教育出版社, 2022.

[18] 王静. 高校英语专业阅读与写作教学研究 [M]. 天津：天津科学技术出版社, 2020.

[19] 王歆. 大学专门用途英语课程教学设计研究 [M]. 北京：北京工业大学出版社, 2021.

[20] 王艳梅, 刘鹏伟, 刘晓玲. 语言学视角下的高校英语专业教学研究 [M]. 长春：吉林出版集团股份有限公司, 2021.

[21] 吴为善, 严慧仙. 跨文化交际概论 [M]. 北京：商务印书馆, 2014.

[22] 习近平. 决胜全面建成小康社会夺取新时代中国特色社会主义伟大胜利——在中国共产党第十九次全国代表大会上的报告 [M]. 北京：人民出版社, 2017.

[23] 徐丽丽. 高校英语专业课程体系构建与教学改革研究 [M]. 北京：中国书籍出版社, 2023.

[24] 俞丽芳. 基于应用型外语人才培养的专门用途英语 ESP 教学探析 [M]. 成都：电子科技大学出版社, 2018.

[25] 杜威. 民主主义与教育 [M]. 王承绪, 译. 北京：人民教育出版社, 2001.

[26] 张红玲. 跨文化外语教学 [M]. 上海：上海外语教育出版社, 2007.

[27] 张红玲. 跨文化外语教学设计与实践 [M]. 上海：上海外语教育出版社, 2023.

[28] 张红玲. 跨文化外语教育新发展研究 [M]. 北京：清华大学出版社, 2022.

[29] 张健. 高校英语专业翻译教学探索教与学 [M]. 北京：中国政法大学出版社, 2014.

[30] 张萍. 英语专业阅读能力标准研究 [M]. 沈阳：辽宁人民出版社, 2019.

[31] 郑媛媛.基于跨文化交际法的高校英语教学模式研究[M].北京：中国书籍出版社,2023.

[32] 朱家科.大学英语教学中的文化教学[M].武汉：华中科技大学出版社,2009.

[33] 庄恩平.跨文化外语教学：研究与实践[M].上海：上海外语教育出版社,2012.

[34] 蔡曙婷.论高校英语教学中如何弘扬中华优秀传统文化[J].现代职业教育,2022(17)：124-126.

[35] 曹韵.大学英语中国文化词汇的表达与教学启示——基于跨文化视角[J].金融理论与教学,2022(3)：105-107.

[36] 曾倩.中华优秀传统文化融入高校英语教学的路径研究[J].湖南广播电视大学学报,2023(1)：45-49.

[37] 曾婷婷,王松良."一带一路"背景下高校教师跨文化交际能力培养的思考[J].武夷学院学报,2022(11)：90-103.

[38] 常颖.大数据背景下大学英语多模态交互教学模式探析[J].科技风,2020(14)：47.

[39] 陈洁.跨文化交际视野下的大学英语阅读能力培养[J].海外英语,2020(19)：112-113.

[40] 陈金平,文声芳.大学英语口语翻转课堂教学模式建构：基于体演文化教学法的设计[J].吉林省教育学院学报,2022(7)：88-92.

[41] 陈桔华.高校外语专业教学与中华优秀传统文化教育深度融合的可行路径研究[J].海外英语,2020(9)：36-37.

[42] 陈珂."一带一路"倡议促进国际和平合作[J].中国报道,2021(10)：36-39.

[43] 陈细波.微课在大学英语分级教学中应用的可行性探析[J].湖南工程学院学报,2019,29(4)：114-117.

[44] 陈钰.外语教师跨文化教学能力培养探析[J].教师发展与培训,2020(3)：110-115.

[45] 戴晓东.中国教师视角的跨文化能力模型建构[J].外语界,2022(5)：20-28.

[46] 段桂湘.基于跨文化思辨能力培养的大学英语混合式教学模式探究[J].文化创新比较研究,2019,3(31)：161-162.

[47] 段袁冰.慕课资源与大学英语课程整合：优势与路径[J].云南

开放大学学报,2019,21(3):79-84.

[48] 范金玲,杨雁,姜有为.跨文化视角下大学英语写作教学现状分析[J].英语广场,2023(22):102-106.

[49] 郭华.中华民族优秀传统文化元素融入高校英语教学的研究[J].中国校外教育,2020(21):69+73.

[50] 郭建鹏,张娟.O-PIPAS:一种以生为本的高校翻转课堂教学模式[J].中国高等教育评论,2018(1):181-194.

[51] 郭木英.论大学英语口语教学与跨文化交际能力的培养[J].文化创新比较研究,2020,4(8):92-93.

[52] 贺红艳.混合式教学模式下课堂评价体系改革对高校英语教师评价素养的挑战[J].国际公关,2020(5):41-42.

[53] 侯晓洁.信息化时代背景下大学英语智慧课堂建设研究[J].湖北开放职业学院学报,2023,36(22):161-165.

[54] 胡文仲.跨文化交际能力在外语教学中如何定位[J].外语届,2013(6):2-8.

[55] 胡文仲.论跨文化交际的实证研究[J].外语教学与研究,2005,37(5):323-327.

[56] 胡小红.高校大学生跨文化交际能力现状与提升策略探讨[J].文化创新比较研究,2023(32):170-175.

[57] 户晓娟.中华传统文化融入高校英语教学中的价值内涵与具体路径[J].海外英语,2023(9):147-149.

[58] 黄帆.基础英语多元化课堂评价体系改革模式探究——以丽水学院为例[J].校园英语,2019(45):92-93.

[59] 黄艳彬,钟俊,杜蕾."一带一路"背景下大学英语跨文化教学研究[J].吉林工程技术师范学院学报,2019(9):77-81.

[60] 季晓蓓.核心素养导向下的英语情境课堂创设与教学策略[J].现代职业教育,2024(3):117-120.

[61] 贾娜.任务型教学法在大学英语词汇教学中的应用探讨[J].求知导刊,2016(5):125.

[62] 贾玉新.跨文化交际的新视界——为人类命运共同体和全球公民做准备[J].跨文化研究论丛,2019,1(2):3-10.

[63] 姜丽艳.主题式情境教学的问题与对策[J].思想政治课教学,2018(12):38-42.

[64] 姜妮.中华优秀传统文化融入高校英语教学的思考[J].青岛职业技术学院学报,2021,34(3):57-60.

[65] 姜毓锋,苗萌.跨文化交际视角下ESP复合型人才培养策略探究[J].黑龙江教育(理论与实践),2020(8):83-84.

[66] 解冰,高瑛,贺文婧,等.英语写作同伴互评感知量表的编制与探索性应用[J].外语教学,2020,41(3):67-72.

[67] 金艳.大学英语评价与测试的现状调查与改革方向[J].外语界,2020(5):2-9.

[68] 孔德亮,栾述文.大学英语跨文化教学的模式构建——研究现状与理论思考[J].外语界,2012(2):19-28.

[69] 孔令梅."互联网+"时代大学英语口语信息化教学模式研究[J].中国新通信,2022,24(3):199-201.

[70] 孔维斌."基于智慧+教育"模式的跨文化交际课程研究[J].读与写(教育教学刊),2019,16(10):7.

[71] 李海燕.高校英语专业《跨文化交际》课程思政教学探索[J].科技视界,2019(28):107-108.

[72] 李美.生态化英语课堂的构建及可持续发展研究——评《基于教育生态化的英语教育教学实践》[J].科技管理研究,2022(5):231.

[73] 李谦.我国高校英语教育中的中国文化失语现状与对策探究[J].黑河学院学报,2022(10):30-32.

[74] 李芹.中华优秀传统文化融入高校英语教学的策略探究[J].纺织服装教育,2022,37(4):372-375.

[75] 李小玲,李丽.文化自信视域下中华优秀传统文化融入高校英语教学的路径研究[J].中国多媒体与网络教学学报(上旬刊),2023(9):205-208.

[76] 李玉凤.中华优秀传统文化融入高校英语教学的价值意蕴、现实困境与实践路径[J].太原城市职业技术学院学报,2023(10):165-167.

[77] 梁忠庶,高瑛,解冰,等.英语写作同伴互评焦虑及其对互评的影响研究[J].外语电化教学,2020(3):61-67.

[78] 刘邦奇.智慧课堂的发展、平台架构与应用设计——从智慧课堂1.0到智慧课堂3.0[J].现代教育技术,2019,29(3):18-24.

[79] 刘博洋.英语词汇教学中学生跨文化交际能力的培养策略[J].文教资料,2021(27):87-90.

[80] 刘卉.大学英语文化教学中英语阅读圈教学模式的构建和探索[J].教育现代化,2018(5):236-238.

[81] 刘敏.新文科背景下中华优秀传统文化融入高校英语专业教学研究[J].广西教育,2021(31):141-144.

[82] 刘少林.加拿大多元文化主义教育本质论[J].西安交通大学学报(社会科学版),1999,19(3):60-66.

[83] 刘晓莉,周虹.基于超星学习通的英语混合式教学模式探究[J].教育教学论坛,2023(27):153-156.

[84] 刘瑶.跨文化交际背景下大学英语翻译教学研究[J].产业与科技论坛,2023,22(10):218-219.

[85] 陆道恩,张燕琳."以学生为中心"的大学英语混合式学习模式设计策略[J].长春工程学院学报(社会科学版),2023,24(1):102-104.

[86] 马冷冷.跨文化传播视域下英语教师队伍建设研究[J].海外英语,2023(14):208-210.

[87] 马黎."互联网+"时代提升跨文化敏感度智慧课堂的教学模式与实施策略[J].高等农业教育,2019(4):73-78.

[88] 马丽梅.将中华优秀传统文化融入大学英语教学的意义及途径[J].英语教师,2023(12):60-75.

[89] 吐尔逊.基于微课的"翻转课堂"模式与大学英语教学探究[J].中国多媒体与网络教学学报(上旬刊),2023(6):17-20.

[90] 潘轶君.跨文化素养融入高校人文课程的家国情怀培育路径探析[J].高教学刊,2023,9(10):76-79.

[91] 庞小峰,褚世峰.自我评价策略在大学英语写作教学中的应用研究[J].中国石油大学胜利学院学报,2019(4):59-62.

[92] 钱涌宁.跨文化交际导向下的高校英语课程思政教学改革[J].陕西教育(高教),2024(1):70-72.

[93] 秦君婵.《大学英语教学指南》指导下的大学英语跨文化交际教学模式构建研究[J].才智,2022(2):92-95.

[94] 任洪生.跨文化交流与人类命运共同体建设:现实、挑战与应对[J].学术前沿,2022(2):74-83.

[95] 荣先先.中华优秀传统文化融入高校英语教学的时代价值与路径探索[J].英语广场,2022(33):111-114.

[96] 沈菲菲.跨文化交际能力培养导向下高校英语课程教学改革

策略研究[J].文教资料,2022(21):172-175.

[97]沈静.动态评价理论在高校英语阅读教学中的实践探究[J].教育教学论坛,2023(45):157-160.

[98]沈瑛,盛跃东.基于探究社团体系的大学英语翻转课堂教学[J].外语界,2015(4):81-89.

[99]石军辉,李大艳.基于跨文化教育的高校英语思辨式阅读教学策略分析[J].陕西教育(高教),2021(4):21-22.

[100]石砾.基于跨文化交际的高校英语教学改革策略研究[J].吕梁学院学报,2023,13(6):91-93.

[101]孙文娟,姚尧."一带一路"背景下ESP教学中的跨文化交际能力培养[J].教育时空,2019(27):126-127.

[102]孙翕.基于泛在学习理论下翻转课堂教学模式的设计与实践[J].计算机教育,2022(7):180-184.

[103]汪婧.任务型教学法在大学英语翻译教学中的应用价值分析[J].广西科技师范学院学报,2019,34(4):117-120.

[104]汪信砚.中国文化走出去：意涵、目的和路径[J].江淮论坛,2020(3):5-11.

[105]王丹.人类命运共同体引领下的高校新文科建设与人才培养[J].华南师范大学学报(社会科学版),2023(1):58-67+206.

[106]王芳.融合中华优秀传统文化的高校英语专业人才文化自信培养路径研究[J].才智,2023(28):161-164.

[107]王敬慧.跨文化交际中的常识、共识与共情[J].对外传播,2023(6):16-20.

[108]王婷.大学英语教学中如何利用多模态交互教学模式培养大学生的跨文化交际能力[J].西部素质教育,2019,5(10):87-89.

[109]王湘玲,沙璐.基于动态评价理论的翻译技术教学评价模式构建[J].外语界,2021(5):58-65.

[110]王颖.大学生外语跨文化交际能力培养的理论模型与实践运用[J].吉林工程技术师范学院学报,2021(37):89-91.

[111]魏瑜.应用型本科大学英语跨文化教学中现代信息技术应用调查研究[J].西北成人教育学院学报,2020(6):55-57+41.

[112]文秋芳.大学外语课程思政的内涵和实施框架[J].中国外语,2021(2):47-52.

[113] 文秋芳.专栏引言:"产出导向法"教学流程再解读[J].外语教育研究前沿,2020,3(2):3.

[114] 吴育红,陈静.基于作文自动评改系统的大学英语写作同伴互评教学实践[J].湖州师范大学学报,2022(12):42–49.

[115] 武黄岗.高校英语课程思政建设:现实依据、主要问题与优化路径[J].林区教学,2023(11):29–31.

[116] 徐利.教育生态学视域下的高校英语教师角色研究[J].长春师范大学学报,2019(9):181–189.

[117] 薛俊杰.高校英语教学中跨文化交际理论的应用探究[J].海外英语,2022(12):166–169.

[118] 颜凡博.中华优秀传统文化在高校英语教学中的传承[J].校园英语,2023(19):51–53.

[119] 杨恩华.跨文化交际视角下的大学英语写作教学[J].英语广场,2023(14):67–71.

[120] 杨静宜.高校英语教育中中华优秀传统文化的传承研究[J].现代职业教育,2023(16):153–156.

[121] 杨莉莉.外语教师跨文化教学能力培养探讨[J].泰州职业技术学院学报,2019(4):21–23.

[122] 杨玲玲.微课在高校英语教学中的应用价值、挑战与对策[J].湖北开放职业学院学报,2023,36(3):190–192.

[123] 杨柳.大数据背景下大学英语多模态交互教学模式探析[J].黑龙江工业学院学报(综合版),2019,19(11):123–126.

[124] 叶洪.后现代批判视域下跨文化外语教学与研究的新理路——澳大利亚国家级课题组对跨文化"第三空间"的探索与启示[J].外语教学与研究,2012(1):118–128,162.

[125] 易经.跨文化视角下的大学英语翻译教学方法研究[J].知识窗(教师版),2023(8):66–68.

[126] 尹殿元.浅论高校英语教学中如何弘扬中华优秀传统文化[J].区域文化艺术研究,2022(1):72–75.

[127] 雍元元,雷晴岚.大学英语口语教学中跨文化能力培养研究[J].海外英语,2023(16):108–119.

[128] 俞秀红,王平.多模态视角下大学英语教学中跨文化交际能力培养[J].吉林省教育学院学报,2022(494):104–107.

[129] 俞延延. 基于同伴互评的混合式教学在大学英语读写课程中的应用[J]. 课程教学, 2022（29）: 120-122.

[130] 袁群英. 对跨文化交际理论与高校英语课堂结合的高效教学分析[J]. 校园英语, 2021（5）: 52-53.

[131] 张浩. 中华优秀传统文化在高校英语教学中的渗透[J]. 校园英语, 2023（9）: 130-132.

[132] 张红玲, 姚春雨. 建构中国学生跨文化能力发展一体化模型[J]. 外语界, 2020（4）: 35-53.

[133] 张红玲, 虞怡达, 沈兴涛. 基于竞赛的跨文化能力评价研究——以"外教社杯"上海市高校学生跨文化能力大赛为例[J]. 外语界, 2018（1）: 52-61.

[134] 张红玲, 赵涵. 民族志跨文化外语教学项目的设计、实施与评价[J]. 外语届, 2018（3）: 2-9+45.

[135] 张婧. 大学英语教学中"中国文化失语"现象原因分析及应对措施[J]. 长春师范大学学报, 2018, 37（2）: 134-136.

[136] 张婧. 我国跨文化交际能力培养研究（2000—2022）的热点主题和前沿演进——基于 Cite Space 的可视化分析研究[J]. 语文学刊, 2023, 43（6）: 85-96.

[137] 张莉莉, 张瑶. 中华优秀传统文化融入高校英语课程思政的途径探究[J]. 英语教师, 2022（22）: 16-17.

[138] 张扬. 混合式学习在高校英语教学中的应用策略研究[J]. 海外英语, 2023（19）: 173-175.

[139] 张映婷. 英语教学中学生跨文化交际能力的培养策略[J]. 文化创新比较研究, 2021, 5（15）: 183-186.

[140] 赵芳. 同伴互评对大学英语写作教学影响的实证研究[J]. 鄂州大学学报, 2023（1）: 36-38+56.

[141] 赵富霞. 跨文化能力培养目标下外语教师角色重塑探析[J]. 湖北开放职业学院学报, 2023（13）: 47-49.

[142] 赵丽. 借助同伴互评促进大学英语写作教学[J]. 校园英语, 2023（14）: 7-9.

[143] 赵婷, 蒋宁. 大学英语视听说教学中学生跨文化交际能力的培养[J]. 文教资料, 2019（13）: 217-218.

[144] 赵阳. 基于 ESP 教学背景的《跨文化交际》课程的研究型教

学模式构建[J].智库时代,2019(28):162+167.

[145] 赵应吉.基于中国知网的"中国文化失语"研究文献的计量可视化分析[J].重庆交通大学学报(社会科学版),2019,19(5):101-107.

[146] 郑芷鑫,王惠妮,饶小飞.高校学生跨文化能力发展框架建构研究[J].上海理工大学学报(社会科学版),2023,45(4):441-449.

[147] 种丽霞.基于慕课平台的跨文化交际教学模式研究[J].江西电力职业技术学院学报,2019,32(6):29-30.

[148] 朱红宇.新形势下国际化人才的跨文化能力要求与培养思路[J].对外传播,2022(3):39-41.

[149] 邹丹.混合式教学模式在跨文化能力培养过程中的应用[J].海外英语,2021(9):89-90.

[150] 左丽霞,钱坤.基于微课模式下的"中国传统文化概论"课程教学改革探究[J].教育教学论坛,2020(49):190-191.